Edition Theophanie

BAND 21

Manfred Ehmer

Odins wilde Jagd

Bemerkungen zur germanischen Mythologie

Odins wilde Jagd. Bemerkungen zur germanischen Mythologie.
Band 21 der Reihe Edition Theophanie
Copyright © 2025 Theophania Verlag
Inhaber: Dr. Manfred Ehmer
Angerburger Allee 9, 14055 Berlin
E-Mail: manfred.ehmer@googlemail.com
Webseite: **https://www.manfred-ehmer.net**

Druck und Distribution: tredition GmbH,
Heinz-Beusen-Stieg 5, 22926 Ahrensburg

ISBN Softcover: 978-3-384-12195-0
ISBN Hardcover: 978-3-384-12196-7

Inhaltsverzeichnis

Odins wilde Jagd

Odins wilde Jagd – sie ist ein Schrecknis zur Mitternachtsstunde, ein Gespensterzug, der im Sturmgebraus dahinfährt, eine Dämonenschar verdammter Seelen, Verurteilte, Gehenkte, Scheintote, Mahren, Wiedergänger, alles dies angeführt von der unheimlichen Gestalt des Odin, des einäugigen Zauberer-Gottes, der einst neun Nächte lang am Weltenbaum Yggdrasil hing, um Einweihung und Runenwissen zu erlangen. Wenn spirituelle Erfahrung das Signum des Schrecklichen, Angsteinflößenden trägt, dann ist es besonders die Begegnung mit Odin, dem Göttervater der germanischen Religion.

Wie so eine wilde Jagd, so ein Jenseitszug Odins aussehen kann, das hat recht anschaulich der Autor Brian Bates in seinem neo-germanischen Fantasyroman *Wyrd* geschildert. Es geht dabei um den jungen Missionar Bard, der im England des frühen Mittelalters auf die letzten Reste alten heidnischen Glaubens stößt. Tief in der Nacht, in einem Eichenwald, wohl auf dem Heimweg zu seinem Kloster, überkommt ihn folgendes Gesicht: „Riesenhafte schwarze Wolken verdunkelten immer noch den Mond, und in der Finsternis schien die Luft ringsum voll mit Gespenstern zu sein, unsichtbaren Quälgeistern, die von Baum zu Baum schwirrten, erst vor mir kreischten und dann hinter mir, sodass ich nicht wusste, wohin ich mich wenden sollte. Dann kam eine Meute grauenhafter schwarzer Hunde auf die Lichtung gebrochen, stieß mit trommelnden Läufen und einem schrecklichen, rauhen Geheul an mir vorbei, und ihnen auf den Fersen kam eine Herde gewaltiger Pferde dahergedonnert, alle schwarz wie die Nacht und mit den gleichen grässlichen Augen wie der Pferdekopf in meinem Alptraum. Auf dem Leitpferd ritt die Schattengestalt eines Mannes mit einem weiten Umhang, der hinter ihm herwehte wie die Schwingen eines Dämons, und er sprengte geradewegs auf mich zu. Im letzten Augenblick schwenkte das Pferd zur Seite und preschte links an mir vorbei, gefolgt von zwanzig oder mehr Pferden und Reitern, die die Aschenglut meines Feuers in die schwarze Nacht aufwirbelten."[1]

Die *Wilde Jagd*, oder die *Wilde Fahrt*, ist die allgemein gebräuchliche Bezeichnung einer Volkssage, die in vielen Teilen Europas verbreitet ist, ein fester Bestandteil des Volksbrauchtums, wobei man den Geisterzug der übernatürlichen Jäger vor allem in den *Rauhnächten*, der Zeit zwischen dem 25. Dezember und dem 6. Januar, erwartet. Ursprünglich waren die Rauhnächte die ersten 12 Nächte nach der Wintersonnenwende, also dem 21. Dezember; dies galt als die Zeit zwischen den Jahren, in der die Trennmauern zwischen Diesseits und Jenseits gefallen waren, eine Zeit auch der Prophezeiungen und der magischen Präsenz des Übernatürlichen. Man schaute auf das vergangene Jahr zurück und zu dem kommenden Jahr voraus, man gedachte auch der Ahnen, und die Geister der Verstorbenen mochten sich bei den Lebenden wieder melden, fordernd, heimsuchend, oder auch wohlwollend. In diesem Zeitabschnitt konnte die Wilde Jagd selbst zur Prophezeiung werden. Ihre Sichtung konnte je nach Region verschiedene Folgen haben: einerseits eine Vorausschau auf Katastrophen wie Kriege, Dürren oder Hungersnöte, andererseits konnte sie auch den Tod dessen ankündigen, der das Unglück hatte, ihr Zeuge zu sein.

Das Urphänomen der Wilden Jagd bleibt keineswegs auf den Raum des deutschen Volksbrauchtums beschränkt, sondern kommt in vielerlei Abwandlungen und unter verschiedenen Namen in fast allen Ländern Europas vor: in England beispielsweise wird der Zug *the wild hunt* genannt, in Frankreich *chasse sauvage*, während man im französischsprachigen Teil Kanadas vom *chasse-galerie* spricht, in Italien ist von der *caccia selvaggia* die Rede. In Kanada verschmolz die Sage mit indianischen Motiven; dort fahren die Jäger in einem Kanu über den Himmel. Ganz unterschiedlich ist es auch, wer die Wilde Jagd anführt. An manchen Orten ist es eine Frau (entweder als Gejagte, zuweilen auch als Anführerin der Jagd), in Mitteldeutschland etwa *Frau Holle*, in Süddeutschland und Österreich die *Perchta*. In einer Predigt des Dominikaners Johannes Herolt (1380–1468) wird die römische *Diana* als Anführerin erwähnt. Ja, man kann auch eine Verwandtschaft zu den indischen *Maruts* – Sturmdämonen, die durch die Lüfte fliegen – und zur Gefolgschaft der griechischen Unterweltsgöttin *Hekate* herstellen. Handelt es sich also um einen ureuropäischen, urindogermanischen Mythos?

Eine wilde Jagd kommt auch in Theodor Storms Novelle *Der Schimmelreiter* vor; dort ist die Rede von einem Reisenden, der sich mit dem Pferd bei Sturm und Regen von einem Besuch bei Verwandten auf den Weg zur

Stadt macht. Bei dem Ritt auf dem Deich nimmt er eine dunkle Gestalt auf einem Schimmel wahr, die an ihm vorüberzieht; es ist der Schimmelreiter: „Die Nachtdämmerung hatte begonnen, und schon konnte ich nicht mehr mit Sicherheit die Hufen meines Pferdes erkennen; keine Menschenseele war mir begegnet, ich hörte nichts als das Geschrei der Vögel, wenn sie mich oder meine treue Stute fast mit den langen Flügeln streiften, und das Toben von Wind und Wasser. Ich leugne nicht, ich wünschte mich mitunter in sicheres Quartier. (…) Jetzt aber kam auf dem Deiche etwas gegen mich heran; ich hörte nichts; aber immer deutlicher, wenn der halbe Mond ein karges Licht herabließ, glaubte ich eine dunkle Gestalt zu erkennen, und bald, da sie näher kam, sah ich es, sie saß auf einem Pferde, einem hochbeinigen hageren Schimmel; ein dunkler Mantel flatterte um ihre Schultern, und im Vorbeifliegen sahen mich zwei brennende Augen aus einem bleichen Antlitz an. Wer war das? Was wollte der? – Und jetzt fiel mir bei, ich hatte keinen Hufschlag, kein Keuchen des Pferdes vernommen; und Ross und Reiter waren doch hart an mir vorbeigefahren! In Gedanken darüber ritt ich weiter, aber ich hatte nicht lange Zeit zum Denken, schon fuhr es von rückwärts wieder an mir vorbei; mir war, als streifte mich der fliegende Mantel, und die Erscheinung war, wie das erste Mal, lautlos an mir vorübergestoben."[2]

Der Schimmel entstammt als Motiv einer Sage aus der germanischen Mythologie, in der das Tier einst heilig war und mit Frô (Freyr) und Wodan (Odin) in Verbindung gebracht wurde. Der Gott Frô besaß weissagende weiße Pferde, die ihm als Berater dienten, und Wodan ritt auf einem weißen Pferd zur Jagd. Aufschlussreich in dieser Hinsicht ist das sicherlich älteste Zeugnis der wilden Jagd im deutschen Sprachgebiet. In dem Roman *Reinfried von Braunschweig* (um 1300) wird von einer Ritterschar gesagt, sie rausche daher wie *daz Wuotez her*. Dies kann man mit wütendes Heer, mit *Wúetisher* oder *Wotans Heer* übersetzen, was auf den Hauptgott der germanischen Mythologie verweist – *Wodan* oder *Wuodan*, nordisch *Odin* und altisländisch *Óðinn*. In der eddischen Dichtung tritt er als Göttervater, Kriegs- und Totengott, als Gott der Dichtung, der Runen, der Magie und Ekstase mit deutlich schamanischen Zügen in Erscheinung. Etymologisch hängt Wodan mit Wut, wüten zusammen, und das Wüten entspricht jener Raserei im Zustand der Ekstase, die Platon in seinem Dialog *Phaidros* als göttlichen Wahnsinn bezeichnete, ein Kennzeichen übrigens auch des Prophetenamtes. Die Pythia des Orakels von Delphi geriet in einen solchen Zustand, wenn sie weissagte. Und sicherlich ist auch Wodan ein weissagender Gott.

Als ein Gott, der mit dem Sturmwind und insofern mit dem Luft-Element zu tun hat, steht der germanische Wodan-Odin in enger Verwandtschaft mit dem griechischen Hermes wie auch mit dem ägyptischen Thot, dem Erfinder der Hieroglyphen. „Kein Gott bei den verwandten Indogermanen gleicht Wodan mehr als Hermes-Merkur, der auf ähnliche Art wie Wodan aus einem Windgott zu einem Gott des Geistes sich entwickelte" sagt W. Golther in seinem *Handbuch der germanischen Mythologie*[3]. Wodan oder Odin ist ein Mystagoge auf dem Wege der Einweihung, ein Herr des Zauberwissens und Erfinder heiliger Schriftzeichen wie der ägyptische Thot, aber auch ein Kriegsgott, Schlachtengott („Walvater"), Totengott und Seelenführer der Gestorbenen im Jenseits. Doch gerade der Bezug zum Kriegswesen unterscheidet Odin von anderen merkurischen Göttern und verleiht ihm etwas besonders Schreckliches.

Auch äußerlich gleicht Odin nicht den jünglinghaften Hermes-Gestalten der griechischen Mythologie: ein alter Schamane, einäugig und vollbärtig, mit breitem Hut auf dem Haupte und einem langen wehenden Mantel angetan: so wird er dargestellt, wie er in wilden Sturmnächten mit einer unheimlichen Heerschar von Geistern durch die Lüfte braust.

Brachte Thot den Menschen einst die Hieroglyphen, so gab ihnen Odin die Runen, beides magische Alphabete, in denen Zauberkraft beschlossen lag. In den eddischen Runenliedern wird geschildert, wie sich Odin einem mühevollen Einweihungsweg unterziehen musste, um das Runenwissen zu erwerben. Der griechische Hermes tritt dagegen eher als eine vielschichtige und schillernde Figur auf: ein ewiger Wanderer, Kaufmann, Schelm, Dieb, im Olymp ein Götterbote (er trägt Sandalen mit Flügeln, um schneller vorwärts zu kommen) – in seiner Eigenschaft als *Hermes Psychopompos* betätigt er sich allerdings als Geleiter der verstorbenen Seelen ins Totenreich. So wirkt auch Hermes als Mystagoge, und unter ägyptischem Einfluss wuchs er heran zu Hermes Trismegistos, dem Ahnvater aller Magie und besonders der Alchemie.

Allen merkurischen Göttern – Wodan, Odin, Hermes, Thot – ist gemeinsam, dass sie einen Bezug zum Geist aufweisen, zum Logos, und der Geist wird symbolisch ausgedrückt durch das Element der Luft. Der Geist ist immateriell wie die Luft, schnell, beweglich, nicht greifbar, aber auch in der Lage, alles zu erfassen, Brücken der Kommunikation aufzubauen zwischen den verschiedenen Geist-Trägern. Geist bedeutet aber auch „Geister" und insofern das Geisterreich, die Unterwelt der Verstorbenen. Auch dorthin zieht es die merkurischen Götter immer wieder hin.

Die Götter in den Wochentagen

Tag	lateinisch	französisch	englisch
Montag	Dies Lunae	Lundi	Monday
Dienstag	Dies Martis	Mardi	Tuesday
Mittwoch	Dies Mercurii	Mercredi	Wednesday
Donnerstag	Dies Juvis	Jeudi	Thursday
Freitag	Dies Veneris	Vendredi	Friday
Samstag	Dies Saturni	Samedi	Saturday
Sonntag	Dies Solis	Dimanche	Sunday

Man mag es nicht glauben, aber es ist wahr: *Die germanischen Götter leben heute noch weiter*, meist ohne dass wir es merken – zum Beispiel in den *Wochentagen*. Die lateinischen Namen der Wochentage, die sich im Französischen, Italienischen und Spanischen erhalten haben, lassen uns die alten römischen Gottheiten erkennen. Deren Namen bezeichnen auch die Planeten unseres Sonnensystems. Die Wochentage in den Sprachen germanischer Herkunft, und dazu gehört auch das Deutsche und Englische, beziehungsweise das Angelsächsische, offenbaren uns das Wesen alter heidnischer Gottheiten, die heute niemand mehr kennt, die aber lange vor Einführung des Christentums in Tempeln und heiligen Hainen verehrt wurden.

Die Benennung der Wochentage geht übrigens auf eine babylonische Tradition zurück. Dort war es üblich, den Wochentagen bestimmte Planeten und andere Himmelskörper wie Sonne und Mond und damit assoziierte Gottheiten zuzuordnen. Die Wochentage folgen ja dem Siebener-Rhythmus, und wenn sie bestimmten planetarischen Herrschern unterstehen sollten, dann stellen sie auch einen kosmischen Rhythmus dar. Tatsächlich hat jeder Wochentag seine eigene Schwingungsqualität, was man wohl besonders am Sonntag im Unterschied zu anderen Tagen merkt; allerdings ist dem modernen Menschen das Gespür für die Qualität kosmischer Schwingungen weitgehend abhandengekommen.

In unserer modernen, materialistisch ausgerichteten Welt scheint jeder Wochentag wie der andere zu sein; die Routine eines hektischen Arbeitsalltags überdeckt das Gespür für die besondere Stimmung, die nicht nur *jeder Tag*, sondern auch, genau genommen, *jede Tageszeit* hat: denn wer würde wohl bezweifeln wollen, dass die Morgenstimmung eines anbrechenden Tages sich doch grundlegend von der Abendstimmung desselben Tages unterscheidet?

Was können wir nun aus den Benennungen der germanisch-angelsächsischen Wochentage entnehmen? Dass der Sonntag und der Montag nach Sonne und Mond benannt sind, ist ganz offensichtlich. Nur, dass Sonne und Mond bei den Germanen eben auch Gottheiten waren – die Sonne hieß *sunna*, der Mond *mani*; in der späteren isländischen Götterlehre war die Sonne *Baldur* und der Mond die Göttin *Frigga*.

Der Dienstag in seinen lateinischen Bezeichnungen erinnert an den römischen Kriegsgott Mars (*dies martis*, französisch *Mardi*, Italienisch *Martedi*). Die Germanen kannten diesen Gott auch und nannten ihn *Tyr, Tiu* oder *Mars Thingsus*. Er wurde wohl deshalb so gennnt, weil er der Thing-Versammlung, also der beschlussfassenden Ratsversammlung vorstand. Auf Englisch heißt dieser Tag darum Tuesday. Dienstag hat mit „Dienst" oder „dienen" überhaupt nichts zu tun – eigentlich müsste der Tag Tyrstag oder Tiustag heißen. Doch mit der Zeit blieb schließlich nur das „Thing" übrig und wurde zum „Dien" in Dienstag.

Der Mittwoch heißt auf Lateinisch *dies mercurii*, auf Französisch Mercredi – auf Englisch aber Wednesday.

Dies gibt zu erkennen, dass dieser Tag dem germanischen Göttervater Wotan geweiht war. Wednesday ist Wodanstag. In Deutschland wurde dieser Name von der katholischen Kirche schon früh abgeschafft. Bereits im zehnten Jahrhundert wurde er schlicht zur Mitte der Woche, also zum heutigen Mittwoch erklärt. Nach neuer Zählweise hat der Mittwoch seinen Namen aber zu Unrecht. Der Mittwoch ist der dritte Tag in der Woche; damit steht er keineswegs in der Mitte.

Beim Donnerstag, *dies jovis*, ist der Bezug zum römischen Jupiter noch recht deutlich zu erkennen. Im Englischen heißt es jedoch Thursday. Dies erinnert an Thor, dem Donner- und Gewittergott, dem Blitzeschleuderer, der bei den Südgermanen Donar hieß. In den eddischen Dichtungen wird in unzähligen Geschichten erzählt, wie dieser Thor gegen feindliche Riesenheere zu Felde zieht. Seine Waffe war der Donnerkeil, worunter man sich wohl ein großes Wurfgeschoss vorstellte, das bei seinem Einschlag donnerte.

Der Freitag, der im Englischen ganz ähnlich Fryday heißt, leitet sich von der germanischen Göttin Freya ab, die für Liebe und Schönheit steht. Den Anstoß dafür gaben erneut die Römer: Sie benannten diesen Tag nach der Liebesgöttin Venus – *dies veneris*. Daher die französische Bezeichnung Vendredi. Man darf in diesem Zusammenhang nicht vergessen, dass das heutige Frankreich – das antike Gallien – rund 400 Jahre lang eine römische Provinz war; die ursprünglich keltische Bevölkerung wurde weitgehend romanisiert – auch sprachlich, und in allem, was Kultur, Sitte und Lebensform betrifft. Das Erbe der Römer traten zur Zeit der Völkerwanderung die germanischen Franken an.

Der Samstag leitet sich eindeutig vom jüdischen Sabbat her. Bei den Römern hieß er jedoch *dies saturnis* –

Tag des Saturn. Im Englischen Saturday. Welcher germanische Gott dem römischen Saturn entspricht, sei einmal dahingestellt.

Sonntag	Baldur
Montag	Frigga
Dienstag	Tyr (Tiu, Ziu)
Mittwoch	Wodan / Odin
Donnerstag	Donar / Thor
Freitag	Freya
Samstag	Heimdall

- **Baldur**: Licht- und Sonnengott, von *bael daeg*, der hell leuchtende Tag, eine apollinische Erscheinung
- **Frigga**: Mondgöttin, Muttergöttin, die ewige Ehefrau
- **Tyr**: Gottes des Kampfes und des Sieges, Bewahrer der Rechtsordnung, Herr des Thing
- **Wodan / Odin**: einäugiger Schamanengott, Herr des Zauberwissens, Erfinder der Runen, Anführer der Wilden Jagd, ein ewiger Wanderer, ein Meister des Wortes, der Sprache und der Magie
- **Tyr / Thor**: Donner- und Gewittergott, ein Beschützer der Bauern, voller Kampfesmut, ständig im Konflikt mit den drohenden Riesengeschlechtern.
- **Freya**: nordische Vanengöttin der Liebe und der Ehe (nicht zu verwechseln mit Frigga!), Königin der Walküren, liebt Feste und Lustbarkeiten
- **Heimdall**: Wächter der Götter, Schutzherr der Himmelsfestung Asgard, ein Hüter der Schwelle.

Wie die Alten Götter weiterleben

Die Gottheiten der Indogermanen sind hinreichend bekannt: Wer kennt sie nicht, die kraftvollen Heldengestalten der griechischen Zeus-Religion oder der germanischen Edda-Religion, ja selbst die dunklen Rätselfiguren der keltischen Mythologie, die in walisischen und irischen Sagen sowie in der König-Artus-Geschichte weiterleben. Ja, die Götter der Kelten und Germanen leben auch heute noch weiter, und wenn nicht als Götter, so zumindest doch als Archetypen. Denn unsere christlich-humanistisch geprägte Identität, unser rationales Selbstverständnis, das wir uns als moderne Europäer erworben haben, ist oftmals nur eine dünne Oberflächen-Schicht unserer Seele, unter der die eigentlichen Quellen unserer Identität verborgen liegen. Und es gibt im Leben des Einzelnen wie auch der Völker immer wieder Phasen, in denen man alte verschüttete Identitätsschichten wachrufen will; denn der Ursprung ist in uns, und der Ursprung kann jederzeit wieder Gegenwart werden.

Nicht darum geht es etwa, rein regressiv frühere Stadien der Entwicklung wiederherstellen zu wollen, sondern darum geht es, im Hier und Jetzt der Gegenwart aus der Kraft des Ursprungs Neues zu schaffen. Zu den am meisten vergessenen oder verdrängten Identitätsschichten Europas zählen zweifellos die Germanen. Warum eigentlich? Vielleicht, weil sie sehr viel mit *uns selbst* zu tun haben, weil sie in *unserem* Land gelebt haben, ein Teil *unserer* Vergangenheit sind; vielleicht auch, weil wir fürchten, uns zu sehr mit ihnen identifizieren zu müssen.

Als ein weiteres Moment kommt hinzu, dass seit dem Zeitalter der Romantik, seit dem frühen 19. Jahrhundert, oft nur Zerrbilder des wirklichen Germanentums produziert worden sind; und natürlich dass die Germanen nur allzu oft in den Dienst nationalistischer Ideologien gestellt wurden. Germanen-Schwärmerei, wie etwa in den Richard-Wagner-Opern, konnte allzu leicht für politische Zwecke vereinnahmt werden, indem die Germanen als „unsere Ahnen" als ein Ausdruck wahren, unverfälschten „Volkstums" gesehen wurden – ungeachtet der Tatsache, dass die wirklichen Germanen mit den heutigen Deutschen praktisch nichts zu tun haben; sie waren weder ein Volk noch gar eine Nation, sondern lediglich ein Konglomerat einzelner Stämme ohne irgend ein gemeinsames Band: der Ausdruck Germanen war schon in der Antike nicht mehr als eine Sammelbezeichnung.

Dies alles spricht nicht dagegen, sondern im Gegenteil dafür, die Realität des Germanentums historisch aufzuarbeiten, ohne dabei in Neuheidentum oder nationalistischen Größenwahn zu verfallen. Tatsächlich sind die Deutschen als Ethnie keine Germanen, sondern ein zentraleuropäisches Mischvolk, in dem keltische, germanische und slawische Elemente sich gegenseitig durchdringen, ganz zu schweigen vom kulturellen Einfluss des Christentums und des römisch-griechischen Humanismus. Niemand würde heute abstreiten, dass die antiken Kulturen des Mittelmeers – Griechenland und Rom – zum kulturellen Erbe des Abendlandes dazugehören; warum sollte das keltisch-germanische Erbe nicht auch in gleicher Weise dazugehören?

Europa als Subkontinent, als die westlichste Halbinsel Eurasiens, besitzt eine vieltausendjährige Vergangenheit, die bis in die Jungsteinzeit zurückreicht; und die europäische Identität ist aus sehr vielen Komponenten zusammengesetzt, die alle ineinander fließen; und das Germanische ist eine dieser Komponenten. Und es besteht kein Zweifel daran: *Die Götter der Germanen leben auch heute noch weiter*, allerdings unerkannt, *incognito*: sie leben in den Wochentagen, in prähistorischen Kultstätten, in Ortsbezeichnungen, in regionalem Brauchtum, in Legenden, Mythen und Märchen. Hinzu kommen alte Inschriften und Augenzeugenberichte aus der Zeit der frühen Christianisierung. Viele Märchenfiguren und Sagenhelden erweisen sich bei näherem Hinsehen als Metamorphosen germanischer Götter. Und als weiteres kommt hinzu die Fülle germanischer Dichtung aus deutschem, angelsächsischen und isländischem Umfeld, von *Beowulf und Grendel* über das *Nibelungenlied* bis hin zu den *Edda*-Dichtungen aus dem Island des hohen Mittelalters.

Gestützt auf solche Quellen, hat der Volkskundler, Sagenforscher, Sprach- und Literaturwissenschaftler Jakob Grimm in seinem Standardwerk *Deutsche Mythologie* (1835) versucht, die Religion der Germanen zu rekonstruieren. Und um eine Rekonstruktion handelt es sich in der Tat, gibt es doch (anders als im Fall der skandinavischen Mythologie) über die Glaubensweise der festlandeuropäischen Germanen nur wenig zuverlässige Quellen. So hat seine Darstellung durchaus etwas Künstliches und Willkürliches; dennoch war ihre Bedeutung und Nachwirkung gewaltig: immerhin gelten die Gebrüder Grimm auch mit ihrer Märchensammlung und ihren Studien zur Grammatik als die eigentlichen Begründer der deutschen Philologie. Auch die deutsche Volkskunde baut hierauf auf; allerdings hat diese den Ruf gehabt, tendenziös zu sein. Denn gewisse völkische Thesen waren mit dieser wie auch schon mit dem Werk der Gebrüder Grimm von Anfang an verbunden. Man darf nicht vergessen, die Arbeiten der Brüder fallen in die Zeit der napoleonischen Kriege hinein, in eine Zeit also, in der erstmals gerade im Widerstand gegen den Franzosenkaiser ein deutsches Nationalbewusstsein zu erwachen begann, das dann in der Romantik und ihrer Lehre von den Volksgeistern seinen vortrefflichsten Ausdruck gewann.

Es war gerade die Zeit der Befreiungskriege, als man in Literatur und Dichtung alles Germanische zu feiern begann. In diesem Zusammenhang wäre der Dichter Friedrich Gottlieb Klopstock (1724–1803) zu nennen. Er beschwört in den folgenden Versen die Gestalt des urgermanischen Gottes Thuiskon herauf:

Wenn die Strahlen vor der Dämmrung nun entfliehn,
und der Abendstern die sanfteren, entwölkten,
die erfrischenden Schimmer nun
nieder zu dem Haine der Barden senkt,
und melodisch in dem Hain die Quell' ihm ertönt,
so entsenkt sich die Erscheinung des Thuiskon,
wie Silber stäubt von fallendem Gewässer,
sich dem Himmel und kommt zu euch,
Dichter, und zur Quelle......[4]

Goethe war auch nicht ganz frei von solchen Anwandlungen; er bekennt, dass „uns Ossian bis ans letzte Thule gelockt, wo wir denn auf grauer unendlicher Heide, unter vorstarrenden bemoosten Grabsteinen wandelnd, das durch einen schauerlichen Wind bewegte Gras um uns, und einen schwer bewölkten Himmel über uns erblickten"[5]. Goethe beruft sich zwar hier auf die *Ossian*-Gesänge des schottischen Schriftstellers James Macpherson (1736–1796), Lieder eines fiktiven gälischen Barden, aber zwischen keltisch und germanisch wollte man damals noch nicht so genau unterscheiden, es ging allenthalben nur um die bemoosten Runensteine und um das Erbe des Altertums. Während die Klassiker auf das antike Griechenland zurückgriffen („das Land der Griechen mit der Seele suchend"), hielten sich die Romantiker eher doch an die Götter des eigenen Landes. So schrieb Hölderlin (1770–1843), obgleich kein Romantiker, eine Hymne *Germanien*:

O nenne, Tochter du der heiligen Erd,
Einmal die Mutter. Es rauschen die Wasser am Fels
Und Wetter im Wald und bei dem Namen derselben
Tönt auf aus alter Zeit Vergangengöttliches wieder.
Wie anders ists! und rechthin glänzt und spricht
Zukünftiges auch erfreulich aus den Fernen.[6]

Die Suche nach einer nationalen Identität war auch wegleitend für Richard Wagner (1813–1883), der mit seinem *Ring der Nibelungen* ein Germanen-Bild schuf, das mit der historischen Realität so gut wie gar nichts mehr zu tun hat. Das Streben nach einer eigenen deutschen Nationaloper war von Anfang an ein Anliegen der Romantik, das in den eher am Singspiel orientierten Opern wie *Der Freischütz* von Carl Maria von Weber zum Ausdruck kommt. Wagner aber wollte ein Gesamtkunstwerk schaffen; er schrieb auch die Libretti zu seinen Vertonungen, und als Bühne dazu wurde eigens das Festspielhaus von Bayreuth erbaut, das als Mittelpunkt und Musentempel einer neugermanischen Kultreligion und zugleich eines erneuerten deutschen Nationalgefühls gelten sollte. Mit Flügelhelmen, Speeren und Schilden kommen wiederauferstandene germanische Götter als Theatergermanen daher, die ihre Herkunft von den Bühnenbild- und Kostümentwürfen für die frühen Aufführungen des *Ring des Nibelungen* wohl nicht verleugnen können. Der Flügelhelm war bei den wirklichen Germanen übrigens nie in Gebrauch, aber als Wagner den Berliner Maler Carl Emil Doepler den Älteren (1824-1905) als einen der erfahrensten Kostümkundler seiner Zeit mit den Entwürfen für die erste Inszenierung des Rings beauftragte, folgte dieser weitgehend seiner eigenen Phantasie.

Die Kostümentwürfe fanden bei Wagner und seiner Frau Cosima wenig Anklang. Von Cosima ist der Ausspruch überliefert, dass „die Kostüme (…) durchweg an Indianerhäuptlinge" erinnerten und außerdem „den Stempel kleinlicher Theatergeschmacklosigkeiten" trügen. Dennoch waren Doeplers Kostüme nicht nur auf der Bayreuther Bühne zu sehen, sondern wurden überall bekannt und häufig nachgeahmt. Sie prägten im 19. und frühen 20. Jahrhundert das gängige, meist nie hinterfragte Bild des Kultgermanen.

Die flügelhelmtragenden Walhalla-Götter Richard Wagners fanden um 1900 in die *damals aufkommenden neuheidnischen Bewegungen* Eingang. Die neuheidnischen Bewegungen waren erst durch das Aufkommen der Theosophischen Gesellschaft möglich geworden, die 1875 in New York gegründet wurde. Die Theosophie verstand sich als eine kulturübergreifende esoterische Universalreligion, in der wohl auch Götter vorkamen, jedoch eher als Symbole für kosmische Energien. Welche Namen man den Göttern gab, ob indische oder andere, blieb dann einerlei. So konnte man natürlich auch die germanischen Götter theosophisch interpretieren. Ein neuheidnischer Theoretiker wie etwa *Guido von List* (1848–1919) verband in seiner *Ariosophie* Bruchstücke missverstandener Theosophie mit völkischen Inhalten und Germanen-Schwärmerei á la Richard Wagner. Von der interreligiösen toleranten Ausrichtung der eigentlichen Theosophie war dies meilenweit entfernt. Im Übrigen sollte der Einfluss der Ariosophie auf den Nationalsozialismus nicht überschätzt werden.

Hatten die germanischen Götter schon immer Dichtung und Literatur inspiriert, so leben sie bis zum heutigen Tag weiter fort in den Werken der *Fantasy-Literatur* – vor allem J. R. R. Tolkiens monumentalem dreibändigem Hauptwerk *Der Herr der Ringe*. Dabei muss man in Betracht ziehen, dass Tolkien beruflich als Professor für germanische Philologie an der Universität Oxford wirkte. Wie seine Arbeit über *Beowulf* (1936), seine Vorlesung zum Thema *Worin liegt die Macht der Mythologie?* und sein Essay *Über Märchen* (1938-39) beweisen, besaß er umfassende Kenntnisse in Mythologie und Folklore. Diese konnten in sein dichterisch-schriftstellerisches Werk in vollem Umfang einfließen, und so nimmt es nicht Wunder, dass *Der Herr der Ringe* und die anderen Epen allesamt nordischen Zauber an sich tragen und geradezu durchtränkt sind von neugermanischer Romantik. Einige typisch germanische Bilder im Werk Tolkiens seien hier nur kurz genannt:

Das Wort Mittelerde entspricht ganz dem eddischen *Midgard* (die von Menschen bewohnte Welt); der Name *Frodo* erinnert sehr an den *Frodi* aus dem Mühlenlied der Edda; der auf dem Goldhort liegende Drache, bei Tolkien heißt er *Smaug* (*Der kleine Hobbit*, Kap. 12), ist ebenfalls eddisch und kommt im Drachenhortlied sowie in der Sigurd- und Siegfriedsage vor; Beorn, der sich nachts in einen Bären verwandelt, findet sein Vorbild im nordischen Berserkertum. Die Zwerge und Elben schließlich sind rein nordisch und wirken noch in den deutschen Volksmärchen nach.

Im Rahmen der *New-Age*-Bewegung und in Erwartung eines anbrechenden neuen Wassermann-Zeitalters (in den USA seit 1975, in Deutschland seit Mitte der 1980er Jahre) hat das Interesse an Kultplätzen, Schamanismus und Naturreligion sehr zugenommen. In diesem Zusammenhang ist auch das Germanische wieder neu zu Ehren gekommen. Während man sich ursprünglich eher an die Weisheitslehren indischer Yogis und indianischer Medizinmänner hielt, hat man irgendwann damit angefangen, sich auf die Wurzeln der eigenen, westlichen Kultur zu besinnen. In den germanischen *Runen* glaubte man ein zeitgemäßes Wahrsagsystem zu erkennen, das man anderen Systemen wie dem *Tarot* oder dem chinesischen *I-Ging-Orakel* an die Seite stellte. Im Jahre 1983 erschien das *Book of Runes* des amerikanischen Schriftstellers und Anthropologen Ralph Blum (1932–2016), dem ein Runen-Set der gemeingermanischen *Futhark*-Reihe beigelegt war; und so wurde eine Welle neugermanischer Runen-Esoterik losgetreten, die weder mit dem herkömmlichen Neuheidentum etwas zu tun hatte noch irgendwelche politischen Ambitionen (etwa im völkischen Sinne) damit verfolgte.

Zu den Germanen kamen recht bald die Kelten hinzu. Bereits 1948 hatte der wohl etwas exzentrische britische Schriftsteller und Dichter Robert von Ranke-Graves (1895–1985) sein Buch *Die Weiße Göttin* veröffentlicht, in dem er das verschollene keltische Baumalphabet zu rekonstruieren versuchte; zweifellos ein sehr spekulatives Unterfangen, doch es erweckte das Interesse an den Kelten, in deren Kultur und Gesellschaftsform man ein Matriarchat zu erkennen glaubte. Der zum Kultbuch gewordene Bestseller der amerikanischen Autorin Marion Zimmer-Bradley *Die Nebel von Avalon* (*The Mists of Avalon*, 1983) trug ebenfalls dazu bei, ein romantisch-verklärtes Bild des Druidentums zu kolportieren, das mit der historischen Realität wenig, dafür aber mit dem modernen Wicca-Kult mehr zu tun hatte. So aber stand der kelto-germanischen Renaissance im Zeichen einer neuen, naturverbundenen Esoterik nichts mehr im Wege. Die germanischen Götter, die längst totgeglaubten, waren wieder ins Bewusstsein der Gegenwart zurückgekehrt.

Quellen der germanischen Mythologie

Die ergiebigsten Quellen der germanischen Mythologie stammen aus Skandinavien, insbesondere aus Island; über die Religion der Germanenstämme Mitteleuropas ist hingegen so gut wie nichts bekannt. Cäsar stellt sie als reine Naturreligion hin: „Unter die Götter zählen sie nur die, die sie sichtbar wahrnehmen und deren Eingreifen sie augenscheinlich erfahren, nämlich die Sonne, das Feuer und den Mond."[7] Mehr erfahren wir schon bei Tacitus (56–120 n.Chr.), der die tiefe Naturfrömmigkeit der Germanen betont und ihre heiligen Haine erwähnt: „Übrigens glauben die Germanen, dass es mit der Hoheit der Himmlischen unvereinbar sei, Götter in Wände einzuschließen und sie irgendwie menschlichem Gesichtsausdruck anzupassen: sie weihen Lichtungen und Haine und geben die Namen von Göttern jener weltentrückten Macht, die sie allein in frommem Erschauern erleben."[8] Obgleich die isländische Edda eindeutig aus der Skaldendichtung des hohen Mittelalters hervorging, stellt sie doch keine rein isländische Geistesschöpfung dar, sondern es mag in diesen Eddischen Dichtungen noch ein älteres, indogermanisches Mysterienwissen weiterleben, das in seinen ältesten Ursprüngen wohl bis auf die Bronzezeit zurückgeht. Bei der Auswahl der schriftlichen Primärquellen zur germanischen Mythologie muss auch die spätere Heldendichtung berücksichtigt werden, ebenfalls die Aussagen römischer Autoren, auch wenn diese nicht immer verlässlich sind. Zu den Quellen der germanischen Mythologie würde ich folgende rechnen:

- Tacitus, **De Germania**, Reisebeschreibung, im Jahr 98 n. Chr. von Tacitus veröffentlicht, der selbst nie in Germanien war.

- **Beowulf und Grendel**, angelsächsische Versdichtung, Heldenepos, entstanden um 700 n. Chr.

- **Die Merseburger Zaubersprüche**, Zeugnisse heidnischer Mythologie, wurden im 10. Jahrhundert in althochdeutscher Sprache niedergeschrieben.

- **Runenlieder**, auch Runengedichte, das wichtigste das *Abecedarium Nordmannicum* aus dem 9. Jahrhundert n. Chr. aufbewahrt in der Stiftsbibliothek des Klosters Sankt Gallen.

- Die **Prosa-Edda**, eine Sammlung altnordischer Mythologie, als Handbuch für Skalden gedacht, in Island von Snorri Sturluson 1220 bis 1225 verfasst.

- Die **Lieder-Edda**, auch *Saemundar-Edda*, eine Sammlung von Götterliedern und Heldengesängen, um 1270 auf Island entstanden und im *Codex Regius* aufbewahrt.

- Das **Nibelungenlied**, ein mittelalterliches Heldenepos, zu Beginn des 13. Jahrhunderts auf Mittelhochdeutsch geschrieben, geht auf die *Thidrekssaga* und die altisländische *Völsunga*-Saga zurück.

Zu den ergiebigsten Quellen der germanischen Mythologie zählen eindeutig die aus Island stammenden

Edda-Dichtungen, die zwischen dem 9. und 13. Jahrhundert n. Chr. als ein Werk isländischer Skalden entstanden sind und Themen der norwegischen Göttermythologie auf ganz eigenständige Weise verarbeiteten. In diesen Edda-Dichtungen, stabreimenden Götterliedern, Heldengesängen und Spruchweisheiten aus Island, tritt uns eine ganz eigentümliche, von Christentum, Humanismus und Mittelmeerkultur unbeeinflusste Urreligion entgegen – skandinavische Mythologie, vielleicht die Urreligion der Germanen, wie sie vor Einführung des römisch-katholischen Christentums in Blüte stand. Unter dem Begriff der Edda, eigentlich müsste man sagen, der Edden (ähnlich wie Veden), versteht man im Wesentlichen zwei Dokumente, nämlich die Jüngere Edda, auch Prosa- oder *Snorra Edda*, und die Ältere Edda, die Lieder- oder *Saemundar Edda*.

Die Snorra Edda stammt größtenteils aus der Feder des gelehrten isländischen Staatsmannes, Historikers und Dichters Snorri Sturluson (1179–1241), der mit diesem Werk wohl eine Art Handbuch skaldischer Dichtkunst schaffen wollte. Der erste Teil seines Werkes, *Gylfaginning* (Gylfis Verblendung) gibt zunächst einen Überblick über den gesamten altnordischen Schöpfungsmythos, der von der Erschaffung der Welt, vom Wirken der Götter, vom Weltuntergang und von der Neugeburt der Welt zu berichten weiß. Im zweiten, umfangreichsten Teil, dem *Skaldskaparmal* (Dichtersprache), finden wir zahlreiche zitierte Strophen aus der Skaldendichtung sowie eine Verslehre; auch die geläufigen skaldischen Metren werden veranschaulicht und gedeutet.

Bei der Älteren Edda, auch *Codex Regius* genannt, handelt es sich um eine Pergamenthandschrift, die im Jahre 1643 von dem isländischen Bischof Brynjolfur

Sveinsson aufgefunden und als Geschenk an den dänischen König Friedrich III. geschickt wurde. Da diese Edda angeblich auf den Gelehrten und Priester Saemund Sigfusson (1056–1130) zurückgehen soll, wird sie auch *Saemundar Edda* genannt.

Sie enthält in strophischer Form, stabreimend, aber auch mit Prosa-Einschüben, erzählende Lieder aus der Welt der Götter, etwa *Thrymskvida*, die Zurückgewinnung von Thors Hammer, *Havamal*, die „Sprüche des Hohen" und *Völuspa*, die Weissagung der Völva mit ihren Welterschaffungs- und Untergangsmythen, daneben Heldenlieder von den Völsungen, von Sigurd und von Wieland dem Schmied. Einige der Gedichte dürften bis ins 8./9. Jahrhundert zurückgehen, in eine Zeit also, als Island noch heidnisch war. Denn erst auf dem isländischen All-Thing des Jahres 999 wurde die Einführung des Christentums beschlossen.

Die Sprache der Edda klingt sehr archaisch; deshalb erhebt sich die Frage: Beinhalten die Eddischen Lieddichtungen die tatsächliche Urreligion der Germanen – mit geistigen Wurzeln, die bis in bronzezeitliche, jungsteinzeitliche oder gar noch ältere, atlantische Ursprünge zurückgehen? Hier sind der Phantasie keine Grenzen gesetzt. In Schweden erregte Olof Rudbecks Werk *Atlantica*, 1675 bis 1702 in vier Teilen erschienen, großes Aufsehen; sein Grundgedanke besagt, dass die Edda eigentlich von Atlantis handele, das mit Schweden gleichgesetzt wurde. G. Göranson, der 1750 das *Völuspa*-Lied der Edda als die „patriarchalische Lehre der uralten Atlantis-Kinder" herausgab, wandelt mit seiner Deutung in Rudbecks Spuren. Die Götterburg der Asen, der Hochgötter der Eddischen Lieddichtung, die Burg Walhall, scheint ganz und gar der von Platon geschilderten Königsburg der Insel Atlantis zu entsprechen.

Der sehr umstrittene deutsche Schriftsteller und Forscher Jürgen Spanuth (1907–1998) vertrat die These, dass das von Platon geschilderte Atlantis mit der Insel Helgoland gleichzusetzen sei, dem – seiner Meinung nach – Zentrum der protogermanischen nordeuropäischen Bronzezeit-Kultur.

Motive der germanischen Mythologie

Bei den Germanen handelte es sich um ein naturverbunden lebendes Bauernvolk, das im Vergleich zu den Stadtkulturen des Mittelmeerraums – Griechenland und Rom – ein weitaus höheres Maß an kosmischer Allverbundenheit, an Naturnähe, an archaischer Hellsichtigkeit aufwies. Zwar kann man die germanische Religion sicher nicht als eine reine Naturreligion bezeichnen, und der Schamanismus hat wohl nur eine untergeordnete Rolle darin gespielt – und dennoch ist da viel Naturmagie enthalten; es ist eine Weltschau, die jener der alten vedischen Dichtungen Indiens – etwa dem *Rigveda* – näher steht als den anthropozentrischen (den Menschen ganz in den Mittelpunkt stellenden) Religionen der Griechen, Römer und des Judentums.

Vollends ist der Gegensatz zum Christentum unübersehbar. Den frühen christlichen Missionaren, die einst die Wälder Germaniens durchstreiften, war die Naturgeisterwelt eine Welt der Dämonen. Der heilige Bonifatius fällte die *Donareiche* (im Jahr 723 bei Geismar in Nordhessen), weil er die Natur als etwas vom Menschen zu Unterwerfendes betrachtete, ganz im Sinne des Spruches *„Machet Euch die Erde untertan"*.

Wenn wir nun die germanische Mythologie näher betrachten, so müssen wir bedenken, dass Mythen nicht bloß menschliche Erfindungen sind – hinter ihnen stehen erfahrene und erfahrbare Wirklichkeiten. Mythen sind aus geistiger Schau geboren; so auch bei den Germanen. Die mythischen Bilder können je nach Kultur unterschiedlich sein, die erfahrenen Geist-Wirklichkeiten sind jedoch überall dieselben.

Einer geistigen Schau ist denn auch die *Kosmologie* der Germanen entsprungen, also die der Religion zugrunde liegende Sicht des Weltganzen, und ebenso die *Kosmogonie*, die Weltentstehungslehre. Die Kosmologie der Germanen wird ausgedrückt im Bild der *Weltenesche Yggdrasil*. Sie ist der immergrüne Lebensbaum, der Weltenstützer, der senkrechte Kanal allen Seins, der alle Ebenen des durchragt.

Die Weltenesche Yggdrasil umfasst mit ihrer ausladenden Gestalt neun Schöpfungsebenen, in der Sprache der Edda: neun Reiche (*nio heimar*) – das unterste, tief unter den Wurzeln verborgen, ist *Helheim* das Totenreich. Dies ist der gewöhnliche Aufenthaltsort der Gestorbenen, deutlich unterschieden von dem elitären Kriegerhimmel Walhall, der den engeren Gefährten Odins vorbehalten bleibt.

Ebenfalls unterirdisch liegt *Schwarzalfenheim*, das Reich der Zwerge. Mit den Zwergen sind die Elementargeister des Mineralreichs gemeint, diese kleinen fleißigen Baumeister der Materie, die in J. R. R. Tolkiens *Der Herr der Ringe* eine moderne und durchaus zeitgemäße Auferstehung feiern durften. Zwerge gehören heute zum Grund-Repertoire jedweder Fantasy-Literatur. Sie hatten sich schon in den Märchen der Gebrüder Grimm ein Bleiberecht erworben, und als Plastik-Zwerge in so manchen deutschen Vorgärten ist es ihnen gelungen, vollends ins öffentliche Bewusstsein unserer Zeit einzudringen. Schwarzalfenheim und Helheim gehören beide den Gefilden der Unterwelt an. Ober

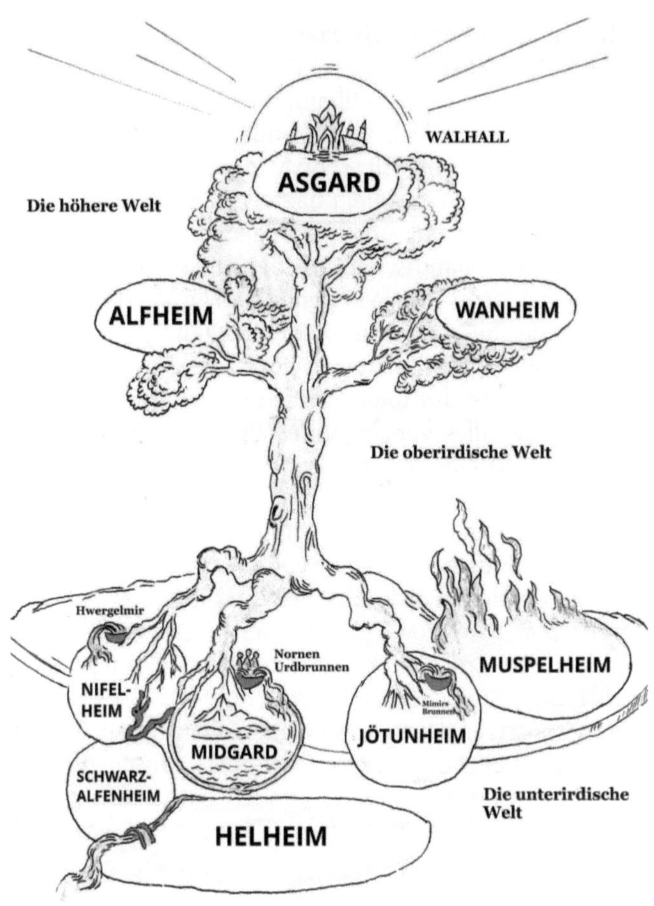

weltlich sehen wir vier Regionen dargestellt, *Nifelheim,
Midgard, Jötunheim* und *Muspellheim*. Noch eine Etage
höher, in der Überwelt, sehen wir das Götterland *Asgard*
sowie die Reiche *Alfheim* und *Wanheim*, also die Wohnorte der Elfen und der Vegetationsgeister. Die Dreiteilung der Wirklichkeit in die Bereiche Unterwelt, Ober-

welt und Überwelt ist charakteristisch für das Denken vieler Naturvölker.

Nifelheim und Muspellheim, Eisland und Feuerland – sie bilden zwei sich ergänzende Pole, nämlich den äußersten Kälte- und Hitzepol; Midgard – die von Menschen bewohnte Welt – liegt dazwischen. Midgard – das ist Mittelerde, nicht erst bei Tolkien, sondern auch schon bei den isländischen Skalden; es ist die umgürtete, eingefriedete, von Menschen bewohnte Welt. Die Extrempole Nifelheim und Muspelheim lassen sich auch kosmologisch deuten: Nifelheim ist die lebensfeindliche Kälte des toten lichtleeren Weltraums, Muspellheim die alles versengende Hitze etwa im Inneren der Sonne. Nifelheim wird von Eisriesen, Muspelheim von Feuerreisen bewohnt.

Über die Entstehung von Midgard wird in der Edda gesagt, dass diese mittlere, von Menschen bewohnte Welt geschaffen wurde aus den Eingeweiden des Urriesen *Ymir*. Es waren die drei Asen-Götter *Wodan*, *Wili* und *We*, alle drei Söhne Bors, die zuerst Ymir töteten und sodann aus seinem Fleisch und Blut, sowie aus seinen sonstigen Überresten, die Welt formten. Damit wäre die Welt eine Art vergrößerter Mensch, dessen einzelne Körperteile den Weltteilen entsprechen. Wie oben, so unten. Die Analogie von Welt und Mensch ist ein uralter, in den Schöpfungsmythen der Völker immer wieder auftauchender Gedanke. Betrachtet man dies alles symbolisch-esoterisch, so wäre der Urriese Ymir die Urmaterie, die *materia prima*, die später auch in der Alchemie eine Rolle spielt. Wodan, Wili und We treten hier als eine schöpferische Dreiheit auf. Jedoch sind Wili und We nur blasse Nebenaspekte Wodans; sie führen praktisch kein Eigenleben.

Die bewohnte Menschenwelt wird umringt von der Midgardschlange, dem Drachen, der sich selbst verschlingt, indem er sein eigenes Schwanzende auffrisst; indem er sich aber auffrisst, erneuert er sich selbst und bleibt insofern unsterblich. Ein ewiges *„Stirb und Werde"* ist das Grundgesetz der Schöpfung. Die sich selbst verschlingende Schlange gehört zum Urmythenschatz der Völker. Die Gnostiker sahen sie als den weltumringenden Drachen *Leviathan*, den eigentlichen Herrscher dieser Welt; in der Alchemie des Mittelalters taucht sie wieder auf als der *Ouroboros*, auch dieser ein Symbol für die ewige Regeneration der Schöpfung.

Midgard benachbart liegt *Jötunheim*, das Land der Riesen. In den Riesen, den *Thursen*, sehen wir die ewigen Widersacher der Götter und der Menschen; ihr Land heißt auch Utgard, das Land am äußersten Rand der Welt. Die Riesen verkörpern unheimliche und ungezähmte Elementargewalten. Zwischen Riesen und Göttern herrscht ein ewiger Zwist, ein dauerndes Ringen, aber die Riesen sind das ältere Göttergeschlecht, sie sehen sich als die Vorgänger der Götter und als die Erstgeborenen der Schöpfung. Die Riesen spielen in der germanischen Mythologie eine ähnliche Rolle wie die *Titanen, Giganten, Kyklopen* und *Hekatoncheiren* in der griechischen Mythologie.

In den Liedern der Edda wird immer wieder von Thors Fahrten ins Riesenland berichtet und von seinen Kämpfen mit dessen unheimlichen Bewohnern, die er mit Hilfe seines Wuchthammers Mjölnir niederringt. Aber die Riesen sind dennoch mehr als bloß kraftstrotzende Unholde; sie besitzen auch Weisheit. Sie als das ältere Göttergeschlecht sind im Besitz der Schöpfungsurweisheit. Als ein Beispiel für einen besonders weisheitserfülltes Wesen wird der Riese *Mimir* genannt. Er hütet den Mimirsbrunnen, den Weisheitsquell, aus dem er täglich trinkt. Berichtet wird auch über den Riesen *Wafthrudnir*, der sich mit dem Asengott Odin in einen tiefschürfenden Wissens-Streit einlässt. Insgesamt lässt sich sagen, dass zwischen Riesen und Göttern (Asen) trotz aller Abgrenzung doch eine tiefe Wesensverwandtschaft besteht. Zwar scheinen die Götter in der Hierarchie der Wesen über ihnen zu stehen, und doch – die Edda berichtet immer wieder, wie etliche Riesen (und Riesinnen) in den Kreis der Asen aufgenommen werden. So beispielsweise der Meerriese *Ägir*, so die Riesentochter *Gerda*, die der Vegetationsgott Freyr sich zur Gemahlin nahm.

Wir stoßen nun in das eigentliche Zentrum der germanischen Mythologie vor, indem wir unseren Blick auf *Asgard* richten, die Götterstadt auf des Weltenbaumes Spitze. Von Walhall aus, ihrer obersten Burg, beherrschen die als Götter verehrten Asen die gesamte sichtbare und unsichtbare Natur. Wichtig ist aber auch die Unterscheidung zwischen den beiden Göttergeschlechtern der Asen und der *Vanen*. Während die Vanen in erster Linie fruchtspendende Wesenheiten sind, somit also die Wachstums- und Werdeprozesse in der Natur betreuen, betätigen sich die Asen darüber hinaus als Verwalter menschlicher Seeleneigenschaften. So wird der Kriegergott Tyr mit Mut und Tapferkeit assoziiert. Frigg waltet über die mütterlichen Eigenschaften der Frau, und Freya ist die Göttin der Liebe. Männlicher Stolz und Kraftentfaltung werden durch Thor verkörpert. Eine zentrale Stellung unter den Asen nimmt, wie nun schon mehrfach deutlich wurde, Odin ein. Ihm untersteht nicht nur das Denken, die Sprache und der Erwerb von Wissen, sondern er ist auch der Erwecker spirituellen Bewusstseins – Seelenführer des Menschen und Götterbote. Odin entspricht in der griechischen Mythologie Hermes (röm. Merkur), dem Gott der Einweihung, der dann in der Spätantike in mystischer Überhöhung zu Hermes Trismegistos wurde.

Die germanischen Götter sind allesamt einer höheren unpersönlichen Schicksalsmacht unterworfen, die als *wurd* (im Angelsächsischen *wyrd*) bezeichnet wurde. Verkörpert wird dieses Fatum durch die drei Nornen, deren Richtspruch sich die Götter nicht entziehen können. Alles ist vorherbestimmt. Auch das Weltende. Auch der Untergang der Götter. Dies ist eine ganz andere Vorstellung vom Wesen der Gottheit als man sie in der judäo-christlichen Tradition vorfindet. Die germanischen Götter sind keine autokratischen Beherrscher des Universums, sondern selbst Bestandteile des Universums und dessen Gesetzen unterstellt. An den großen Weltgesetzen können sie nichts ändern. Ja, selbst dem Tod sind sie unterworfen (Götterdämmerung!), aber dieser bedeutet immer auch Neugeburt und Auferstehung in einem neuen Lebenszyklus.

Die Götter der Germanen sind eben inner-kosmische Wesen und stehen daher in enger Verwandtschaft zu den Riesen, den Vanen und Elben, den natur-immanenten Vegetationsgeistern und Naturmächten. Der Naturgeisterglaube war bei den Germanen weit verbreitet. Die Elfen (oder *Alfen*, *Alben*) sind sehr ätherische, feinstoffliche Naturgeistwesen. Sie wohnen in Alfheim und werden auch Lichtelfen genannt, im Gegensatz zu den Zwergen, die man eher als Schwarzelfen bezeichnen könnte. Licht und Dunkel bilden hier eine ewige Polarität. Es gibt nicht nur die Götter als Repräsentanten von Recht und Wahrheit, sondern auch die Widersacher-Mächte, die in den Abgründen lauern und die Weltordnung zerstören wollen. Auch in anderen religiösen Traditionen kommen sie vor: als *Asuras, ahrimanische Geister, gefallene Engel.* Durch diesen ständigen, nicht enden wollenden Kampf von Gut gegen Böse erhält die germanische Religion eine dynamische Note. Der Weltkampf treibt die Weltentwicklung voran und führt die Welt der Vervollkommnung entgegen.

Abschließend könnte man über die Wesensart der germanischen Religion folgende Thesen aufstellen:

- Die Götter der Germanen wirken als inner-kosmische und natur-immanente Weltkräfte;
- Sie sind Teil des Weltenlaufes und unterliegen dem ewigen *Stirb und Werde;*
- Alles wird von einer höheren unpersönlichen Schicksalsmacht beherrscht;
- In der germanischen Religion spielen Naturgeister und Elementarwesen eine herausragende Rolle;
- Das Grundsymbol der Religion ist die *Weltenesche Yggdrasil* als der senkrechte Pfeiler des Weltganzen;
- Yggdrasil sind neun Reiche beigeordnet als die Wohnorte der verschiedenen Weltwesen.

Ursprung und Herkunft der Germanen

Mitteleuropa, das spätere Siedlungsgebiet der Germanen, ist ein Kulturraum, der seit den Tagen der Eiszeit Spuren menschlicher Besiedlung aufweist. Funde von Feuerstein und bearbeiteten Knochen lassen auf die Präsenz von Menschen im mitteleuropäischen Raum seit etwa 60.000 v. Chr. rückschließen. Während der letzten Eiszeit, die ungefähr von 110.000 bis 8000 v Chr. dauerte, lagen noch weite Teile Nord- und Mitteleuropas unter undurchdringlich dichten Eismassen, die zur Zeit ihrer größten Ausdehnung vor 20.000 Jahren bis in das

Baruther Urstromtal 75 km südlich von Berlin herabreichten.

Vor rund 19.000 Jahren jedoch beginnt der norddeutsche Raum wieder eisfrei zu werden. Das Zurückweichen der großen Gletscher am Ende der letzten Eiszeit, der sogenannten Weichselvereisung, gab die herbe Natur einer sumpfigen, von Urstromtälern durchzogenen Jungmoränenlandschaft frei. Und sehr schnell bildete sich in diesem Raum eine Fülle nacheiszeitlichen Lebens heraus: die Landschaft hatte sich stellenweise in eine *Tundra* verwandelt, auch feuchte Niederungen und Moorgebiete domnierten das Landschaftsbild, und mit dem Rückgang des Eises wurden Rehe, Hirsche, Elche und Wildschweine sesshaft und verdrängten die bis dahin noch einheimischen Rentiere. Und im Gefolge der Tiere kamen nun auch Menschen, die von der Jagd lebten; im 9. Jahrtausend v. Chr. haben wir eine Population von Jägern, Sammlern und Fischern, die allerhand Gerät, Pfeile, Schaber und Feuersteinspitzen hinterließen. Von Germanen, oder von Kelten oder Slawen, konnte zu diesem Zeitpunkt noch keine Rede sein.

Wir wissen nicht, wer diese Menschen waren, wie sie aussahen, welche Sprache sie sprachen. Allenthalben setzt sich die Besiedlung Mitteleuropas im Lauf der Jungsteinzeit, Eisen- und Bronzezeit fort. Bereits im 4. Jahrtausend v. Chr. können wir überall in Europa sesshafte Kulturen mit Ackerbau und Viehzucht, mit handgefertigten Keramiken und Vorratsspeichern wahrnehmen. Dörfliche Gemeinschaften bilden sich heraus, erst im Rahmen der *Trichterbecherkultur,* später dann der *Glockenbecher-* und *Schnurkeramiker*-Kultur. Gemeinsam ist diesen Kulturen, dass sie beeindruckende *Großsteingräber* errichtet haben, die heute noch das Gebiet von

Schleswig-Holstein bis Mecklenburg-Vorpommern einschließlich der Insel Rügen überziehen.

Die Träger der Schnurkeramiker-Kultur gelten als die Vorläufer der *Indogermanen*. Ursprünglich entstammt der Begriff des Indogermanischen der vergleichenden Sprachwissenschaft. Gilt es doch als gesichert, dass Idiome wie etwa Altnordisch, Latein und Sanskrit einer gemeinsamen Sprachfamilie angehören, die darum als die *indogermanische* bezeichnet wurde. Alle heutigen Sprachen Europas, mit Ausnahme des Baskischen, Ungarischen und Finno-Ugrischen, gehen auf indogermanische Herkunft zurück.

Aber irgendwann kam es zu einer Scheidung zwischen einer west- und einer ostindogermanischen Sprachengruppe, die man auch als die *Kentum-* und die *Satem*-Gruppe bezeichnet (beide Worte bedeuten Hundert). Zu den westindogermanischen Sprachen gehören zum Beispiel Keltisch, Germanisch, Griechisch, Italisch, Illyrisch, Thrakisch und Phrygisch – zu den ostindogermanischen zählt man Altindisch, Altpersisch, Armenisch, Albanisch, Baltisch und Slawisch. Anhand einzelner Worte lässt sich die wesensmäßige Verwandtschaft der indogermanischen Sprachen recht gut erkennen. So heißt die deutsche Zahl *Sieben* etwa im Lateinischen *septem*, im Griechischen *hepta*, im Altirischen *secht* und im Hethitischen *sipta*.

Die indogermanischen Ur-Völker lebten als nomadisierende Viehzüchter, kulturell auf der Stufe des Neolithikums stehend, und die von ihnen ausgeübte Religion war offensichtlich eine Sonnengott-Verehrung in Verbindung mit einem heiligen Feuerkult. Dem Verbund der westindogermanischen Völker gehören auch die *Germanen* an. Dabei muss man bedenken, dass diese keine einheitliche Volksgruppe darstellten, dass sie weder ein Volk noch gar eine Nation waren, sondern nur ein lockerer Verbund einzelner Stämme, die kaum ein Gefühl der Zusammengehörigkeit untereinander hatten. Streng genommen gibt es gar nicht *die* Germanen, sondern das Wort Germanen ist nur eine Sammelbezeichnung für Clans und Stämme, die in einem bestimmten Gebiet wohnten. Das Wort Germane ist übrigens etymologisch bis heute ungeklärt. Überdies war es keine Selbstbezeichnung der betreffenden Stämme, sondern ein ihnen von römischen Autoren wie Cäsar und Tacitus verliehener Name.

Die Urheimat der Germanen liegt, darüber besteht heute kein Zweifel mehr, im südlichen Schweden, auf der jütischen Halbinsel, auf den dänischen Eilanden und in Nordeutschland zwischen der Weser- und Odermündung. In diesem Raum sind sie während der jüngeren Steinzeit aus der Verschmelzung der alteingesessenen Megalithvölker mit den aus der südrussischen Steppe zugewanderten Ur-Indogermanen (den *Streitaxtleuten* oder *Schnurkeramikern*) hervorgegangen. Von dort aus breiteten sie sich in der Zeit von 1200 bis 1000 v. Chr. nach Süden weiter aus; um 600 v. Chr. erreichten sie im Westen den Niederrhein, im Osten die Weichsel, und bis gegen Ende der vorchristlichen Zeit schoben sie sich bis an die Donau heran, wo sie erst durch die Begegnung mit den Römern in ihrem Expansionsdrang aufgehalten wurden.

Im Jahre 98 veröffentlichte der römische Geschichtsschreiber Tacitus (eigentlich *Publius Cornelius Tacitus*, * um 58, † um 120) seine Studie *De origine et situ Germanorum*, kurz *Germania* genannt, in der er ganz richtig das Land zwischen Rhein und Donau als das Siedlungsgebiet dieses Volkes beschreibt: „Germanien in seiner gesamten Ausdehnung wird von den Galliern und den

Rätern und Pannoniern durch die Flüsse Rhein und Donau, von den Sarmaten und Dakern durch die beiderseitige Furcht oder durch Gebirgszüge abgegrenzt; die übrigen Teile umspült der Ozean, der breite Halbinseln und Inseln von unermesslicher Ausdehnung umschließt, auf denen man erst in jüngster Zeit einige Völkerschaften und Könige entdeckt hat, deren Kenntnis (uns) der Krieg erschloss. Der Rhein entspringt auf einem unzugänglichen, steilen Gipfel der Rätischen Alpen, wendet sich in mäßiger Krümmung nach Westen und mündet in die Nordsee. Die Donau kommt von dem sanft und allmählich ansteigenden Bergrücken des Schwarzwalds und berührt (auf ihrem Laufe) zahlreiche Völker, bis sie sich schließlich in sechs Flussarmen den Durchbruch ins Schwarze Meer erkämpft; ein siebenter Arm verliert sich in sumpfigen Gebiete."[9]

Damit hat Tacitus eine recht genaue und im Ganzen auch zutreffende Beschreibung der Geographie Germaniens gegeben, obwohl er selbst nie dort war und die Germanen bloß vom Hörensagen kannte. Darin hat er allerdings nicht recht, wenn er das von ihm beschriebene Land als die Stammheimat der Germanen bezeichnet. Er sagt auch, die Bezeichnung Germanien sei „jüngeren Ursprungs und vor nicht allzulanger Zeit aufgekommen"[10]; sie sei ursprünglich nur auf einen einzigen Stamm angewendet worden, auf die Tungrer, und später dann von dem einen auf alle Stämme Germaniens angewendet worden. Die einzelnen Stämme Germaniens beschreibt Tacitus recht genau, und er teilt sie in drei große Obergruppen ein, die *Ingävonen*, *Istävonen* und die *Herminonen*, die alten Mythen zufolge alle von dem Urgott Tuisto und dessen Sohn, dem Urmenschen Mannus, abstammen würden:

„Die Germanen preisen in uralten Liedern, der einzigen Art von geschichtlicher Überlieferung, die es bei ihnen gibt, den erdentsprossenen Gott Tuisko. Ihm weisen sie einen Sohn Mannus als den Urahn und Stammvater ihres Volkes zu, dem Mannus (wieder) drei Söhne, nach deren Namen die unmittelbar an der Küste des Ozeans lebenden Stämme Ingävonen, die Völker in der Mitte des Landes Herminonen, die übrigen Istävonen heißen sollen."[11]

Diese drei Obergruppen der germanischen Stämme lassen sich durchaus im Einzelnen ausdifferenzieren. Die *Ingävonen* siedelten an der Nordsee, die *Herminonen* an der oberen und mittleren Elbe, also im Binnenland, und die *Istävonen* zwischen Rhein und Weser. Bei den Ingävonen sind als führende Völkerschaften die Sachsen hervorzuheben, die zusammen mit den Angeln das Meer überquerten und in Britannien ein neues Reich aufrichteten, ein künftiges Weltreich, dem Jahrhunderte später eine zweite Gründung jenseits des Ozeans folgen sollte. Das Hauptheiligtum der Kultgemeinschaft der Ingävonen befand sich vermutlich in einem Hain auf einer unbekannten Nordseeinsel und war der Göttin Nerthus geweiht. Aus den Istävonen erwuchsen jene Stämme, auf die seit dem 3. Jahrhundert n. Chr. der Name Franken überging, die im Wettstreit mit ihrer gallisch-römischen Nachbarschaft schon früh zu Wendigkeit und Weltoffenheit angeregt wurden. Ihr Kultheiligtum wurde von den Marsen gehütet, die an der oberen Ruhr bis zur oberen Lippe saßen; ihre Hauptgottheit war die Göttin Tanfana.

Den Herminonen, die ursprünglich im Nordosten Deutschlands wohnten, kam die Aufgabe zu, nach Süden vorzudringen, das Vorfeld der Alpen mit Alemannen und Bayern zu kolonisieren und die alemannische

Vorhut tief in die Alpentäler hinein gegen den romanischen Süden hineinzutreiben. Ihr Hauptstamm war jener der Sueben, die späteren Schwaben. In ihrer Urheimat zwischen Elbe und Oder stand auf dem Gebiet der Semnonen in einem Hain des Gottes Ziu ihr gemeinsames Kultheiligtum. Herminonen waren übrigens auch die Cherusker, die im Wesergebiet zwischen Teutoburger Wald und Elbe lebten, und die Chatten, die Vorfahren der heutigen Hessen.

Das äußere Erscheinungsbild der Germanen hat Tacitus so beschreiben: „Ich selbst schließe mich den Meinungen derer an, die glauben, dass die Stämme Germaniens (…) ein eigenwüchsiges, unvermischtes Volk von unvergleichlicher Eigenart sind. Darum ist auch die äußere Erscheinung, soweit man das bei einer so großen Zahl von Menschen sagen kann, bei allen die gleiche: alle haben trotzige, blaue Augen, rotblondes Haar und hünenhafte Leiber, die freilich nur zum Angriff taugen. In mühseliger Arbeit und Strapazen haben sie nicht die gleiche Ausdauer, und am wenigsten sind sie Durst und Hitze zu ertragen gewöhnt, wohl aber infolge des Klimas und der Bodenbeschaffenheit Kälte und Hunger."[12] Hier hat Tacitus übrigens nicht ganz recht: Die Germanen waren kein singuläres Einzelvolk, sondern gehörten dem indogermanischen Völkerverband an.

Atlantis, Thule, Avalon

Wenn in der isländischen Edda von drei geheimnisvollen Ländern die Rede ist, die sich zu Füßen der Weltenesche Yggdrasil befinden, das eisige Land des Nordens *Niflheim*, das heiße Südland *Muspellheim* und dazwischen *Midgard* oder Mittelerde, die Welt des Menschen, so können sich diese Angaben symbolisch auf Örtlichkeiten der tertiärzeitlichen Geographie beziehen: Niflheim wäre dann *Hyperborea*, der Urkontinent des Nordens, Muspellheim würde sich auf den versunkenen Südkontinent *Lemuria* beziehen, und Midgard wäre *Atlantis*, die Stammheimat der gegenwärtigen Menschheit im zentralen Atlantik. Das eddische Midgard kann durchaus als Metapher für Atlantis gesehen werden; denn es ist ringsum von Wasser umgeben – eine Insel also, in der Mitte der Welt gelegen, wie einst Atlantis…

Mehrfach im Laufe der Jahrmillionen langen Erdgeschichte war die Oberfläche der Erde grundlegenden Änderungen unterworfen. Es ist durchaus denkbar, dass im Tertiär- und Quartärzeitalter Kontinentreste der beiden paläozoischen Großkontinente, Atlantis und Lemurien, noch existiert haben. Auch gab es bis in die geologisch jüngere Zeit hinein im Norden Europas eine einheitliche Landmasse, die *Island, Grönland, Spitzbergen und Skandinavien* zu einem großen Komplex verband, ein nordischer Großkontinent, der allerdings während der zahlreichen Eiszeiten des Quartärs völlig mit polarem Packeis bedeckt war.

Geologisch ist Grönland eine sehr archaische Rumpfscholle, und unter dem bis zu 3000 m dicken Inlandeis finden sich tertiäre Basaltvorkommen, die einmal fruchttragendes Land gewesen sind. Auch muss man berücksichtigen, dass im Laufe der jüngeren Erdgeschichte Klimaschwankungen von nicht unbeträchtlichem Ausmaß aufgetreten sind. Während des Miozän, vor etwa 26 Millionen Jahren, hatten Grönland und Spitzbergen ein sehr gemäßigtes, warmes, nahezu tropisches Klima; es gediehen dort eine Fülle von Bäumen wie die Eibe, die immergrüne Sequoie, der kalifornische Mammutbaum, ferner Buchen, Platanen, Weiden, Eichen, Pappeln und Walnussbäume. Kurzum, Grönland trug einst südliche Pflanzen, die sonst in den nördlichen Breiten nicht vorkommen.

„Ein Team der Universität Kopenhagen unter der Leitung von Professor Willi Dansgaard führte im grönländischen Packeis tiefe Bohrungen nach uraltem Eis durch. In einer solchen Bohrprobe wurde schließlich ein hoher Anteil von Sauerstoff-18 gefunden, der auf Wärme schließen lässt. (....) Dansgaard konnte auf diese Art nachweisen, dass Grönland vor rund 900.000 Jahren eine Warmwetterperiode hatte. In weniger als 100 Jahren muss sich dann ein Wettersturz ereignet haben, der die Erde in beißender Kälte erstarren ließ. (....) Amerikanische Wissenschaftler fanden auf dem Meeresboden vor der mexikanischen Küste Beweismittel für eine plötzliche Klimaverschlechterung vor etwa 90.000 Jahren."[13] Zu diesem Zeitpunkt muss eine globale Naturkatastrophe stattgefunden haben, wohl eine Erdachsenverschiebung, die Grönland-Island-Skandinavien, den nordischen Urkontinent, in seine heutige Lage nahe der Arktis heraufrückte.

Ultima Thule – das Ende der Welt

Wer in den hohen Norden fährt, nach Island, Norwegen, zu den Färöerinseln, der wird überwältigt sein von der luziden Klarheit, der Transparenz und der magischen Urgewalt der Landschaft. Die flimmernden Nordlichter, die hellen Sommernächte in den Ländern am 60. Breitengrad verströmen ein eigenartig fahles, kristallklares Licht. Auch die Naturgeisterwelt hat sich in den Ländern des hohen Nordens noch rein und unberührt gehalten; überall ein Weben von Elementarwesen, von Trollen, Berggeistern, Eis- und Nebelriesen. Das ist die Welt, in der einst die Sagas der Edda entstanden sind. Ist der Norden nicht verzaubert von einer schemenhaften, überall wirkenden Geisterwelt? Träumt der Norden nicht heute noch vom längst vergangenen Königreich Thule?

Die Kunde vom untergegangenen Königreich Thule dringt heute wie ein Mythos aus uralten Tagen an unser Ohr. In diesem Mythos lebt die Rückerinnerung an ein einstmals ausgedehntes Inselreich fort, das in vorgeschichtlicher Zeit ein bedeutsames Kulturzentrum gewesen sein muss. Geologisch ist Thule der Rest eines größeren subarktischen Landmassivs, das – nördlich des einstigen Atlantis gelegen – während der Tertiärzeit Grönland, Spitzbergen, Island und den Norden Skandinaviens zu einem einheitlichen Komplex verbunden hat. Und dieses Thule muss vor undenkbar langen Zeiten ein kulturelles Evolutionszentrum gewesen sein, in dem die Grundlagen jener esoterischen Licht- und Sonnenreligion entwickelt wurden, die später in den Mysterien von Atlantis, in der Megalithkultur, im Indogermanentum, im Arier-, Kelten- und Germanentum sowie in den griechischen, altiranischen und ägyptischen Mysterien weiterwirkte.

Thule wird ewig ein Geheimnis bleiben; es ist die verlorene geistige Lichtheimat des Nordens. Und doch sind immer noch Erinnerungen geknüpft worden an dieses vor Urzeiten untergegangene Nordland. Noch der griechische Seefahrer Pytheas von Massilia im 4. Jhrdt. v. Chr. kennt den Mythos von einem fernen Land Thule, das 6 Tagesreisen nördlich von Britannien gelegen haben soll. Für den Dichter Seneca ist *ultima Thule* nur noch ein Synonym für das *Ende der Welt*:

> Es heißt, dass in späterer Zeit Jahrhunderte kämen,
> In denen der Ozean die Bande der Dinge löst,
> Da werde die ungeheure Weite der Welt offenstehen
> Und das Meer neue Länder enthüllen
> Und Thule nicht mehr das Ende der Welt sein.[14]

Der oströmische Historiker Prokop berichtet um 550 n. Chr. von geheimnisvollen Thulebewohnern, die nach einer 40 Tage dauernden Polarnacht die Wiederkehr der Sonne als Jahreshöchstfest begehen: „Sobald aber fünfunddreißig Tage dieser langen Nacht vorüber sind, werden etliche Männer auf die äußersten Höhen der Berge entsandt – und zwar ist dies dort Sitte –, die von dort oben auf irgendwelche Weise die Wiederkehr der Sonne bemerken und den Menschen unten im Tal melden, dass ihnen in fünf Tagen die Sonne wieder leuchten werde. Die frohe Botschaft feiert das ganze Volk, und zwar noch während der Dunkelheit, und dies ist für die Thulebewohner das größte Fest des Jahres."[15] Aber wer sind jene Thulebewohner? Die Einwohner Norwegens, Schwedens, der Shetlandinseln? Jedenfalls zeigen die Worte des Prokop, dass der Mythos Thule zu seiner Zeit noch bekannt war. Im Folgenden sollen keltische, griechische und altiranische Überlieferungen zitiert werden, die auf ein untergegangenes Nordland als prähistorisches Kulturzentrum hinweisen.

Die druidische Thule-Überlieferung

Das Druidentum erhielt zwar durch die keltischen Völker Europas – seit der Eisenzeit, um 800 v. Chr. – seine letztgültige Ausprägung, lag aber als Geheimreligion schon den Steinkreisen der vorgeschichtlichen Megalithkultur zugrunde. Im Zuge der Christianisierung verschwand es im Untergrund, lebte aber weiter in der Bardentradition der Britischen Inseln, wo es sich bis zum Beginn der Neuzeit ungehindert weiterentwickeln konnte. Im 18. Jahrhundert kam es auf den Britischen Inseln zu einer Renaissance des esoterischen Druidentums, die bis zum heutigen Tage ungemindert anhält.

Dem Druidentum als esoterische Wurzelreligion liegt jenes Geisteslicht zugrunde, das in den Tempeln des nördlichen Atlantis, ja des versunkenen Königreichs Thule einst angezündet wurde. Somit ist Thule – zumindest symbolisch – auch die Urheimat des Druidentums. Cäsar sagt über die Druiden: „Ihre Lehre soll in Britannien aufgekommen und von dort nach Gallien gekommen sein, und auch jetzt noch reist, wer sie genauer erfassen will, meist dorthin, um sie zu lernen" (*De Bello Gallico* VI / 13). Von Britannien wird der Suchende weiter nach Irland verwiesen. Aber auch Irland scheint nicht der älteste Ursprung Druidischer Lehren zu sein.

In einem irischen mittelalterlichen Text, der *Schlacht von Mag Tured*, wird gesagt, dass die Tuatha De Danaan, ein Geschlecht vorzeitlicher Götter, das Druidentum von ominösen „Inseln im Norden der Welt" mitgebracht hätten: „Die Tuatha De Danaan waren auf den Inseln im Norden der Welt, auf denen sie Wissenschaft und Magie, Druidentum, Weisheit und Kunst erlernten."[16]

Ferner berichtet der Text, dass es auf den Inseln im Norden der Welt vier Städte gegeben habe, in denen das Druidentum gelehrt wurde: Falias, Gorias, Murias und Findias. Dort befanden sich auch die vier magischen Universalmittel der Thuata De Danaan: der Stein der Weisheit, der Speer des Sieges, das Lichtschwert und der Kessel der Fülle. Wir dürfen gewiss annehmen, dass Thule schon vor Atlantis ein bedeutendes Mysterienzentrum für den Norden Europas gewesen ist; von dort sind richtungweisende Impulse ausgegangen, die das spätere Druidentum wie auch die Religion der Germanen entscheidend geprägt haben.

Das Druidentum hat zwar erst durch die keltischen Völker Europas seine endgültige Form erhalten, aber die Essenz seiner Lehren geht auf weitaus ältere, präkeltische, bronze- oder megalithzeitliche, wenn nicht gar atlantische Ursprünge zurück. Es gehört einer Einweihungstradition an, die man als die *hyperboreische* bezeichnen kann, da sie ihren Ursprung auf unbekannte Länder des hohen Nordens zurückführt.

In der Antike wurde der Norden symbolisch durch das Sternbild des Großen Bären ausgedrückt, das auf den Polarstern zeigt. Der Römer Lucanus weist den Kelten nordischen, ja arktischen Ursprung zu, wenn er sie in *Pharsalia* I, 450–458 zu den Völkern rechnet, „auf die der Große Bär niederblickt". Keltische wie auch präkeltische Völker wurden in der Antike ziemlich vage als Hyperboreer bezeichnet. Der irische Invasionsmythos spricht von Inseln im Norden der Welt, von denen die des Druidentums kundigen Hochgötter der Kelten einst gekommen seien. Wo aber befinden sich diese Inseln? Und was hat es mit dem sagenhaften Volk der Hyperboreer auf sich?

Die Insel der Hyperboreer

Den alten Griechen galt Hyperborea, das „Land jenseits des Nordwindes", als ein mythisches Land im fernen Norden, Wohnort eines glückseligen Volkes und Heimat des Sonnengottes Apollon. Der griechische Autor *Hekataios von Milet* sagt: „Das Hyperboreerland liegt am Atlantischen Meere gegenüber dem Lande der Kelten" (Frgm. hist. graec. II, 386). Diese Position, mitten im nördlichen Atlantik, entspricht genau der mutmaßlichen Lage des legendären Königreichs Thule.

Der griechische Historiker und Mythenerzähler *Diodor von Sizilien* berichtet uns folgendes: „Jenseits des Keltenlandes liegt eine Insel im Ozean. (....) Auf dieser Insel soll Leto geboren sein, weshalb denn auch Apollon, der Sohn der Leto, vor allen anderen Göttern dort am meisten verehrt wird. Die Einwohner sind gleichsam als Priester des Apollon zu betrachten, weil dieser Gott jahraus, jahrein Tag für Tag von ihnen mit Lobgesang gepriesen und verehrt wird. Auch ein herrlicher Hain des Apollon ist dort auf jener Insel und ein berühmtes Heiligtum, das mit vielen Weihgeschenken geschmückt und im Schema der Sphären erbaut war."[17]

Wenn die Insel der Hyperboreer nach Diodor jenseits des Keltenlandes oder – wie Hekataios sagt – gegenüber dem Lande der Kelten liegen soll, also jenseits der Britischen Inseln, wenn ferner *Plinius* sagt, der 9.

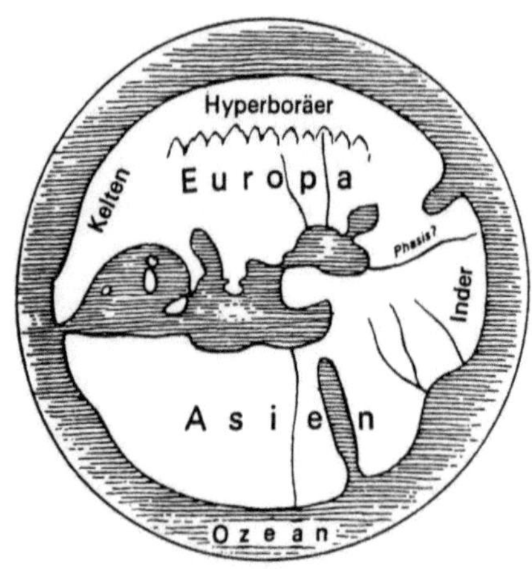

Polarkreis (der 52. bis 57. Grad nördlicher Breite) verlaufe durch das Hyperboreerland, dann verweist dies eindeutig auf den Nordatlantik. Dort, nordwestlich von Irland, hat man einst die Wunderinsel *Avalon* vermutet; in die mythischen Überlieferungen der Griechen ist dieses Inselreich als die Urheimat des Lichtgottes Apollon eingegangen. In Übereinstimmung damit spricht der irische Invasionsmythos von Inseln im Norden der Welt, von denen die des Druidentums kundigen Hochgötter der Kelten einst gekommen seien.

Apollon, mehr als nur die sichtbare Sonnenscheibe, steht als Symbol für die geistig-göttliche Sonnenkraft. Die Griechen kannten einen hyperboreischen Apoll, der im „Land jenseits des Nordwindes" seine Heimat hat und nur besuchsweise nach Griechenland kommt, um das Orakel von Delphi und die ihm geweihte Insel Delos im ägäischen Meer aufzusuchen. Auf einem von Singschwänen gezogenen Himmelswagen kommt er daher gefahren, und dazu spielt er überirdisch schöne Musik auf einem Instrument namens Kithara, was gleichermaßen Leier, Zither oder Harfe bedeuten kann. Diodor von Sizilien sagt: „Immer nach 19 Jahren soll der Gott die Insel besuchen, in welchem Zeitraum die Gestirne immer wieder in dieselbe Stellung zurückkehren, weshalb denn auch bei den Hellenen ein 19-jähriger Zeitraum ‚das Jahr des Meton' genannt wird."[18] Alle 19 Jahre überschneiden sich die Himmelsbahnen der Sonne und des Mondes, sodass danach dieselben Sonne-Mond-Positionen wieder zurückkehren. Dieser Zyklus von 19 Jahren war schon den Erbauern von Stonehenge bekannt; damit konnten sie künftige Sonnen- und Mondfinsternisse vorhersagen.

Die Hyperboreerinsel wird auch die Schwaneninsel genannt. *Himerios* sagt: „Apoll kommt zu den Hyperboreern auf einem mit Schwänen bespannten Schiffswagen, und zwar vom Meer her"[19]. Ähnlich *Älian*: „Die Hyperboreerinsel liegt im nördlichen Ozean, sie wird von den Griechen auch die Schwaneninsel genannt, weil zur Zeit der Feste Apollons unzählige Scharen von Schwänen das Heiligtum umschweben. Auch kreisen die Schwäne siebenmal singend um die Insel, worauf Apollon sieben Saiten auf seine Lyra spannt, weil die Schwäne siebenmal singen."[20]

Da Apollon der urnordische Licht- und Sonnengott ist, der Baldur-Bel der germanisch-keltischen Welt, so tritt der Schwan überall als sein Geleittier auf. Galt doch den Völkern des Altertums der Schwan als Sonnentier. Der Wegzug der Schwäne im Herbst und ihre Wiederkehr im Frühjahr entsprach dem Lauf der Sonne im hohen Norden, und so lag es nahe, den Schwan als Geleittier des Sonnengottes zu betrachten. Selbst der Schwanenritter Lohengrin, der Elsa von Brabant auf einem von Schwänen gezogenen Wagen zu Hilfe kommt, ist nichts anderes als ein Archetyp des göttlichen Sonnenhelden. Mit der Sage vom Volk der Hyperboreer haben wir einen Mythos, der sich eindeutig auf das untergegangene Thule bezieht. Hyperborea heißt wörtlich übersetzt „jenseits (*hyper*) des Nordwindes (*boreas*)"; denn der Boreas war bei den Griechen der Gott des Nordwindes, ein Bruder des Zephiros, des Notos und des Euros, also des West-, Süd- und Ostwindes. Seinen Wohnsitz hatte Boreas angeblich im thrakischen Salmydessos am Schwarzen Meer. Thrakien war in der griechischen Vorstellungswelt so ziemlich das Nördlichste, das man sich denken konnte, aber Hyperborea lag noch weiter nordwärts, in einer für griechische Begriffe kaum noch vorstellbaren Ferne.

Da Thrakien nach heutigen Vorstellungen mit dem nördlichen Balkan gleichzusetzen wäre, so käme für das „jenseits des Nordwindes" gelegene Land wohl nur ein Gebiet nördlich der Alpen und Karpathen in Frage. Da denkt man natürlich gleich an Osteuropa, an die weite russische Steppe, an das Land der Skythen und Sarmaten. Aber weit gefehlt! Denn nach Diodor soll Hyperborea eine Insel im Ozean gewesen sein, und zwar eine jenseits des Keltenlandes gelegene. Es galt im Mythos als das Land, wo der Bernstein wächst, und wo der sagenhafte Fluss Eridanos fließt, an dessen Ufern Phaeton mit seinem Sonnenwagen einstmals abstürzte. Euripides dichtet gegen Ende des 5. Jahrh. v. d. Ztw. ein Chorlied von unvergleichlicher Schönheit, in dem er alle Sagen über das ferne, geheimnisvolle Nordland noch einmal aufleben lässt:

Könnt ich, ein leicht beschwingter Vogel,
Der befiederten Schar schwebendem Zug folgen!
Schweben über der Adria wogende Meeresbahnen,
Zu des Eridanos Ufern,
Wo der trauernden Schwestern Schar,

Weinend um Phaeton,
In die purpurnen Fluten des Flusses
Träufelt das Gold ihrer Tränen,
Des Bernsteins Glanz!
Dich, Hesperiden-Gefilde, sucht mein Flug!
Land des Gesangs und der goldenen Äpfel,
Wo der Gebieter des purpurnen Meeres
Schiffern die Weiterfahrt wehrt,
Wo an heiliger Grenze der Welt brausen die Wogen,
Wo Atlas den weiten Himmel hält –
Da steht der Palast, wo der König der Götter
Die Hochzeit begangen,
Wo die reiche, die heilige Flut
Des Quells aus nährendem Erdschoss
Den Göttern ewigen Segen spendet.[21]

Die Insel Ogygia im Kronos-Meer

Die Insel Ogygia ist ein mythisches Eiland, zu dem einst Odysseus gesegelt sein soll; dort geriet er in Gefangenschaft der Nymphe Kalypso. Aber Ogygia liegt keineswegs im Mittelmeer, sondern im Kronos-Meer, worunter die antiken Schriftsteller die Nordsee verstanden. Auf der Insel Ogygia schläft Kronos, der von seinem Sohn Zeus gestürzte Gott, in einer unterirdischen Grotte. Ihre geographische Lage beschreibt Plutarch genau: „Ich bin nur der Darsteller und will euch darum vorweg seinen Dichter nennen, und zwar will ich, wenn ihr nichts dagegen habt, mit dem homerischen Vers beginnen; *Eine Insel, Ogygia, liegt weit draußen im Meere'*, fünf Tage Seefahrt von Britannien aus. Drei weitere Inseln liegen davor, ebenso weit von ihr und voneinander entfernt, ungefähr wo die Sonne im Sommer untergeht [im Nordwesten]. Auf einer von ihnen, so erzählen die

Barbaren, ist Kronos von Zeus eingekerkert und hat Briareos zum Wächter."[22]

Pytheas von Massilia hatte seinerzeit gesagt, Thule liege sechs Tagesreisen nördlich von Britannien; nach Plutarch befindet sich die Insel Ogygia „fünf Tage Seefahrt von Britannien aus" entfernt, und zwar in nordwestlicher Richtung. Die geographischen Angaben stimmen also weitgehend miteinander überein! Jedoch klingt die weitere Beschreibung der Insel Ogygia ziemlich phantastisch. Ich zitiere nochmals Plutarch:

„Denn wunderbar sei die Natur der Insel und die Milde der sie umwehenden Luft (...). Kronos selbst sei schlafend von einer tiefen Höhle aus goldfarbenem Gestein umschlossen; der Schlaf sei als Fesselung von Zeus über ihn verhängt; Vögel, die vom Gipfel des Felsen her hereinflögen, brächten ihm Ambrosia, und die ganze Insel sei von einem Wohlgeruch erfüllt, der sich vom Felsen her wie von einer Quelle verbreite. Jene Dämonen versorgten und bedienten den Kronos und seien seine Gefährten gewesen damals, als er über Götter und Menschen König war."[23]

Kronos haust also auf der Insel Ogygia, umgeben von Dämonen, d.h. Halbgöttern, die einst mit ihm die Herrschaft über die Welt geteilt haben. War *Kronos* jener legendäre *König von Thule*, von dem noch Goethe dichtet, der Herrscher des Goldenen Zeitalters? Die Sage, dass Kronos nach seinem Sturz auf einer Insel am Rande der Welt hause, kennt auch Hesiod. Die Insel befindet sich nach seinen Angaben „bei des Okeanos Strudeln", also mitten im Atlantik. Dort wohnen Halbgötter, ein „göttlich Geschlecht von Helden": „Zeus, der Kronide, ließ sie hausen am Rande der Erde, auch den Unsterblichen fern, und Kronos wurde ihr König; und dort wohnen sie nun mit kummerentlastetem Herzen, auf

den seligen Inseln und bei des Okeanos Strudeln, hoch-
beglückte Heroen ...."[24]

Das Arierstammland Aryana Vaejo

Die antiken Quellen über Thule / Hyperborea / Ogygia
verdichten sich allmählich zum Bild eines Kulturzen-
trums, das in der Mitte des nordatlantischen Ozeans gelegen haben muss. Dieses hyperboreische Zentrum,
wenn wir es einmal als Hypothese gelten lassen wollen,
war die Urheimat nicht nur des Druidentums, sondern
letztlich aller indogermanischen Mysterienreligionen,
der keltischen ebenso gut wie der germanischen, griechischen, iranischen und indischen. Die in südliche
Weltgegenden abgewanderten Indogermanen besaßen
in ihrer Frühzeit noch ein klares Bewusstsein vom nordischen Ursprung ihrer Religion und Mysterienwelt.
Die Urheimat des Nordens, das Königreich Thule, war
noch in ihnen lebendig.

Der altindische Brahmanismus, eine kraftvolle indogermanische Religion, niedergelegt in den geheiligten
Vedas, weiß seine Herkunft auf ein geheimnisvolles
nordisches Mysterienzentrum zurückzuführen. Der indische Brahmane Bal Gangadhar Tilak (1856–1920) hat
in zwei gelehrten Abhandlungen, *Orion* und *Die arkti-
sche Heimat der Veden*, den Beweis dafür erbracht.

In der altiranischen Religion Zarathustras, wohl um
600 v. d. Ztw. entstanden, finden wir Hinweise auf ein
Arierstammland namens *Aryana Vaejo*, wo der „herdenreiche" König Yima einst geherrscht haben soll. Seine
geographische Lage wird nicht genau beschrieben, doch
wird deutlich zu erkennen gegeben, dass dies Land im
hohen Norden lag. Dem König Yima wurde prophezeit,
dass „strenge, vernichtende Winter" kommen würden;

daher verließ er mit seinen Getreuen das Nordland. In grauer Vorzeit müssen globale Klimaveränderungen stattgefunden haben, möglicherweise gar eine Polverschiebung, die das Ursprungsland der Indoarier in das Gebiet der heutigen Arktis heraufrückten. Noch heute gibt es auf Grönland einen Luftwaffenstützpunkt, der Thule heißt!

Der Name *Aryana Vaejo* bedeutet in wörtlicher Übersetzung: *Arier-Weißland*. Mit den Ariern sind die Aryas gemeint, jene ostindogermanischen Stämme, die vor langer Zeit in Nordwestindien und in die iranische Hochebene einwanderten. Die Bezeichnung Weißland soll wohl andeuten, dass es sich um ein nördliches, schnee- und eisbedecktes Land gehandelt habe.

In den heiligen Schriften der Zarathustra-Religion, dem Zend-Avesta / Vendidad 1, wird es so beschrieben: „Zehn Monate ist dort Winter, nur zwei Monate ist Sommer, und während dessen sind die Gewässer gefroren. Dort ist des Winters Mittelpunkt und des Winters Herz. Wenn der Winter vorbei ist, kommen dort viele Überschwemmungen vor."[25] Es ist wohl davon auszugehen, dass mit dem *Aryana Vaejo* der Zarathustra-Religion nur Thule gemeint sein kann; denn es ist ja ein hyperboreisches Land nahe am Polkreis. In dem folgenden Text wird geschildert, wie Eiszeiten und Überschwemmungen von furchtbarem Ausmaß die Indoarier zwingen, ihr Stammland zu verlassen und südlichere Gegenden aufzusuchen (Vendidad 2):

20. Der Schöpfer Ahura Mazda [Gott] veranstaltete eine Versammlung zusammen mit den geistigen Yazatas [Engeln] im arischen Gebiet Aryana Vaejo, wo der gute Daitya strömt. Hinzu kam der herdenreiche König Yima mit den besten Menschen, er, der berühmt ist in Aryana Vaejo.

22. Da sprach Ahura Mazda zu Yima: ‚Schöner Yima, über die schlechte körperliche Welt werden strenge, vernichtende Winter kommen; von nun an werden Wolken Schnee auf die höchsten Berge und die Niederungen der Ardiva schneien.
23. Zu einem Drittel wird alsdann das Vieh davonkommen, welches an den gefährlichsten Orten ist.
24. Vor dem Winter pflegte dieses Land Grasweide zu tragen, darauf soll dann bei der Schneeschmelze Wasser in Massen fließen, und unbetretbar für die stoffliche Welt wird es hier erscheinen, o Yima, wo jetzt der Tritt der Schafherden zu sehen ist.[26]

Möglicherweise werden hier Überschwemmungen angesprochen, die sich beim Abklingen der letzten Eiszeit im nordatlantischen Raum abgespielt haben. Solchen Überschwemmungen sind vielleicht jene Inseln nordwestlich von Irland, die in den antiken Quellen noch erwähnt werden, zum Opfer gefallen. Das grüne Weideland, wo König Yima seine Herden grasen ließ, könnte *Grönland* gewesen sein, das einstige „Grünland" des Nordens. Wir müssen hier berücksichtigen, dass sich in der jüngeren Erdgeschichte Klimaveränderungen von nicht unbeträchtlichem Ausmaß ereignet haben. Während der Miozän-Zeit vor etwa 26 Millionen Jahren hatten Grönland und Spitzbergen ein nahezu tropisches Klima. Es gediehen dort eine Fülle von Bäumen wie die Eibe, die immergrüne Sequoie, der kalifornische Mammutbaum, ferner Buchen, Platanen, Weiden, Eichen, Pappeln und Walnussbäume. Kurzum, Grönland trug einst südliche Pflanzen, die in den arktischen Breiten nicht vorkommen.

Irminsul – die Weltensäule des Atlas

Eines der bekanntesten Wahrzeichen des Königreichs Thule ist die *Irminsul*, die himmelstützende Weltensäule. Noch die heidnischen Sachsen kannten ein solches Symbol; der Mönch Rudolf von Fulda berichtet uns von ihren Bräuchen: „Laubreichen Bäumen und Quellen brachten sie Verehrung dar. Sie verehrten auch einen Baumstamm von nicht geringer Größe, der hoch hinauf unter freiem Himmel errichtet war. In der Sprache ihrer Väter nannten sie ihn *Irminsul*; lateinisch bedeutet das die *Allsäule*, da sie gleichsam alles stützt.“[27]

Die Allsäule, die alles stützt – diese berühmte, in zahlreichen Berichten seit ältester Zeit von Ägyptern, Assyrern, Hethitern, später von Griechen und Römern genannte „Nordsäule, die unter dem Polarstern steht und den Himmel hält“, die Weltensäule des Atlas, wurde erst später auf die westlichen Inseln der Hesperiden verlegt; ursprünglich dachte man sie in den arktischen Regionen des hohen Nordens.

Im Weltbild der Ägypter stand die Allsäule des Atlas unter dem Polarstern. Von den Nordmeervölkern, die um 1195 von Pharao Ramses III. vernichtend geschlagen wurden, heißt es in den Inschriften auf den Tempelwänden von Medinet Habu, sie seien „von den Säulen des Himmels“ gekommen. Man nannte sie auch die „Völker vom neunten Bogen“. Die Ägypter dachten sich den Erdkreis in neun Bogen unterteilt, von zwar von Süden nach Norden, weshalb der ganze Erdkreis „alle neun Bogen“ genannt wurde. Der neunte Bogen lag nach ihrer Vorstellung „an den Enden der Erde im fernsten Norden“. Die Himmelssäule, die dort steht, nannten die Griechen *stele boreios* – Nordsäule, getragen von dem Titanen Atlas, der selbst gleichsam die personifizierte Weltensäule darstellt. Atlas gilt bekanntlich auch als Begründer des Königsgeschlechts der Atlanter. Homer nennt Atlas den „allerforschenden, welcher des Meeres dunkle Tiefen kennt und allein die ragenden Säulen hoch hält, welche die Erde vom hohen Himmel sondern".

Eine Flottenexpedition unter Drusus Germanicus, die ausgesandt wurde, um nach diesen berühmten himmelstützenden Säulen des Nordens zu suchen, kehrte nicht mehr zurück; es erhob sich nämlich ein furchtbarer Sturm, sodass die römischen Schiffe teils versanken, teils im Schlamm des Weltmeeres aufliefen oder zur Küste zurückgetrieben wurden. Der Großteil der römischen Besatzung kam dabei um; ein Überlebender – es war der Reiteroffizier Albinovanus Pedo – bemerkte, dass es nicht gelungen sei, bis zu den „Maßsäulen (*metas*) an der äußersten Küste der Erde" vorzudringen:

> Aber die Götter rufen: Zurück!
> Die Weltengrenze zu schaun ist
> Menschenaugen verwehrt.
> Was stören unsere Ruder
> Fremde Meere, die heiligen Gewässer,
> Der Götter stille Sitze? [28]

Hesiod gibt als Ort des Atlas „das furchtbare Haus der finsteren Nacht" an: „Vor diesem hält der Sohn des Japetos den weiten Himmel, stehend, mit Kopf und unermüdlichen Händen, unentwegt, wo die Nacht und der Tag sich näherkommen und miteinander reden"[29] – möglicherweise ein Hinweis auf die taghellen Nächte im Lichte der Mitternachtssonne. Die „Säule(n) des Himmels" können nur in dem untergegangenen Königreich Thule gestanden haben, dem arktischen oder polaren Ursprungsort des weltweit verbreiteten Weltstützerkultes: geologisch das Grönland der Tertiärzeit nördlich des einstmals viel größeren Atlantis-Kontinents. Die Himmelssäule des Atlas wandelte sich später zum *immergrünen Lebensbaum*, zum *Weltenbaum*. Die Sachsen verehrten die *Irminsul*, die in Eresburg in Westphalen aufgestellt war, in Gestalt einer hohen Baumsäule. Der alte Weltstützergott Atlas wurde bei den germanischen Völkern *Er, Yr, Ir, Ermin* oder *Irmin* genannt; daher die Bezeichnung Irminsul. Yr scheint ein Beiname des altgermanischen Himmelsgottes *Tyr* gewesen zu sein.

In der Megalithkultur Europas wurde die Weltensäule des Atlas offensichtlich durch den einsam dastehenden, senkrecht aufragenden *Menhir* versinnbildlicht. In der Bretagne gibt es viele solcher Menhire, der höchste vielleicht der berühmte Hochstein von Locmariaquer, der ursprünglich bis zu einer Höhe von 23 Metern aufragte! Der griechische Geograph Scymnos von Chios, der im 1. Jahrhundert v. Chr. lebte, kannte noch diese steinerne Weltensäule. Er schreibt: „Die Kelten haben griechische Bräuche .... An der äußersten Grenze ihres Landes befindet sich eine solche Säule (*stele*) ... sie erhebt sich gegen das Meer vor den stürmischen Wogen. (....) Die Bewohner der Gebiete um die Säule sind die letzten Kelten und die Veneter."[30]

Die Veneter, diese „letzten Kelten", die am äußersten Rand der Bretagne wohnten, waren sie vielleicht ein letzter Rest versprengter Atlanter? Möglicherweise bildet gerade dieses kleine unbekannte Volk das bisher nicht berücksichtigte Verbindungsglied zwischen der alten versunkenen Atlantis-Thule-Kultur und der Welt des keltischen Druidentums.

Weltbeginn und Weltende

In einem Vortrags-Zyklus, den er im Juni 1910 in Kristiania / Schweden unter dem Titel *Die Mission einzelner Volksseelen im Zusammenhang mit der germanisch-nordischen Mythologie* hielt, hatte Rudolf Steiner ausgeführt, dass es neben der nordisch-germanischen Mythologie „keine andere Mythologie der Erde gibt, welche in ihrem eigentümlichen Aufbau, in ihrer eigenartigen Durchführung ein bedeutsameres oder klareres Bild der Weltevolution gibt", und er fügte dem noch hinzu: „Die germanische Mythologie ist in der Art, wie sie ausgebildet worden ist ..., in ihren Bildern am bedeutsamsten ähnlich dem, was nach und nach als das geisteswissenschaftliche Weltbild für die Menschheit erwachsen soll."[31] Worin besteht denn nun das Weltbild der Edda? Was sagt es über den Lauf der Weltevolution, über Weltbeginn und Weltende aus?

Nach germanischer Anschauung vollzieht sich die Weltevolution nach ewigen unveränderlichen Weltgesetzen, denen alle Weltwesen – selbst die Götter – unterworfen sind. Auch das Götterschicksal bleibt eingebunden in das große Weltenschicksal, und dieses unterliegt – zumindest im Bereich des Materiellen – dem Gesetz des *Stirb und Werde!* Auf jede Weltschöpfung folgt irgendwann ein Weltuntergang, in dem alles Irdische wieder zurückkehrt in den allgemeinen Weltäther, und zwischen diesen beiden Punkten Alpha und Omega ist die Weltgeschichte als Ganzes aufgespannt. Aber der Weltuntergang stellt kein letztgültiges Ende dar, sondern aus dem Äther-Urstoff wird später eine neue und bessere Schöpfung hervorgehen, in der die Weltwesen eine höhere Entwicklungsstufe erklommen haben werden. Es gibt somit keinen Anfang und kein Ende, sondern das All erhält sich in ewigen Zyklen des Werdens und Vergehens, die allerdings keine „ewige Wiederkehr des Gleichen" bedeuten, denn es erfolgt ja in diesen Zyklen des Weltgeschehens eine Höherentwicklung!

Damit soll gesagt sein, dass die Germanen – wie alle Naturvölker – eine *zyklische Zeitvorstellung* hatten, die im Gegensatz steht zu der linearen Zeitvorstellung der „Offenbarungsreligionen" Judentum, Christentum und Islam. Hier besteht eine geistige Verwandtschaft mit der altindischen Lehre von den sich abwechselnden Weltentagen und –nächten, den Manvantaras und Pralayas, ebenso eine zum antiken Denken Europas, etwa der Weltsicht der Griechen. Heraklit sprach bereits von dem großen schöpferischen Weltenfeuer, der Glanzaura der Ur- und Zentralsonne des Alls, das „periodisch aufflammt und verlischt". Und wenn die Germanen von „Weltschöpfung" sprechen, dann ist das keine *creatio ex nihilo*, keine Schöpfung aus dem Nichts, wie sie von der christlichen Theologie behauptet wird.

Am Zeitverständnis und Schöpfungsverständnis kann man den Unterschied zwischen den verschiedenen Weltreligionen ersehen. Der bekannte Indologe und Religionsphilosoph Helmuth von Glasenapp geht davon aus, dass es seit Beginn der menschlichen Kultur acht ethische Hochreligionen gegeben habe, nämlich den Brahmanismus, Jainismus, Buddhismus und den chinesischen Universismus einerseits – sowie den Zarathustrismus, das Judentum, Christentum und den Islam andererseits.

Diese Hochreligionen lassen sich deutlich in zwei Gruppen teilen, geographisch getrennt durch die Pässe des Hindukush, die als eine Art geistige Wasserscheide die Religionen des Westens und des Ostens voneinander absondern. Den Unterschied zwischen den beiden Gruppen hinsichtlich des Zeitbegriffs und der Entwicklungsauffassung beschreibt Glasenapp so, dass nach den östlichen Religionen „die Welt ewig ist; sie hat keinen ersten Anfang und kein definitives Ende, sondern erneuert sich unaufhörlich im Wege sukzessiven, wechselnden Entstehens und Vergehens. Sie wird von einer ihr immanenten Gesetzlichkeit beherrscht, die von selbst alles Geschehen in ihr bedingt. Es ist dabei von sekundärer Bedeutung, ob ein unpersönliches Weltgesetz das höchste Prinzip allen Werdens darstellt oder ob dieses als die Manifestation einer über der Welt waltenden Gottheit gesehen wird. Die westlichen Religionen der ‚geschichtlichen Gottesoffenbarung‘ machen hingegen die Existenz des Kosmos und seiner Bewohner von dem Wirken eines von der Welt verschiedenen und ihr unendlich überlegenen persönlichen Gottes abhängig, der alles aus dem Nichts ins Dasein gerufen hat und alles autonom mit unbeschränkter Machtvollkommenheit, gemäß seinem unerforschlichen Ratschluss, nach einem festen Plan regiert."[32]

So fehlt auch in der germanischen Weltsicht die Vorstellung eines autonomen, über der Welt thronenden Schöpfergottes, der die Welt durch einen einmaligen Willensakt ins Dasein gerufen hat; stattdessen haben wir bei den Germanen die Vorstellung eines immanenten Weltengottes, oder besser Weltengesetzes, das einer an sich ewigen Schöpfung innewohnt und nicht nur die Natur, sondern auch das Leben der Götter und Menschen regiert. Man könnte es ein allwaltendes Schicksalsgesetz nennen. Selbst die Götter (*Asen* und *Vanen*) sind ihm unterworfen. Der Weltlauf an sich ist unbeirrbar; er stellt ein unausweichliches Fatum dar, regiert von der Macht der Nornen; und wie Tag und Nacht, Leben und Tod aufeinander folgen, so folgen Weltbeginn und Weltende aufeinander, wobei jedes Ende wieder einen Neubeginn bedeutet.

Das Chaos und der Urriese Ymir

In einer gewaltigen, alle Grenzen von Raum und Zeit sprengenden Geistesschau kündet die *Völva*, die germanische Seherin, vom Schöpfungsurbeginn, vom Anbeginn allen Weltwerdens:

> Urzeit war es, da Ymir hauste:
> Nicht war Sand noch See noch Salzwogen,
> Nicht Erde unten noch oben Himmel,
> Gähnung grundlos, doch Gras nirgends.[33]

So steht es in jener eddischen Spruchdichtung mit dem Namen *Völuspá, Der Seherin Gesicht,* einem Prophezeiungsgedicht, das in über 50 stabreimenden Strophen das ganze große Weltenpanorama vom Urbeginn bis zum Weltende aufrollt.

Anvisiert wird hier eine Zeit, in der es noch keine manifestierte Schöpfung gab; daher nicht „Sand noch See noch Salzwogen", weder Himmel noch Erde. Alle uns bekannten Dinge gab es noch nicht.

Dieser Zustand kann aber kein Nichts gewesen sein, da aus Nichts niemals Etwas hervorgehen kann. Der Zustand war vielmehr eine Leere, die alle Fülle des Möglichen in sich barg.

Als „Gähnung grundlos" wird dieser Zustand beschrieben, *ginnunga gap* – gähnender Abgrund. Dies ist der große Welten-Abyssus, die bodenlose Tiefe, der Punkt Null der Schöpfung – das schöpferische Chaos, aus dem alle Dinge hervorgegangen sind.

Etymologisch leitet sich das Wort *ginnunga gap* her von dem Verb *gapa*, das heißt gaffen, gähnen, und *ginnunga* ist abgeleitet von dem Adjektiv *ginnr*, das bedeutet weit, geräumig. Das Wort *gap* kommt auch im Englischen vor und steht für Lücke. Interessant wäre es aber auch, *ginnunga* als einen Eigennamen zu deuten, nämlich als Name für das persönlich gedachte Chaos, das ja nicht nur im Nordischen, sondern auch im Griechischen vorkommt, eine Urgöttin der Schöpferkraft, zu der sich vielleicht schon die Indogermanen bekannt haben. Jedenfalls finden wir hier eine interessante Parallele zur altgriechischen Theogonie, wie sie mustergültig von Hesiod entwickelt wurde.

Hesiod (um 700 v. Chr.) war ein altgriechischer Bauerndichter aus Askra in Böotien, der mit seinem Werk *Theogonie* entscheidend zur Herausbildung der griechischen Götterlehre beigetragen hat. Nachdem er anfangs über seine Berufung durch die Musen berichtet hat, am Fuße des Bergs Helikon, kommt er auf den Urschöpfungs-Zustand zu sprechen, in dem es selbst die Götter noch nicht gab; sie waren noch nicht ins Sein getreten, es gab nur wogende Urmächte, die aus tiefsten Gründen auftauchten und ein formloses Material zu der Welt formten, wie wir sie heute kennen. Und es ist eine interessante Tatsache, dass er als ersten Ursprung das Chaos setzt: „Wahrlich, zuerst entstand das Chaos und dann die Erde, breitgebrüstet, ein Sitz von ewiger Dauer für alle Götter, die des Olymps beschneite Gipfel bewohnen und des Tartaros Dunkel im Abgrund der wegsamen Erde."[34]

Der Wortbedeutung nach heißt Chaos so viel wie „Spalt, Höhlung", das dazu gehörige Verb bedeutet „aufsperren, aufklaffen, gähnen", es ist also eine klaffende Tiefe, ein gähnender Abgrund. Aber dieses Chaos ist auch ein schöpferisches Prinzip, eine Art kosmische Gebärmutter; die Nacht und der Erebos gehen aus ihr hervor, die dann ihrerseits den Tag und den Äther erzeugen. Allenthalben klingt hier das Motiv der Heiligen Hochzeit an; und bei all dem Zeugen ist Eros immer gegenwärtig, der als der kosmogonische Eros, als die allverbindende Kraft im Universum fungiert.

Wir sehen also: Das hesiodische Chaos und der nordische *ginnunga gap*, vielleicht auch als Göttin *Ginnunga* gedacht, sind miteinander identisch. Sie entspringen sowohl einer gemeinsamen Erfahrung als auch dem gemeinsamen Wurzelboden einer indoeuropäischen Schöpfungs-Spiritualität.

Im Welten-Abyssus des *ginnunga gap* hat sich indessen ein Spannungsverhältnis herausgebildet. Da ist auf der einen Seite *Niflheim*, der Kältepol der Welt, und auf der anderen Seite *Muspellheim*, der Hitzepol, die Welt ewigen Feuers. Beide Pole gab es schon, bevor die Welt entstand; christliche Interpretation wäre es, sie als Eis- und Feuerhölle zu deuten. Niflheim ist ein eiskaltes Nebelreich, und mitten darin liegt der Brunnen *Hwergelmir*, das heißt: der in kesselförmiger Vertiefung Rauschende, und ihm entspringen zwölf Flüsse, die Eliwagar heißen; Luft und Wasser sind hier also die beiden vorherrschenden Elemente. Und was geschieht nun?

Die zwölf Flüsse entfernen sich immer weiter von ihrem Ursprung und erstarren zu Eis. So war der nördliche Teil der gähnenden Kluft bald mit schweren Eis- und Reifmassen bedeckt; von Süden aber kamen die glutheißen Feuerfunken Muspellheims herangeflogen, und diese brachten das Eis zum Schmelzen. Und indem das Eis schmolz, entstand ein Wesen daraus, das war wie ein Mensch gestaltet – sein Name war *Ymir*, den die Reifriesen *Örgelmir*, den gewaltig Rauschenden nannten, und er gilt als der Stammvater ihres Geschlechts (wie auch das *Wafthrudnismal* zu berichten weiß).

Ymir, der wörtlichen Bedeutung nach der rauschende, brausende Urstoff, ist der kosmische Ur- und Allmensch, der Prototyp des Menschen überhaupt, der mit seiner riesenhaften Gestalt das ganze Universum ausfüllt. Die Vorstellung eines solchen makrokosmischen Menschen findet sich nicht nur im germanischen Schöpfungsmythos, sondern auch in anderen Kulturen. Ymir ist zugleich der *Adam Kadmon* der jüdischen Kabbalah, der Urmensch *Gajomard* in der altpersischen Religion, der All-Mensch *Purusha* in der Religion Altindiens. Und wenn es in den Strophen der Edda heißt: „Einer erstand in Urtagen, allgewaltig"[35], so wird dieser Eine in der indischen *Cvetacvatara-Upanishad* als der kosmische Urmensch beschrieben:

> Ich kenne jenen Purusha, den großen,
> Jenseits der Dunkelheit, wie Sonnen leuchtend;
> Nur wer ihn kennt, entrinnt dem Reich des Todes;
> Nicht gibt es einen anderen Weg zum Gehen.
> Höher als nichts anderes ist vorhanden,
> Nichts Kleineres und nichts Größeres (....)
> Als Baum im Himmel wurzelnd steht der Eine,
> Der Purusha, der die ganze Welt füllt.[36]

Ein immer wiederkehrendes Denkbild im *Rigveda* ist die Vorstellung von einem Urmenschen. Mit anderen Worten, die Einheit der Welt wird daraus erklärt, dass sie aus einem einzigen Urindividuum entstanden sei. Dieses Urwesen ist *Purusha*, und das Purusha-Lied schildert seine Geburt und Weltwerdung, seine weltumspannende Größe, und dann sein Geopfertwerden durch die Götter – aus den Gliedern seines getöteten Leibes formen sie die verschiedenen Teile der Welt. Dieser Mythos vom kosmischen Menschen, vom All- und Urmenschen als Urgrund der Schöpfung, ist Gemeingut aller alten Völker, ein Bestandteil jener esoterischen Geheimlehre, die in Urzeiten über die ganze Welt verbreitet war. Auch erhält der Opfergedanke im Purusha-Mythos größere Bedeutung: durch Opfer ist die Welt entstanden – durch Opfer wird sie aufrechterhalten.

Zunächst einmal ist, nach Aussage des Rigveda, der Purusha identisch mit dem Makrokosmos: „Purusha allein ist diese ganze Welt, die vergangene und die zukünftige, und er ist der Herr über die Unsterblichkeit"[37]. Sodann wird der Urmensch geopfert, in Teile zerlegt und aus diesen die Welt geformt, sodass sich eine vollständige Analogie zwischen Makrokosmos und Mikrokosmos ergibt; den Gliedern des Makromenschen entsprechen die Glieder der Welt: „Der Mond ist aus seinem Geist entstanden, die Sonne entstand aus seinem Auge; aus seinem Munde Indra und Agni, aus seinem Aushauch entstand der Wind. Aus dem Nabel ward der Luftraum, aus dem Haupte ging der Himmel hervor, aus den Füßen die Erde, aus dem Ohre die Weltgegenden. So regelten sie die Welten."[38]

Unser ganzes Universum wäre somit der Leib eines Großen Menschen. In der altchinesischen Kosmogonie haben wir in Entsprechung zum nordischen Ymir wie auch zum indischen Purusha den Urriesen *Pangu* – auch er ist der Erstgeborene der Schöpfung, und er befand sich ursprünglich im Inneren eines großen Welten-Eies. Er sprengte jedoch dessen Schalen, und aus der oberen Hälfte wurde der Himmel, aus der unteren die Erde gebildet. Damit entstanden auch *Yin* und *Yang*, die beiden gegensätzlichen Weltkräfte.

Bei seinem Versuch, den Himmel zu stützen, versank *Pangu* in einen tiefen, todesähnlichen Schlaf, aus dem er nicht mehr erwachte. Nach seinem Tod entstanden aus seinen Körperteilen die Elemente der Natur – aus dem Atem Wind und Wolken, aus seiner Stimme Donner und Blitz, aus seinem linken Auge die Sonne und aus dem rechten der Mond. Seine vier Gliedmaßen verwandelten sich in die vier Himmelsrichtungen und die Berge; aus seinem Blut wurden die Flüsse und aus seinen Adern die Wege und Pfade. Die Haare seines Körpers wurden zu Gräsern und Blumen, seine Zähne und Knochen zu Metallen und Steinen; auch die Menschheit ging zuletzt aus ihm hervor. – So erzählt es der chinesische, insbesondere taoistische Schöpfungsmythos, der vermutlich im 4. Jahrhundert n. Chr. der Lehre von *Yin* und *Yang* zugefügt wurde.

Die Formung der Welt aus Ymir

Ymir-Örgelmir, der kosmogonische Urmensch im germanischen Mythos, trug als Hermaphrodit beide Geschlechter in sich, und so zeugte er aus sich selbst heraus Männliches und Weibliches, und daraus gingen zahlreiche Nachkommen hervor – das Geschlecht der Reifriesen. Ymirs Sohn und Enkel heißen *Thrudgelmir* und *Bergelmir*; aus letzterem stammt das jüngere Reifriesengeschlecht, nachdem das ältere in der großen Flut umgekommen war. Der Name Bergelmirs erinnert ein wenig an *Hwergelmir*, den Urquell aller Gewässer, der brausenden Urflut, aus der sich auch alle Riesen erheben. Man fühlt sich an die griechische Lehre vom *Okeanos* als dem Anfang aller Dinge erinnert. Okeanos ist ebenso das flüssige Element wie dessen Beherrscher, also sachlich und persönlich gedacht. Das Gleiche gilt für Bergelmir; er ist das rauschende Element selber und zugleich dessen Gottheit.

Und nun tritt ein anderer, neuer Schöpfungsstrang in Erscheinung: Indem das Eis, erwärmt durch die Feuerglut Muspellheims, weiterhin schmilzt, geht daraus hervor – *die Urkuh Audhumbla*. Vier Milchströme rinnen aus ihr heraus, und mit ihnen nährt sie Ymir. Sie selbst ernährt sich dadurch, dass sie an den salzigen Eisblöcken leckt; und indem sie dies tat, kam unter ihrer Zunge ein Mann hervor, der hieß *Buri*, ganz aus eigener Kraft schuf er sich einen Sohn, *Bur* genannt, der *Bestla*, die Tochter des Riesen *Bolthorn*, zur Frau nahm. Dieses Paar hatte drei Söhne – *Odin, Wili und We*.

Und damit waren nun erstmals die Götter auf den Schöpfungsplan getreten. Sie entspringen einem anderen Schöpfungsstrang als Ymir und seine Riesenbrut; wir haben hier genau genommen zwei Stammbäume von Weltwesen, die unabhängig voneinander existieren, abgesehen davon, dass Odin in Bestla eine Riesin zur Mutter hat. Aber weiterhin bleiben Götter und Riesen zwei rivalisierende Geschlechter, die miteinander um die Weltherrschaft ringen, die Riesen dabei die Älteren, Ursprungsnahen, die Götter aber die höher Entwickelten, die Kunstfertigen, Kenntnisreichen, die schließlich auch das Menschengeschlecht erschaffen.

Allenthalben werden die Götter, die Asen, wie man sie in der Edda auch nennt, als echte Lichtwesen dargestellt; Jakob Grimm schreibt in seiner *Deutschen Mytho-logie*: „In den Asen erscheint eine edle, gelungene zwei-te Hervorbringung gegenüber der ersten halb missrate-nen riesischen. An den Riesen war ein Übermaß des plumpen Leibes aufgewandt; bei den Asen gelangten Leib und Seele zu vollem Gleichgewicht, und neben un-endlicher Stärke und Schönheit entfaltete sich durch-dringender, schöpferischer Geist".

Da die riesische Schöpfung unvollkommen war, musste sie geopfert werden, musste um eines Besseren willen vernichtet werden. Die Söhne Burs (*Odin, Wili* und *We*, die beiden letzteren wurden später mit Hönir und Loki gleichgesetzt) töten den gewaltigen Ymir, und aus seinem Leib floss so viel Blut, dass das ganze Ge-schlecht der Reifriesen darin ertrank. Nur einer entkam der Flut, nämlich jener, den die Riesen Bergelmir nen-nen; er rettete sich mit seiner Frau in einem Boot und begründete danach das jüngere Geschlecht der Reifrie-sen. Also haben wir hier eine germanische Sintflut-Er-zählung; ob sie von der biblischen übernommen wurde oder eine eigenständige Geistesschöpfung darstellt, sei einmal dahin gestellt. Nach *Gylfagiunning* Kap. 8 haben die Götter den erschlagenen Ymir in die Mitte des *gin-nunga gap* geschleppt und dort aus seinem Körper die Welt geformt:

> Aus Ymirs Fleisch war die Erde geschaffen,
> aus dem Gebein das Gebirg,
> der Himmel aus dem Schädel
> des schneekalten Riesen,
> die Brandung aus dem Blut.[39]

Aus dem Schädel Ymirs fertigten sie den Himmel, und den setzten sie über die Erde auf vier vorstehenden

Stützen; und unter jede Stütze setzten sie einen Zwerg, den *Austri, Nordri, Westri* und *Sudri*, weniger echte Wesen, sondern eher symbolische Darstellungen der vier Himmelrichtungen. Aus den Funken aus Muspellheim formten die Götter die Himmelslichter, dann ordneten sie den Lauf der Sonne, des Mondes und der Sterne, die Folge von Tag und Nacht, die Jahreszählung. Von Süden her beschien die Sonne den neu geschaffenen Erdengrund, und überall entspross grünes Gras.

Midgard – die Welt der Menschen

Im *Grimnirlied*, Strophe 41, erfahren wir noch mehr Einzelheiten über die Erschaffung Midgards durch die drei Asengötter Odin, Wili und We:

> Aus des Riesen Wimpern
> schufen die Asen hold
> Midgard den Menschensöhnen;
> Aus des Riesen Gehirn
> Sind die rauhgesinnten
> Wolken alle gewirkt.[40]

In der Edda bedeutet *Midgard* (altnord. *Midhgardhr*) den mittleren, eingefriedeten Raum, das Gehege der Mitte als der dem Menschen vorbehaltene Ort, zwischen der Unterwelt und dem Götterhimmel gelegen. Denn wie die Inder, Perser und Griechen kannten auch die alten Germanen eine Dreiteilung des Universums, eine Aufteilung in Himmel, Erde und Unterwelt. Das Reich Midgard steht dabei für die Erde, Asgard für den Himmel, und die Unterwelt heißt Nifelheim.

Dass die Umzäunung Midgards aus den Wimpern des Riesen erschaffen wurde, deutet vielleicht auf einen die Erdscheibe umlaufenden Waldgürtel hin. Im Übrigen dachten sich die alten Germanen, wie andere antike Völker auch, die Erde als eine flache, mitten im Weltozean schwimmende Scheibe, überwölbt nur vom Himmel mit seinen mächtigen Wolkengebilden und seinem nächtlichen Sternengefunkel. Midgard wäre, da allerwärts vom Meer umgeben, als eine Insel zu denken, kreisrund und mit dem heiligen Weltenbaum Yggdrasil in der Mitte, eine Art nordisches Atlantis oder eine mythische Vision von Pangäa, dem Urkontinent.

Im Gegensatz zum Okeanos, dem Weltmeer, ist Midgard das Binnenland, Hinterland oder Inland, zugleich auch Menschenland, und die Bezeichnung für diese bewohnte Erde lautet in allen germanischen Sprachen gleich: gotisch *midjungards*, althochdeutsch *mittil-mittingard*, altsächsisch *middilgard*, altangelsächsisch *middangeard*. Der Begriff *Mittelerde* als Bezeichnung für die von Menschen bewohnte Welt war nicht nur im Altangelsächsischen, sondern auch in der englischen Literatur bis ins Mittelalter hinein durchaus geläufig. Er taucht beispielsweise in der berühmten, aus dem 12. Jahrhundert stammenden Ballade von *Tom the Rhymer* auf. In J. R. R. Tolkiens monumentalem Fantasy-Werk *Der Herr der Ringe* steht Mittelerde für eine von Elben, Zwergen und Hobbits bewohnte Zauberwelt.

Außer von Midgard, Asgard und der Unterwelt ist gelegentlich auch von *Utgard* die Rede. Utgard ist gewissermaßen der Rand der Welt, dies in einem ganz wörtlichen Sinne. Darunter sind unwirtliche, dem Anbau widerstrebende, öde und wilde Landstrecken gemeint, nicht von Menschen, sondern von Riesen und Trollen bewohnt. Utgard als das Riesenland wäre dann mit *Jötunheim* gleichzusetzen; denn die Jöten sind ja in der Sprache der Edda die Riesen. Allenthalben fällt es schwer, solche Orte überhaupt im Weltbild der Edda geographisch zu lokalisieren. Sie sind eher als symbolische Wohnorte zu verstehen. Die Edda bietet eben keine Landkarte, sondern ein Panorama übersinnlicher Welten, die vom Seherauge der *Völwa,* nicht aber vom physischen Menschenauge geschaut werden.

Zusammenfassend könnte man die nordische Weltsicht folgendermaßen beschreiben (nach Wolfgang Golther, *Germanische Mythologie*): „Midgard ist rings vom Meere umgeben. Meer und Erde bilden eine kreisrunde Scheibe, über welche sich der Himmel wölbt. Der ganze Weltbau, Himmel und Erde und Meer, schwebt im leeren Raum (*ginnunga gap*). Dort war ja Ymir zerstückelt worden. Wer sich allzu weit auf das erdumgürtende Meer hinauswagt, gelangt schließlich zu den Grenzen der Welt und läuft Gefahr, in den gähnenden leeren Raum zu stürzen. So ist *ginnunga gap* im 11. Jahrhundert bei Adam von Bremen ein geographischer Begriff, die Grenze des Weltmeers im hohen Norden."[41]

Noch im Mittelalter glaubte man, dass die Erde eine im Mittelpunkt der Welt liegende Scheibe sei, und dass man, wenn man allzu weit aufs Meer hinausfährt, den Rand der Welt überschreitet und in den Abgrund hinabstürzt. War diese Vorstellung ein germanisches Erbe? Der Begriff *Abyssus* kommt immerhin auch in der christlichen Mythologie vor. *Abyssus abyssum invokat* (Der Abgrund ruft nach dem Abgrund) ist ein Vers aus Psalm 41. In der Septuaginta dient *Abyssos* als Übersetzung des hebräischen Begriffs *Tehom* (תהום, Meerestiefe), der bereits im 1. Buch Mose auftaucht.

Die Vorstellung einer Dreiteilung der Schöpfung in Himmel, Erde und Unterwelt war den antiken Völkern durchaus geläufig. Nur die Bezeichnungen waren unterschiedlich: Die alten Griechen nannten ihren Himmel das *Elysium*, die Unterwelt den *Tartarus,* und in der keltischen Barddas-Kosmologie gibt es die Vorstellung von einem „weißen Land" namens *Gwynwyd*, einem Reich des Friedens und der Glückseligkeit. Es ist eine Sphäre, in der allein Götter wohnen – dies entspricht Asgard in der nordischen Überlieferung. Unterhalb von *Gwynwyd* befindet sich die Mittlere Welt, *Abred* genannt, die auch den Namen *Adfant* trägt, „der Ort mit dem hochgekrempelten Randstreifen" – ein Hinweis auf die Vorstellung der flachen Erde vergangener Zeiten. Diese mittlere Welt entspricht dem nordischen Midgard, der Mittelerde als Wohnort der Menschen. Ganz unterhalb dieser Welten-Kreise befindet sich *Annwn* – der Abyssus, die Tiefe des äußersten Abgrundes, ein Ort äußerster Gottferne. Dies entspricht dem *ginnunga gap* der nordischen Mythologie, dem „gähnenden Grund" sowie dem Chaos der hesiodischen Theogonie.

Riesenwelt und Zwergenwelt

Nun gibt es in der eddischen Weltschau neben Asgard, Midgard und Niflheim noch weitere Reiche, etwa das unterirdische Reich der Zwerge, das Elfenland Alfheim, das Riesenland Jötunheim und Vanaheim, das Reich der archaischen Vegetationsgötter. Insgesamt sind es neun Heime, *nio heimar*, die der Weltenesche Yggdrasil zugeordnet und von ihr als der großen Weltachse durchragt sind. Überhaupt scheint die Neun die heilige Zahl der Edda-Philosophie gewesen zu sein.

1. Die Zwerge. – Was das Reich der Zwerge betrifft, *Schwarzalfenheim* in der Sprache der Edda, so lässt sich dieses ganz eindeutig der Unterwelt zuordnen. In den Sagen und Volksmärchen haben sich die Zwerge längst ein Heimatrecht erworben – sie sind die Geister des

Mineralreichs, die das Innere der Erde nach Gold und Edelsteinen durchwühlen, ein Geschlecht fleißiger Bergleute, kleinwüchsig und alt aussehend, mit langen Bärten und Zipfelmützen, Hüter unterirdischer Schätze, die Elementargeister der Erde.

Schon das Wort *Zwerg*, vom althochdeutschen *gitwerg*, d.h. Trugwesen, kennzeichnet das damit bezeichnete Wesen als Spukgestalt, verweist es in das Reich der Alben, Irrwische und Nachtmahren. Was den Ursprung der Zwerge betrifft, so berichtet die Edda hierüber durchaus Unterschiedliches; nach einer Ansicht, die im Gedicht *Völuspa* (*Der Seherin Gesicht*) zum Ausdruck kommt, sollen die Zwerge einst aus Brimirs Blut und Blains Glieder gebildet worden sein:

> Zum Richtstuhl gingen die Rate alle,
> heilige Götter, und hielten Rat,
> wer der Zwerge Schar schaffen sollte
> aus Brimirs Blut und Blains Knochen.
>
> Motsognir war der mächtigste da
> Aller Zwerge, der zweite Durin;
> Die machten manche menschenähnlich,
> wie Durin es hieß, die Höhlenzwerge.[42]

Demnach geht der Ursprung der Zwerge in die früheste Schöpfungsstunde zurück; ob der Urriese Brimir mit dem von den Asen getöteten Ymir identisch ist, soll hier nicht entschieden werden. Auch Blain könnte ein anderer Name für Ymir sein. Nach der Version von Snorri Sturluson gehen die Zwerge auf die Maden zurück, die auf dem Leichnam des getöteten Urriesen Ymir entstanden sind. Ihrer Natur nach gehören die Zwerge der Art der Elben an; Snorri nennt sie daher

Dunkelelben, *dökkalfar*, oder Schwarzelben. Aber ihnen fehlt doch ganz der Charme und die Grazie der Elben, sie sind nun einmal alt, klein und hässlich, aber eines haben sie mit den Elben gemein: die Kunstfertigkeit. Zwerge sind, wenn nicht Bergleute, Meister des Schmiedehandwerks. Dem Sigurd hat der Zwerg Regin sein Schwert Gram gefertigt, in der *Thidrekssaga* (Kap. 5) tritt ein hervorragender Schmied auf, der Mimir heißt. In der nordischen Göttersage gehen Odins Speer, Thors Hammer, Freys Schiff und Sifs Goldhaar aus der Esse der Zwerge hervor.

Gerühmt wird aber auch die Weisheit und magische Kunst der Zwerge; eine Tarnkappe mag ihnen zuweilen Unsichtbarkeit verleihen. Sie besitzen oft ein immenses Wissen um die Anfänge der Schöpfung. Der Zwerg *Alvis* aus der Lieder-Edda wäre ein Beispiel dafür. Im *Alvismal* wird geschildert, wie der hammerschwingende Gott Thor den weisen Alvis zu einem Wissenswettstreit einlädt, bei dem der Zwerg alle Fragen der Vorzeitkunde zu beantworten vermag, am Schluss aber versteinert, da inzwischen die Sonne aufgegangen ist. Nach nordischer Sage war der Zwerg *Andwari* so zauberkundig, dass er zuweilen als Fisch im Wasser lebte. Der Gott Loki fing ihn jedoch ein und verlangte als Preis für sein Leben den von ihm gehüteten Goldschatz. Andwari händigte ihm den Schatz aus, belegte ihn jedoch mit einem Fluch; in der Dichtung des Mittelalters erwuchs aus ihm der *Alberich* der Siegfriedsage.

Im Sagenkreis um Dietrich von Bern begegnet uns der Zwergenkönig *Laurin*. In der Gestalt Laurins wird uns ein glanzvoller und mächtiger Zwergenherrscher vor Augen geführt. In Tirol besitzt er einen magischen Rosengarten, der von einem Goldfaden eingehegt ist, unzugänglich allen Sterblichen wie seinerzeit die Götterhaine. Ein hoher schneebedeckter Berg in den Tiroler Alpen gibt den Zugang zu Laurins riesigem unterirdischen Reich frei. „Die Reise nach dem schneegekrönten Berg war weiter, als die Recken geglaubt hatten; sie dauerte bis zum folgenden Mittag. Da gelangte man an den Fuß des weißen Hauptes und erblickte einen Anger, so schön wie der Rosengarten. Blumendüfte erfüllten die Luft, Vogelgesang ertönte tausendstimmig in den Zweigen, Zwerge in Scharen, etliche rüstig mit Hammer und Schurzfell, andere geschmückt wie Könige, wieder andere mit Schalmeien und Hörnern blasend, zogen vorüber. Es war, als ob die Vögel ihr süßes Lied nach der Musik der Erdmännlein gestimmt hätten, so lieblich klang das alles zusammen. Laurin führte die Helden nach dem Berg, dessen Tor sich vor ihm auftat. (....) Eine lichte Dämmerung herrschte in dem weiten Hallenraum, als wenn der volle Mond die Erde beleuchtete. Die Wände waren glattpolierter Marmor, von Gold- und Silberstäben in Felder geteilt; der Fußboden war ein einziger Achat, die Decke ein Saphir. Leuchtende Karfunkel hingen davon herab wie Sterne am blauen Nachthimmel."[43]

Die Sage weiß nun zu berichten, wie der Held Dietrich von Bern die von Laurin in seinem unterirdischen Schloss gefangenen Jungfrauen befreit. Und interessant ist: Trotz ihrer hohen Intelligenz, trotz ihrer Kunstfertigkeit und ihres Wissens sind die Zwerge doch immer die Verlierer, einerlei ob sie sich mit den Asengöttern oder mit den Menschen einlassen. Dessen ungeachtet haben sich die Zwerge ihren festen Platz in den deutschen Volksmärchen erobert, sie haben seit Tolkien auch in die Fantasy-Literatur Einzug gehalten, ja selbst noch als Plastik-Gartenzwerge zieren sie die Vorgärten deutscher Einfamilienhäuser und wachen über deren kurzgeschnittenen Rasen. Und in den nordischen Ländern gibt es in so manchem Haushalt den *Hausgeist*, der ein *Kobold* ist, also auch eine Art Zwerg, der mit Menschen in engerem Raum zusammenlebt. Damit will nur gesagt sein: Die Zwerge sind längst in das kollektive Unterbewusstsein unserer Kultur eingegangen, auch wenn nur Wenige über ihren Ursprung in der germanischen Mythologie Bescheid wissen.

2. Die Riesen. – Die *Riesen* sind mit den Zwergen im Grunde eng verwandt, nur unterscheiden sie sich von ihnen durch ihre Körpergröße; außerdem genießen sie deutlich weniger Sympathie bei den Menschen. Auch die Riesen sind Elementarwesen, aber nicht nur solche der Erde, sondern es gibt Feuerriesen (*Surtur* etwa, der Herr von *Muspillheim*), Wasserriesen, Meerriesen, Eis- und Frostriesen, Wind- und Wetterriesen, Berg- und Waldriesen. Kurzum, die Riesen sind Elementargewalten, sie wirken in allen vier Elementen, wo sie die ungebändigten Naturkräfte darstellen. Denn anders als die kleinen harmlosen Zwerge tragen die Riesen etwas Unheimliches, Bedrohliches an sich.

Da die Riesen von *Ymir*, dem Schöpfungsurwesen, abstammen, sind sie selbst Teile des urweltlichen Chaos, das vor dem Beginn einer geordneten Schöpfung existiert hat. Gegenüber dem ordnenden, organisierenden, formgebenden Willen der Götter sind die Riesen stets Widersacher, die geborenen Feinde der Weltordnung, da sie Gewalten darstellen, die nicht gebändigt werden können. Daher berichtet die Edda von fortwährenden Kämpfen zwischen Riesen und Göttern. Die Götter müssen gegenüber den Menschen zuweilen als Beschützer vor den Riesen auftreten; denn diese gelten als willkürlich und unberechenbar. Der Mensch hat sich vor ihnen zu fürchten, außer es gelingt ihm, sie zu überlisten. Aus moderner Sicht muten die Riesen an wie die Angehörigen eines indigenen Volkes, das von der Zivilisation zunehmend in die Bedeutungslosigkeit abgedrängt wird. Der Wohnort der Riesen ist *Utgard*, das äußere Randgebiet der Erde, das letzte Rückzugsgebiet einer an sich aussterbenden Rasse.

Wie die Zwerge sind die Riesen seit dem Mittelalter in die Welt der Volksmärchen eingegangen. Ein sehr prominentes Beispiel ist der legendäre *Rübezahl*, der als Berggeist dem Elementarreich der Erde angehört. Rübezahl ist in den *Volksmärchen der Deutschen* (5 Bände, 1782-86) des Musäus der „berufene Berggeist (....), der das Riesengebirge traun berühmter gemacht hat als die schlesischen Dichter allzumal. Dieser Fürst der Gnomen besitzt zwar auf der Oberfläche der Erde nur ein kleines Gebiet, von wenig Meilen im Umfang, mit einer Kette von Bergen eingeschlossen, und teilt dies Eigentum noch mit zwei mächtigen Monarchen, die sein Condominium nicht einmal anerkennen. Aber wenige Lachter unter der Erdrinde hebt seine Alleinherrschaft an, die kein Partenagetractat zu schmälern vermag, und erstreckt sich auf achthundertsechzig Meilen in die Tiefe, bis zum Mittelpunkt der Erde."[44] Was das Verhalten Rübezahls betrifft, so ist dies typisch für das aller Riesen überhaupt – mal freundlich, hilfsbereit, mal brutal zuschlagend. Im Grunde sind die Riesen nur rohe Elementargewalten, und in ihrem Verhalten stehen sie, wie die Natur selbst, jenseits von Gut und Böse.

In der nordischen Edda-Sammlung gibt es zahlreiche Beispiele dafür, wie die Riesen von den Göttern überlistet wurden. Trotz ihrer größeren Körperkraft mussten sie den Kürzeren ziehen, weil die Götter einfach intelligenter und skrupelloser waren. Hier die Geschichte dazu: Die Asen wollten einst ihre Götterburg Asgard durch einen Wall sichern, der sie vor Feinden schützen sollte. Sie fanden aber keinen Baumeister dafür. Da stellte sich bei ihnen, ganz unerwartet, ein Bergriese von gewaltigem Wuchs ein, der versprach, die Bauanlage in drei Halbjahren zu vollenden, verlangte aber als Lohn dafür, die Asen-Göttin Freya ehelichen zu dürfen. Die Sonne und der Mond sollten ihm als Mitgift dazu gegeben werden. Die Asen waren mit den Bedingungen natürlich nicht einverstanden, doch gingen sie zum Schein und den Handel ein und unterbreiteten dem Riesen einen Gegenvorschlag: Sie würden ihm den vollen Preis wohl zahlen, wenn er die Arbeit innerhalb eines einzigen Winters vollbrächte. Am ersten Sommertag müsste der Wall vollständig übergeben werden, ohne auch nur die kleinste Lücke darin.

Der Riese willigte ein und verwendete sein Pferd *Svadilfari*, das die Aufgabe hatte, die schweren Steine heranzuschleppen. Drei Tage fehlten noch bis zum ersten Sommertag, und der Wall war so gut wie fertig. Nur eine kleine Lücke im Bereich des Burgtors klaffte noch. Doch die Asen hatten von Anfang an die Absicht gehabt, den nichtahnenden Riesen zu täuschen. So verwandelte sich der Ase Loki, ein Betrüger von Haus aus, in eine Stute und lockte Svadilfari von der Arbeit weg. So konnte der Wall nicht rechtzeitig vollendet werden, und der Riese ward um seinen Lohn betrogen.

Trotz dieses an sich feindseligen Verhältnisses zwischen Asen und Riesen kam es zuweilen doch zu einer Verheiratung zwischen diesen beiden Göttergeschlechtern. Darüber berichtet das *Skírnismál* der Edda. Da geht es um folgendes: Der junge kraftvolle Vegetationsgott *Freyr* hatte eine Zeit lang auf Odins Hochsitz zugebracht und dort in der Ferne die schöne Riesentochter *Gerda* erblickt, in die er sich unsterblich verliebte. Seinem Diener Skirnir gebot er, ins Riesenland zu ziehen und bei Gerda als Brautwerber aufzutreten. Für die gefährliche Fahrt gab er ihm ein Schwert als Kampfmittel gegen die Riesen und ein Ross, um die das Riesenheim umringende Waberlohe zu überwinden:

> Ich geb dir das Ross,
> zu durchreiten die düstre
> verwunschne Waberlohe,
> die Klinge auch,
> die kämpft von selbst
> wider der Riesen Reihn![45]

Skirnir gelangt unbeschadet an sein Ziel, trifft Gerda an und beginnt, im Auftrag Freyrs um sie zu werben. Anfangs versucht er, die Riesin durch Aussicht auf Geschenke zu gewinnen, doch als dies nicht fruchtet, verlegt er sich auf Drohungen und Zauberreden. Hinter dieser göttlichen Werbungsgeschichte sieht man alte Wachstumsbräuche durchschimmern. Ab Strophe 38 kündigt Skirnir verderbenbringenden Runenzauber gegen Gerda an. Das veranlasst die Riesentochter, ihr Zaudern aufzugeben und der Heirat zuzustimmen. So blieb Skirnirs Brautwerbung am Ende erfolgreich.

Thors Ostfahrten, seine Kriegszüge ins Riesenland, waren wohl der ergiebigste Stoff der skaldischen Mythendichter. Die Geschichten enden stereotyp immer damit, dass Thor, der Draufgänger-Gott, die Riesen mit seinem Wuchthammer Mjölnir zusammenhaut. Das *Thrymlied* (Þrymskviða) bildet dazu eine Ausnahme. Von der Heimholung des Hammers ist hier die Rede. Dem Riesen Thrym ist es nämlich gelungen, Thors Hammer unbemerkt zu stehlen, und er ist nur dann bereit, ihn zurückzugeben, wenn ihm Freya als Gattin zugeführt wird. Auf Anraten Heimdalls geht Thor auf den Handel ein, verkleidet sich jedoch selbst als Freya, um so an den Hof Thryms zu gelangen und dort den gewaltigen, machtvollen Hammer zurückzugewinnen. Begleitet wird er von dem ebenfalls als Frau verkleideten listigen Loki. Wie Thor, gänzlich verschleiert, zur Hochzeit kommt, dort aus der Reihe fällt, auch Verdacht erregt, wird ausgiebig geschildert. Als die Ehe zuletzt durch den Hammer geweiht werden soll, sieht sich Thor am Ziel angekommen: Er ergreift flugs die Wunderwaffe und macht die Riesen allesamt damit nieder. – Das Thrymlied ist gekennzeichnet durch einen burlesken, schwankhaften Stil, und die Hauptpersonen Thor, Loki und Thrym erscheinen darin wie die Protagonisten einer Slapstick-Komödie.

Germanischer Elfenglaube

1. Die Elfen. – Elfen, Elben, Wichte, Schratte – so nannten die nordischen Völker einst geisterhafte Wesen, die man in Wind und Wolke, im wogenden Wasser wirken sah, aber auch in Bergen, Hügeln und Wäldern beheimatet dachte. Sie sind auch mit dem kleinwüchsigen Hügelvolk der Zwerge verwandt, diese koboldartigen Geister; im Isländischen heißen sie daher *hulduvolk*, bei den Norwegern Huldrer, das heißt die Unterirdischen. Als friedliches, dem Menschen wohlgesinntes Volk von Landgeistern stehen sie im Gegensatz zu den Riesen, der Verkörperung feindlicher, bedrohlicher Elementargewalt.

Das Wort Elfe, eigentlich Elbe, geht auf das altnordische *alfr* zurück. In der germanischen Mythologie wird das Reich der Elfen als Alfheim bezeichnet: ein unsichtbares Naturreich, das der Obhut des Vegetationsgottes Freyr untersteht. Das mittelhochdeutsche Wort *alp* – vom germanischen alf, Albe – verweist noch auf das Vorhandensein einstigen Elfenglaubens. Der mittelalterliche Alb bezeichnet allerdings das nächtlich auftretende Mahrengespenst, woran man ersehen kann, wie sehr der ursprünglich heidnische Naturgeisterglaube in christlichen Zeiten diffamiert wurde. Elfen sind allerdings nach Art und Wirkungsweise durchaus nicht einheitlich; die Snorra Edda unterscheidet ausdrücklich zwischen lichten und finsteren Elbenwesen, zwischen den schönen und freundlichen Lichtelfen, *ljosalfar*, und den kleinen und hässlichen Schwarzelfen, *svartalfar*. Die Lichtelfen kann man als Sylphen, die Schwarzelfen als Gnome bezeichnen: somit wären sie nichts anderes als die Elementarwesen der Luft und der Erde.

Aber zu den Lichtelfen sind wohl auch die in den Alpensagen häufig erwähnten Wilden oder Saligen Fräulein zu rechnen, die scheu in Bergesschluchten wohnen, wo sie die Hirten und ihre Herden beschützen. Überhaupt ist das Luft-Element nicht der hauptsächliche Wohnsitz der Elfen; viel eher käme da der Wald in Frage; auch in unterirdischen Gefilden wohnen die Elfen, insbesondere in den geheimnisvollen Elfenhügeln, die eine Entsprechung zu den irischen Feenhügeln darstellen. Da der Wassernix zuweilen auch als Elf bezeichnet wird, kommt zu Luft und Erde das Wasser als drittes Element hinzu; die Elfen sind demnach Elementarwesen in des Wortes allgemeinster Bedeutung. Nur mit dem Feuer scheinen sie nichts zu tun zu haben.

Die Sinnesart der Elfen entspricht weitgehend jener der irischen Feen. Eine sofort ins Auge fallende Gemeinsamkeit zwischen beiden Gruppen scheint die Musikliebe zu sein. Die Elfen, so wird berichtet, lieben Musik und Tanz: unermüdlich bringen sie ganze Nächte mit diesem Vergnügen zu, bis sie der Strahl der aufgehenden Sonne zwingt, innezuhalten. Man erblickt jedoch ihre Spuren als Kreise, die sie ins tauige Gras getreten haben: ein Hinweis auf einen Elfentanzplatz. Der sirenenhafte Gesang der Elfen wird ebenfalls oft erwähnt; wenn er ertönt, horchen alle Wesen auf, Menschen und Tiere; der Eichenwald stellt sein Rauschen ein, der Strom seinen Lauf. Niemand kann sich der zauberischen Macht solchen Getöns entziehen. Über das Äußere der Elfen schrieb Wilhelm Grimm, sie seien „in ihrer wahren Gestalt kaum einige Zoll hoch", und sie hätten einen „luftigen, fast durchsichtigen Körper, der so zart ist, dass ein Tautropfen, wenn sie darauf springen, zwar zittert, aber nicht auseinanderrinnt"[46].

Weiterhin wird berichtet, dass die Elfen immer in Gruppen auszuschwärmen pflegten, da sie kein eigenes Ich hätten, sondern nur als Gruppenseele existierten. Die Gruppenseele eines Elfenvolkes wird energetisch gebündelt in der Person eines führenden Wesens, das als Elfenkönig seinem Volk vorsteht. Im west- und mitteleuropäischen Sagengut werden *Alberich* und *Oberon* als solche Elfenkönige genannt. Das älteste Zeugnis deutschen Elfenglaubens findet sich um 1200 bei dem thüringischen Dichter Heinrich von Mohrungen; er singt in einem Gedicht von der berückend schönen Geliebten, die ihn „wie eine Elbin" (diu elbe) mit ihrem Blick bezaubert habe. Das Wesen der Elfen hat von jeher als betörend gegolten; im Mittelalter bedeutete das Wort „elbisch" oft auch „verwirrt". Seinen eigentlichen Sinn erhielt der Begriff des Elfen erst, als Bodmer die in Miltons *Paradise Lost* oft vorkommenden *faery elves* mit „Aelfen" übersetzte und Wieland das gleiche Wort für die bezaubernden weiblichen Geister in Shakespeares *Sommernachtstraum* benutzte. Über die Dichter des Göttinger Hainbunds wurde das Wort dann endgültig in die deutsche Literatur eingeführt, wo es bis zum heutigen Tag als ein Synonym für Naturgeister verwendet wurde.

Man könnte vielleicht meinen, dass Wesen wie die Elfen – der germanischen Mythologie und dem Volksglauben der nordischen Länder entsprungen – in der modernen hochtechnisierten Welt ihre Bedeutung verloren hätten. Aber das Gegenteil ist der Fall! Angebahnt wurde die Wiederkehr der Elfen durch die Fantasy-Literatur: In Tolkiens Epos *Der Herr der Ringe* wurden das Elfenreich und seine Bewohner, aber auch Zwerge, Trolle und andere Naturwesen derartig plastisch geschildert, dass sich Millionen Leser diesem Zauber nicht entziehen konnten. Es gibt heute immer noch Menschen, die über die seltene Gabe verfügen, Elfen visuell wahrzunehmen: als schemenhafte Geistgestalten, die übrigens genauso aussehen, wie sie in den Volksüberlieferungen und Märchen geschildert werden.

Elfen sind demnach grün schillernde Energiewesen; so zumindest zeigen sie sich dem Auge des Hellsichtigen. Die kleinsten Elfen sind überhaupt nur tanzende Lichtfunken, in grünliches Gas gehüllt – die größten schon ganz menschenähnliche Wesen mit leicht durchsichtigen Schmetterlingsflügeln. So scheint es, dass die Natur ihres Zaubers noch nicht ganz beraubt ist: der elfische Zauber einer Landschaft wird auch solche Menschen in seinen Bann ziehen, die nicht in der Lage sind, Elfen visuell wahrzunehmen.

2. Die Feen. – Und wer sind die *Feen*? Reine Phantasiegebilde? Oder gibt es sie tatsächlich? In einigen abgelegenen Gebieten Europas, die heute meist als rückständig gelten, etwa in den westlichen Teilen Irlands mit gälisch sprechender Bevölkerung, hat sich der Feenglaube bis heute lebendig gehalten. Ein Zeugnis davon geben die von Thomas C. Crocker gesammelten, von den Gebrüdern Grimm 1826 ins Deutsche übersetzten *Irischen Elfenmärchen*, die zu den klassischen Texten der Weltliteratur zählen. Immer wieder wird dort von Begegnungen zwischen Menschen und Feen berichtet, doch handelt es sich dabei kaum um Märchen im üblichen Sinne, sondern um übersinnliche Erlebnisse einzelner Menschen, die sich ihrer Eindringlichkeit und Häufigkeit wegen dem Volksgedächtnis tief eingeprägt haben. Der heutige Großstadtmensch, der in einer naturfremden Kunstwelt lebt, kann kaum noch solche Erlebnisse nachvollziehen.

Das Feenreich nannten die gälisch sprechenden Kelten Irlands *Thierna na oge* – das *Land der ewigen Jugend*. Hierüber erfahren wir folgendes: „Unter dem Wasser befindet sich ein Land, so gut wie oben, wo die Sonne scheint, Wiesen grünen, Blumen blühen, Felder und Wälder abwechseln, Städte und Paläste, nur viel prächtiger und glänzender, sich erheben und das von glücklichen Elfen bewohnt ist. Hat man in dem rechten Augenblick an den Ufern des Sees die rechte Stelle gefunden, so kann man alle diese Herrlichkeiten mit Augen sehen. Einige, die ins Wasser gefallen sind, haben bei ihrer Heimkehr Bericht abgestattet. Diese Unterwelt heißt das Land der ewigen Jugend, weil die Zeit dort keine Macht hat, niemand altert, und wer viele Jahre da unten gewesen ist, den hat es nur einen Augenblick gedeucht. An gewissen Tagen bei aufgehender Sonne erscheinen diese Elfen auf der Oberfläche des Wassers, in größter Pracht und in allen Farben des Regenbogens schillernd. Mit Musik und Tanz, in ungezügelter Lust ziehen sie einen bestimmten Weg auf dem Wasser dahin, das unter ihren Füßen sowenig weicht als die feste

Erde unter den Tritten der Menschen, bis sie endlich im Nebel verschwinden."[47]

Aber nicht nur unter der Wasseroberfläche befindet sich das Feenreich, sondern auch unter dem Erdboden, besonders in jenen geheiligten Feenhügeln, die in Irland als *fairy hills* oder *sidhe* in Kreisen der Landbevölkerung noch in jüngster Vergangenheit höchste Verehrung genossen haben. Noch im Jahre 1958 konnte die geplante Erweiterung des Flughafens Shannon im Süden Irlands nicht durchgeführt werden, weil – wie damals auch die Zeitung berichtete (DIE ZEIT vom Oktober 1958) – die als heilige Orte geltenden Feenhügel bei den Planierarbeiten Schaden nehmen würden; die beteiligte Baufirma versicherte, „kein irischer Arbeiter sei bereit gewesen, Spitzhacke oder Grabschaufel in den von Feen bewohnten Hügel zu senken"[48]. Auch Autobahnen, Landstraßen und Feldwege sind stets so angelegt worden, dass sie den Feenhügeln in weiten Bögen ausweichen, um nicht den Frieden der dort Wohnenden zu stören. Allerdings soll die Feenverehrung in Irland seit Mitte der 50er Jahre stark zurückgegangen sein.

Die Feen gelten heute meist als Phantasiegebilde, beheimatet im Reich der Poesie und der Märchen, im Volksbrauchtum noch abergläubisch verehrt in einigen abgelegenen Randgebieten Europas. Wer würde heute wohl annehmen, dass die Feen Irlands ursprünglich ein mächtiges Göttergeschlecht waren? Die Feen des irischen Volkglaubens sind kümmerliche Abkömmlinge der alten heidnischen Götter Irlands, die allerdings von noch mächtigeren Göttern besiegt und in die unterirdischen Reiche der Felsen-Grabkammern und Feenhügel abgedrängt wurden. Jeder Gau hat in Irland sein eigenes unterirdisches Feenreich, wo die ehemaligen Götter als Feenkönige und -königinnen herrschen; ihr bedeutendstes Zentrum liegt am Boyne-Fluss bei der neolithischen Ganggrabanlage von *Newgrange*. In der Bretagne werden die Feen ähnlich mit den Menhiren und anderen Steinsetzungen der Vorzeit in Verbindung gebracht; als fruchtbarkeitsspendende und heilkundige Geister werden sie von der Landbevölkerung verehrt. Feenstein, *La Roche aux Fees*, ist in der Bretagne ein häufiger Name für Dolmen-Anlagen.

Also nicht immer waren die Feen jene Landgeister, Kobolde und zwergenhaften Fruchtbarkeitsdämonen, als die sie im heutigen irisch-bretonischen Keltentum gelten; ursprünglich nahmen sie den Rang von Hochgöttern ein: schicksalsbestimmende Mächte, wie der Name schon sagt (Fee kommt vom lateinischen *fatum*, Schicksal). Auch im Märchen greift die „gute Fee" stets schicksalsbestimmend in das Leben des Helden ein; dennoch können wir den Ursprung des Feenglaubens nicht im starren römischen Schicksalsbegriff des Fatum erblicken, sondern eher in uralten druidischen Mysterien, die seit der Christianisierung der keltischen Völker unbehelligt von der Kirche in den Traditionen des Volksbrauchtums weiterleben. Jedenfalls ist der volkstümliche Feenglaube der Bretonen und Iren der letzte Überrest, der sich bis heute von den uralten nordischdruidischen Mysterien erhalten hat.

Aber auch in der abendländischen Dichtkunst und Literatur hat der Feenglaube überlebt, der zusammen mit dem König-Artus-Sagenstoff in die Bretagne gebracht wurde und von dort aus nach Frankreich und in die ganze romanische Welt mit ihren Troubadouren und Minnesängern hingelangte. Im älteren romanischen Volkstum muss der Feenglaube in Verbindung mit Dolmen und Menhiren große Bedeutung gehabt haben; literarisch fand er seinen Niederschlag vor allem in den

12 *Lais*-Versnovellen der *Marie de France*, entstanden um 1160. In der Vorstellung zauberkundiger Feen wie Morgaine, Viviane, Nimue mochte die Erinnerung an die magische Macht weiser Frauen nachklingen. Und wenn die Feenwelt in Shakespeares *Sommernachtstraum* gar in die Weltliteratur Eingang gefunden hat, dann bleibt diese Welt doch ein keltisches Erbe – ein Geschenk des Keltentums an die abendländische Menschheit.

3. Die Nymphen. – Mit den Nymphen des griechischen Mythos wie auch mit den irischen Feen stehen die Elfen des europäischen Nordens in enger Verwandtschaft. Die Nymphen – wer oder was sind sie eigentlich: bloße Phantasiegestalten, nichts weiter als poetische Erfindungen, oder Projektionen unbewusster Seeleninhalte in äußere Naturerscheinungen? Oder sind sie numinose Geistermächte der Natur, dem menschlichen Auge unsichtbar und verborgen, weil aus feinerem Stoff geformt als aus grobstofflicher Materie?

Die altgriechische Religion kennt die Nymphen als sehr volksnahe Naturgottheiten und verbindet sie in der Regel mit dem wässrigen Element; aber neben den eigentlichen Wassernymphen, namentlich den die Flussquellen umhegenden *Najaden*, kannte man auch die in den Bergen wohnenden *Oreaden* und die in den Bäumen lebenden *Dryaden*. In enger Verwandtschaft zu den Quell- und Wassernymphen standen die im Weltmeer sich tummelnden *Nereiden* und *Okeaniden*, die als Töchter des Meergottes Okeanos galten. In der griechischen Mythologie treten die Nymphen, diese scheuen nixenhaften Gestalten, meist im Gefolge der Wald- und Fruchtbarkeitsgöttin Artemis auf; sie erscheinen aber auch in Gesellschaft anderer Naturgötter, besonders des Pan und des Dionysos.

Vermutlich handelt es sich bei den Nymphen überhaupt um ein älteres Göttergeschlecht in Europa, das nach Ankunft der Indogermanen in den Rang niederer Naturgeister abgedrängt wurde; sie standen aber beim Volke immer noch in hohem Ansehen wegen ihres heilkräftigen Wirkens: als Spenderinnen der Fruchtbarkeit, auch als heilkundige und weissagende Mächte. In römisch-hellenistischer Zeit wurden die Nymphen in der Kunst oft als Wassergottheiten, stehend oder liegend, mit Schale, Muscheln oder Urnen dargestellt. Und auf Inschriften in ehemaligen Provinzen des Römischen Reichs wurden oft einheimische Gottheiten der Kelten, Germanen und anderer Völker als Nymphen bezeichnet. Ein orphischer *Hymnus an die Nymphen* lässt diese in erster Linie als Wasser-Elementarwesen erscheinen, als Quellgöttinnen und Flussbewohnerinnen, die in unterirdischen Grotten hausen:

> *Ihr Nymphen, des Okeanos,*
> *Des hochherzigen, Töchter,*
> *Ihr wohnet unter den Grotten*
> *Der Wasserwege der Erde,*
> *Verborgen hausende Ammen des Bakchos,*
> *Unterirdische, reich an Freuden,*
> *Nährerinnen der Früchte,*
> *Wiesenbewohnende,*
> *Im Zickzack laufende, Heilige,*
> *Ihr freut euch der Höhlen, belustigt in Grotten,*
> *Ihr durchwandelt die Luft;*
> *Quellgöttinnen, spendend den Tau,*
> *Läuferinnen im leichten Schritt,*
> *Unsichtbare, Erscheinende,*
> *Reich an Blumen, in Gräbern wohnend,*
> *Ihr tanzt mit Pan auf den Bergen.*[49]

Die Nymphen des griechischen Mythos treten nicht allein als Wassergeister auf, auch nicht nur als Baumgeister, sondern sie durchweben mit ihrem heilsamen Wirken die ganze Natur. Sie sind also Naturgeister in des Wortes weitester Bedeutung. So erwähnt Hesiod in seinem Werk *Theogonie* auch „Nymphen, die da die Schluchten und Klüfte der Berge bewohnen", und er berichtet, diese Bergnymphen seien einst von Gaia, der uralten Erdgöttin, erschaffen worden. Im Mythos von *Pan und der Nymphe Syrinx* wird erzählt, wie sich eine von Pan bedrängte Nymphe in ein Schilfrohr verwandelt; wenn die Nymphen also im Schilf leben können, dann mögen sie gewiss auch in Sträuchern, Blumen und Gräsern anzutreffen sein. Die Nymphenwelt durchwebt wie eine Geisterschar die Natur als Ganzes.

Im antiken Griechenland hießen die Baumnymphen der Eichen, die – da dem Hauptgott Zeus geweiht – als besonders geheiligt galten, *Dryaden*, hergeleitet vom griechischen *drys*, die Eiche. Dabei wurde in der Regel angenommen, dass der Nymph mit dem von ihm bewohnten Baum auch stirbt, weshalb von Nymphen bewohnte Bäume als heilig und unantastbar galten. Es gab wohl auch solche Eichennymphen, die frei von Baum zu Baum ziehen konnten, aber jene, die an ihren Baum derart gebunden waren, dass sie mit ihm zusammen starben, hießen *Hamadryaden*.

Nymphen konnten jederzeit Baumgestalt annehmen: Als die Nymphe Daphne von Apollo bedrängt wurde, verwandelte sie sich flugs in einen Lorbeerbaum; der Lorbeer galt seither als ein dem Apollo geweihter Baum. Ja, die Bäume des Waldes erschienen den antiken Völkern überhaupt nur als verwandelte Nymphen, und es gab ganze Scharen von Waldnymphen, die den verschiedenen Baumarten zugeordnet wurden. Die Dryaden und Hamadryaden wohnten in den Eichen, die *Karyatiden* in den Walnussbäumen; die *Meliai* galten als die beseelenden Geister der Eschen, die *Meliaden* als die Wesenheiten der Apfelbäume, und die *Heliaden* wohnten in den Pappeln. So war der Wald eine geheiligte, von Nymphen bewohnte Zauberwelt. Hinweise auf den in der antiken Welt weit verbreiteten Nymphenglauben finden sich auch bei Homer, dem – neben Hesiod – bedeutendsten Dichter der Griechen.

In dem homerischen *Hymnus an Aphrodite* fragt Anchises die ihm erscheinende Göttin: „Bist du eine der Nymphen, die hausen in lieblichen Hainen?"; denn allzu leicht konnten diese halbgöttlichen Bewohner der Naturwelten mit den Göttern verwechselt werden. Und noch an späterer Stelle erzählt uns dieser homerische Hymnus von Nymphen,

> *die allhier das große, geweihte Gebirge bevölkern, und die*
> *nicht zu Menschen und nicht zu den Göttern gehören.*
> *Lange leben sie hier, genießen himmlische Speise,*
> *und sie schwingen sich oft in schönen Reigen mit Göttern.*
> *Mit den Nymphen zugleich auf menschenernährender Erde*
> *sind die Fichten entstanden, die hohen Wipfel der Eichen,*
> *Herrlich in ihrem Grün aufragenden Gipfeln der Berge*
> *Stehen sie stolz und hoch, und die Bezirke der Götter*
> *Nennt man sie, und so darf kein Eisen sie fällen.*
> *Aber naht auch ihnen einmal das Schicksal des Todes,*
> *Dann im Boden verdorren zuerst die herrlichen Bäume,*
> *Ihre Rinde vertrocknet, die Zweige fallen hernieder, und es*
> *scheiden zugleich vom Licht die Seelen der Nymphen.*[50]

Bezirke der Götter wurden die Eichenhaine also genannt, und „kein Eisen der Menschen" durfte sie fällen! Bei dem von Nymphen bewohnten, geweihten Gebirge, das der Hymnus erwähnt, handelt es sich um das Ida-

Gebirge, ein Gebirgszug in Kleinasien etwa 40 km süd-
östlich von Troja, nicht zu verwechseln mit dem gleich-
namigen Gebirge auf Kreta. Das religiös begründete
Verbot des Bäumefällens galt bei den Griechen nicht allgemein, ja es muss gefragt werden, ob es tatsächlich außerhalb der geweihten Bezirke irgendwo ernsthaft ein-
gehalten wurde. Nur die Bäume in den Götterhainen
waren geschützt; außerdem kennen wir das Verbot, Öl-
bäume zu fällen. Der Ölbaum war nämlich der Göttin
Pallas Athene geheiligt.

Ragnarök – das Ende der Welt

Nach germanischer Anschauung vollzieht sich die Weltevolution nach ewigen unveränderlichen Weltgesetzen,
denen alle Weltwesen – selbst die Götter – unterworfen
sind. Auch das Götterschicksal bleibt eingebunden in
das große Weltenschicksal, und dieses unterliegt – zumindest im Bereich des Materiellen – dem Gesetz des
Stirb und Werde! Auf jede Weltschöpfung folgt irgendwann ein Weltuntergang, in dem alles Irdische wieder
zurückkehrt in den allgemeinen Weltäther, und zwischen diesen beiden Punkten Alpha und Omega ist die
Weltgeschichte als Ganzes aufgespannt.

Aber der Weltuntergang stellt kein letztgültiges Ende dar, sondern aus dem Äther-Urstoff wird später eine
neue und bessere Schöpfung hervorgehen, in der die
Weltwesen eine höhere Entwicklungsstufe erklommen
haben werden. Es gibt somit keinen Anfang und kein
Ende, sondern das All erhält sich in ewigen Zyklen des
Werdens und Vergehens, die allerdings keine ewige
Wiederkehr des Gleichen bedeuten, denn es erfolgt ja in
diesen Zyklen des Weltgeschehens eine Höherentwicklung! Und da die germanische Edda ein Bild der Welte-

volution darbietet, wie es – nach Rudolf Steiner – klarer und vollkommener nicht gegeben werden könnte, so macht sie auch Aussagen über das Weltende und die Neuschöpfung. Die Worte der Seherin in Völuspa 41 leiten das Drama der Götterdämmerung ein:

> Vieles weiß ich, Fernes schau ich:
> Der Rater Schicksal, der Schlachtgötter Sturz.[51]

Schon die Menschen der Megalith-Zeit besaßen ein ahnendes Wissen um die kosmischen Entwicklungs-Zyklen, das sie im Bildgedanken des Jahreskreises ausdrückten. Was sich zwischen Weltbeginn und Weltende aufspannt, war in der Schau der Menschen der Jungsteinzeit gleichsam ein Großes Jahr, dessen Abbild das irdische Jahr mit seinem bekannten Rhythmus von Frühling, Sommer, Herbst und Winter darstellt. Im Zyklus des Großen Jahres vollzieht sich der Schicksalsweg des Jahrgottes, der zur Wintersonnenwende geboren wird, zur Sommersonnenwende die Heilige Hochzeit mit der Erdgöttin begeht, zum Herbst-Äquinox getötet und in die Unterwelt verbannt wird – und zu Ostern als neuer Lichtbringer wiederauferstehen wird!

Dieser Lichtbringer heißt in der germanischen Religion *Baldur*. Der Name Baldur bedeutet der Leuchtende; im Angelsächsischen ist *Beal-Daeg* der hell leuchtende Tag. Verwandt mit der Wortwurzel Bal / Bael ist natürlich auch der Name des altkeltischen Licht-gottes *Bel*, dem das mit heiligen Feuerritualen verbundene Beltaine-Fest am Vorabend des 1. Mai geweiht war. Es handelt sich also bei Bal / Bael / Bel um einen urnordischen keltisch-germanischen Lichtgott, um den göttlichen Sonnenheiland, wie er in den Mysterien des hohen Nordens in vorgeschichtlicher Zeit geschaut wurde. Wir

wissen, dass in manchen Gegenden des Nordens diese
selbe Gottheit auch unter dem Namen Pol verehrt wurde. Pol war vermutlich der Gott der Hyperboreer, der in
den Steinkreisen von Stonehenge im Zyklus der Jahres-
zeiten kultisch verehrt wurde. Von den Hyperboreern
dann nach Griechenland gebracht, wurde aus ihm die
Lichtgestalt Apolls: A-Pol.

Das Baldur-Mysterium bildet die innere Sinnmitte
der germanischen Religion. Als Vegetationsgott, Jahrgott, Licht- und Sonnengott stellt er eine Erscheinungs-
form des indogermanischen Weltheilands dar, der von
den Völkern der heidnischen Welt in vielerlei Gestalt,
als Apollon, Ahura Mazda, Mithras, auch als Sol Invic-
tus, verehrt wurde. Und weiter berichtet der Baldur-
Mythos: Unverwundbar wie Siegfried ist Baldur, nur
hat er eine Achilles-Ferse, denn allein der kleine un-
scheinbare Mistelzweig kann ihn töten. Dies aber wusste Loki, der ewige Widersacher, der den blinden Hönir
anstiftete, mit einem Mistelzweig auf Baldur zu zielen
und ihn zu treffen; der Blinde tat, wie ihm geheißen,
und vollbrachte die Mordtat. Und so wird in der Edda
das Drama des Baldur-Todes dargestellt:

> Ich sah Baldur, dem blutenden Gott,
> Odins Sohne, Unheil bestimmt:
> Ob der Ebne stand aufgewachsen
> Der Zweig der Mistel, zart und schön.
> Ihm ward der Pfeil, der zart erschien,
> Zum herben Harmpfeil: Hödur schoss ihn;
> Und Frigg weinte.... [52]

Baldurs Gang in die Unterwelt, der nun erfolgt, erinnert uns an des König Artus Fahrt nach Avalon, auch
an die Nachtmeerfahrt des ägyptischen Sonnengottes

Re durch die Unterwelt: die Sonne, die mit der Herbst-Tagundnachtgleiche in die Winterphase eintritt. Der Tod Baldurs zeigt wie ein Fanal das Weltende auf, das in grellen apokalyptischen Bildern geschildert wird. Für die Menschen beginnt ein eiskalter immerwährender Winter; statt Recht und Sitte herrscht nur noch Bruderkampf und Mordtat:

> Brüder kämpfen und bringen sich Tod,
> Brudersöhne brechen die Sippe,
> arg ist die Welt, Ehbruch furchtbar,
> Schwertzeit, Beilzeit, Schilde bersten,
> Windzeit, Wolfzeit, bis die Welt vergeht –
> nicht einer will des andern schonen.[53]

Und nun brechen die höllischen Mächte los. Loki sprengt seine Fesseln, auch der Fenriswolf kommt wieder frei; in den finsteren Riesen der Unterwelt finden sie ihre Bundesgenossen. Auf dem Geisterschiff Naglfar kommen sie herangefahren. Von Süden her kommt Surt mit Feuer und Schwert, die Midgardschlange entsteigt den Meerestiefen. Und dann: In einem gigantischen kosmischen Harmageddon stehen sich die feindlichen Heerscharen gegenüber, Riesenmächte gegen Asenmächte, und in einem fürchterlichen Endkampf vernichten sie sich gegenseitig: Weltende und Götterdämmerung: *Ragnarök*.

Auf dem Schlachtfeld der Endzeit finden sich die Gegner, alte Feindschaften werden ausgetragen. Odin an der Spitze des Heeres tritt dem Fenriswolf entgegen, aber er unterliegt dem Untier. Odins Sohn Widar jedoch erlegt den Wolf und rächt so den Vater. Freyr kämpft mit dem Feuerreisen Surt und fällt; Thor erschlägt die Midgardschlange, wird aber von ihrem tödlichen Gift getroffen und fällt zu Boden. Die *Gylfaginning* berichtet von weiteren Feindespaaren, die sich gegenseitig töten, Tyr und der Höllenhund Garm, Heimdall und Loki. Am Ende, da alle Götter getötet sind, erhebt sich Muspill, und mit sengender Fackel setzt Surt die Welt in Brand, die in einer gigantischen Waberlohe vergeht.

Ächzend stürzt die Weltenesche Yggdrasil hernieder, und zum Zeichen, dass das Weltende nun bevorsteht, verlischt die Sonne, die Sterne fallen vom Himmel, und die Erde versinkt in unergründlichen Tiefen. Ein Großes Jahr, ein makrokosmischer Entwicklungs-Zyklus hat seinen Abschluss erreicht:

> Die Sonne verlischt, das Land sinkt ins Meer;
> vom Himmel stürzen die heitern Sterne.
> Lohe umtost den Lebensnährer;
> hohe Hitze steigt himmelan.[54]

Aber dieses Ende bildet zugleich den Beginn eines neuen Weltenwerdens, denn eine neue Erde steigt aus dem Urätherstoff hervor, ein neuer Götterstamm entsteht und ein neues Menschengeschlecht, dessen Ureltern Lif und Lifthrasir (und nicht mehr, wie einst, Ask und Embla) sind. In dieser neuen Schöpfung wird der wiedergekehrte Baldur seine wahre, uneingeschränkte Sonnenherrschaft antreten:

> Unbestellt werden Äcker tragen;
> Böses wird besser: Baldur kehrt heim...[55]

Das Mysterium der Runen

Was sind die Runen? Ursymbole, heilige Weihezeichen, wirkkräftige Zaubermittel, Schlüssel zu okkulten Seinsbereichen, Verbindungskanäle zum Feinstofflichen, ja zum Geistigen und Göttlichen, nicht zuletzt Mittel der Zukunftsschau und der Schicksalsbefragung. Dies alles sind die Runen, und zugleich noch mehr als dies. Das altgermanische Wort *runa* hat die Bedeutung von Geheimnis; daher kommt auch das deutsche Wort raunen. Im Altnordischen bedeutet *run* auch geheime Weisheit. Der Gote Wulfila übersetzte das in Mark. 4/11 angesprochene Geheimnis des Reiches Gottes mit *runa piudangardjos gudis*; für Geheimnis stand im griechischen Text das Wort *mysterion*, was auch so viel bedeutet wie Mysterium. Bei den Runen handelt es sich also um die Mysterien der germanischen Religion!

Die Runen dienten ursprünglich rein kultischen Zwecken. Sie wurden in Gestein, Holz oder andere Werkstoffe eingeritzt. Vom Einritzen der Runenzeichen stammt übrigens das englische Wort für schreiben, das Wort *write*, das sich von dem altenglischen *writan* (d.h.

ritzen) herleitet. Denn unabhängig von ihrer kultischen Bedeutung entwickelten sich die Runen in späterer Zeit als Schriftsystem. Im Allgemeinen unterscheidet man drei Runen-Alphabete, nämlich: 1. *die älteste gemeingermanische Reihe* (zeitlich zu datieren etwa von 150 bis 750 n. Chr.), 2. die sogenannte *jüngere nordische Reihe* (zeitlich zwischen 750 und 1150 n. Chr. anzusetzen) und 3. *die angelsächsische Runen-Reihe*, eher eine regionale Sonderbildung (entstanden ab 800 n. Chr.).

Die folgenden Ausführungen beziehen sich ausschließlich auf die älteste und ursprüngliche, nämlich die gemeingermanische Runenreihe, die nach ihren ersten sechs Buchstaben Futhark genannt wird (f-u-th-a-r-k), ähnlich wie die südländische Zeichenfolge nach ihren ersten beiden Buchstaben Alphabet heißt (Alpha, Beta). Das Futhark besteht aus 24 Weihezeichen, die in vollständiger Folge auf dem Stein von Kylver (Gotland / Schweden, Anfang 5. Jahrhdt.), auf dem Brakteaten von Vadstena (Schweden, 1. Hälfte 6. Jahrhdt.), auf der Silberspange von Charnay (Burgund / Frankreich, um 600 n. Chr.) sowie auf dem Themseschwert (England, um 700 n. Chr.) abgebildet sind.

Eine andere Quelle sind, neben solchen Einritzungen, die Runenlieder. Das bekannteste ist in einer St. Gallener Handschrift aus dem 9. Jahrhundert aufgezeichnet, das *Abecedarium Nord-(mannicum)*. Der Mainzer Erzbischof Hrabanus Maurus, gestorben 856, verzeichnet in seiner Abhandlung *De inventione linguarum* eine vollständige Runenreihe mit der Bemerkung: „Dieses wird von den Markomannen, die wir Nordmannen nennen, gebraucht. ... Mit diesen (Buchstaben) pflegen diejenigen, welche noch Heiden sind, ihre Lieder, Zaubergesänge und Weissagungen aufzuzeichnen."[56] Das Runengedicht der St. Gallener Handschrift, das hier in vollem Wortlaut folgen soll, nennt die Namen der Runen jeweils mit großen Anfangsbuchstaben:

Feu forman.	*Vieh vorne.*
Ur after.	*Auerochs drängt.*
Thuris thritten stabu.	*Thurs dräut am dritten Stab.*
Os ist himi oboro.	*Ase ist über ihm.*
Rat endost rinneit.	*Rad am Ende rennt.*
Chaon thanne cliuot.	*Kien klebt daran.*
Hagal Naut habet.	*Hagel Not hegt.*
Is uborcald, Jar.	*Eis, überkalt, das Jahr.*
Sol skinnit.	*Sonne scheint.*
Tiu endi Brica.	*Tiu und Birke.*
Man midi.	*Mensch in der Mitten.*
Lagu the leotho.	*Lache die lichte.*
Yr al bihabet.	*Yr enthält Alles.*

Wir haben hier zunächst die 16 Zeichen der jüngeren nordischen Reihe; wenn wir die noch fehlenden ergänzen, können wir alle Zeichen des Futhark und ihre Grundbedeutungen gewinnen:

1.	feu	Vieh	13.	yr	Eibe
2.	ur	Auerochse,	14.	pertha	Becher
3.	thuris	Thurse (= Riese)	15.	esec	Elch
4.	os	Ase (= Odin)	16.	sol	Sonne
5.	rat	Rad	17.	tiu	Gott Tyr
6.	chaon	Kienspan	18.	birca	Birke
7.	geba	Gabe	19.	ehu	Pferd
8.	winne	Wonne	20.	manna	Mensch
9.	hagal	Hagel	21.	lagu	Lache
10.	naut	Not	22.	ing	Gott Ing
11.	is	Eis	23.	tac	Tag
12.	jar	Jahr	24.	odal	Erbe

Dies also sind die 24 Weihezeichen der ältesten gemeingermanischen Futhark-Reihe. Ihr magischer Gebrauch geht allein schon aus der Bemerkung des Erzbischofs hervor, die Heiden würden ihre *„Lieder, Zaubergesänge und Weissagungen"* damit aufzeichnen (*carmina sua incantationesque ac divinationes*). Alle Runennamen sind aus anschaulichen Naturbeispielen hergeleitet, entweder Elemente (Feuer = Kien, Wasser = Lache) oder Bäume (Eibe, Birke) und Tiere (Auerochse, Pferd). So lebt im ältesten gemeingermanischen Futhark eine Geisteshaltung naturverbundener Spiritualität, die mit der nordisch-germanischen Religion innig verbunden war, ja ihre eigentliche geistige Mitte bildete. Ein tiefes Wissen um die Verbundenheit von Mensch, Erde und Kosmos wird in den Runen der Futhark-Reihe symbolisch zum Audruck gebracht.

Wie das Runen-Orakel nun ganz praktisch bei den Germanen aussah, schildert Tacitus in seiner *Germania*: „Vorzeichen und Losorakel beobachten sie wie kaum ein zweites Volk. Das herkömmliche Verfahren beim Losorakel ist recht einfach: Sie schneiden von einem fruchttragenden Baum ein Reis ab, zerschneiden es in Stäbchen, versehen diese mit bestimmten [runenartigen] Zeichen und streuen sie planlos über ein weißes Tuch, wie sie ihnen gerade unter die Hand kommen. Dann betet der Stammespriester, wenn eine Befragung des Stammes wegen erfolgt, bei privaten Befragungen der Hausherr persönlich, zu den Göttern und hebt – den Blick zum Himmel gewendet – dreimal [hintereinander] eins auf und deutet die aufgehobenen Stäbchen nach dem vorher eingeritzten Zeichen."[57] Auf dem schwedischen Runenstein von Noleby, etwa um 600 n. Chr., steht ein Spruch folgenden Wortlauts: *runo fahi raginakudo* (*Runen male ich, raterentstammte*) Die Rater sind

in der Symbolik der nordischen Mythologie die Götter;
die Runen sind also götterentstammt.

Auf rein historischer Ebene freilich kann man den
Ursprung der Runen in den Felsritzungen der nordeuropäischen Bronzezeit sehen, vielleicht gar in den auf
Megalithen eingeritzten Weihesymbolen der europäischen Jungsteinzeit. Spirituell gesehen gehen die Runen
jedoch auf das Walten der Götter zurück, insbesondere
auf jenen rätselvollen Einweihungs-Gott, der in den
Liedern der Edda Odin, bei den Südgermanen aber
Wotan oder Wuodan genannt wird.

In den Runenlehren der Edda wird geschildert, wie
Odin, der Göttervater und Raterfürst, sich in einem
mühevollen Einweihungs-Weg das Runenwissen erwerben musste; und nachdem er es erworben hatte,
brachte er es den Menschen. Ähnlich wie der ägyptische
Gott Thot / Theut angeblich die Schrift erfunden haben
soll, die er dann den Menschen brachte, so Odin die
Runen. Odin ist eine der schillerndsten Gestalten der
germanischen Mythologie: Gott der Schrift und der
Rede, des Wortes und besonders des Zauberwortes,
aber auch Kriegsgott, Schlachtengott („Walvater"), Totengott und Seelenführer der Gestorbenen im Jenseits.
Ein Gott der Magier und Schamanen, ein Geist-Be-
sessener und Be-Geisterter, einäugig und vollbärtig, mit
breitem Hut und langem wehenden Mantel angetan: ein
ewiger Wanderer, der oft die Gestalt wechselt, aber stets
auf der Suche ist nach spirituellem Wissen. Er ist Ler-
nender und Lehrender zugleich, dieser Gott Odin, Neo-
phyt und Mystagoge, Einzuweihender und Eingeweihter, aber sein Allwissen und seine Zaubermacht hat er
sich erst auf einem Weg des Selbst-Opfers erwerben
müssen, den er in einem isländischen Runenlied wie
folgt beschreibt:

Ich weiß, dass ich hing am windigen Baum
neun Nächte lang,
mit dem Ger verwundet, geweiht dem Odin,
ich selbst mir selbst,
an jenem Baum, da jedem fremd,
aus welcher Wurzel er wächst.
Sie spendeten mir nicht Speise noch Trank,
nieder neigte ich mich,
nahm auf die Runen, nahm sie rufend auf;
nieder dann neigt ich mich.
Zu wachsen begann ich und wohl zu gedeihn,
weise ward ich da;
Wort mich von Wort zu Wort führte,
Werk mich von Werk zu Werk führte.[58]

Archetypisch geht der Magier-Gott Odin hier den Weg der Initiation voran, den auch jeder menschliche Adept der Runenkunde beschreiten muss, den Weg des Selbst-Opfers. Machtvoll klingt das Motiv des Selbst-Opfers in diesem Lied an, ausgedrückt durch das Hängen am windigen Baum. Mit diesem Baum, der jedem „fremd, aus welcher Wurzel er wächst", ist der kosmische All-Baum Yggdrasil gemeint, der als Stützpfeiler des Universums Himmel, Erde und Unterwelt miteinander verbindet. Es ist die Weltachse oder *axis mundi*, die auch der griechische Philosoph Platon (427–347 v. Chr.) kennt. In seinem Dialog *Timaios* sagt Platon, „die Erde aber, unsere Ernäherin, befestigt an der durch das Weltall hindurchgehenden Weltachse, bildete er [Gott] zur Erzeugerin und Hüterin der Nacht und des Tages, die erste und ehrwürdigste der innerhalb des Himmels erzeugten Götter"[59]. So sind die Runen untrennbar mit den Weltenbaum-Mysterien verbunden. Aber die Vorstellung eines Gottes, der sich selbst opfert, um dem

ganzen Universum Erneuerung und Transformation zu
bringen, taucht offenbar nicht erst im Christentum auf,
sondern wurde in der religiösen Vorstellungswelt der
Germanen schon früh vorweggenommen.

Die prä-runischen Ursymbole

Über die esoterische Sinnbedeutung der einzelnen Runen
zeichen soll an späterer Stelle noch eingehend gesprochen werden; vorerst möge der Hinweis genügen, dass
die germanischen Runen in ihrer Mehrzahl auf prä-runi-
sche Hieroglyphen und Ursymbole zurückgehen, die der
längst vergessenen Urzeit der westeuropäischen Mega-
lith-Kultur entstammen.

In diesen Ursymbolen und prä-runischen Hieroglyphen hat die megalithische Mysterienreligion ihren kul-
tisch-künstlerischen Niederschlag gefunden. Es lag in der
Absicht der symbolschaffenden Menschen der damaligen
Zeit, den Sinngedanken des Jahressonnenlaufes in Form
von heiligen Weihezeichen auszudrücken. Einige Beispiele für solche megalithische Kultzeichen, die zum Teil
weit verbreitet sind, denn die Megalithiker waren ein
Volk von Seefahrern, seien hier einmal genannt.

Das einfachste und wohl bekannteste Jahreskreis-
Symbol ist der Kreis, der durch zwei senkrecht sich
schneidende Achsen in vier Teile sektoriert wird, also das
vierspeichige Rad. Die beiden Jahresachsen verbinden
die Äquinoktien und die Sonnwendtage; damit sind zugleich auch die vier heiligen Jahresfeste angezeigt: der 21.
März und der 21. September, der 21. Juni und der 21. Dezember. Es waren dies Jahresfeste, die zu der jahreszeit-
lich-kosmisch erlebten Heilsgeschichte des Sonnenhelden
in Beziehung standen.

Versetzt man nun dieses vierspeichige Sonnen-Rad, dieses Weltenkreuz, wie es auch oft genannt wird, in drehende Bewegung, so erhält man (bei stilisierender Hervorhebung der sich drehenden Feuerschweife) das Hakenkreuz-Motiv. Das Hakenkreuz wird auch *Swastika* genannt. Es ist ein Wahrzeichen uralter, megalithisch-indogermanischer Sonnenverehrung. Leider wurde dieses Zeichen von den nationalsozialistischen Machthabern im Dritten Reich derart missbraucht, dass es heute von den meisten Menschen eher mit den Untaten des Dritten Reiches assoziiert wird als mit den Sinntiefen der megalithischen Mysterienreligion.

Das irdisch-kosmische wie auch das geistige Jahr hat zwei Hälften, eine lichte und eine dunkle, eine Sommerhälfte und eine Winterhälfte. Es ist, als ob das Jahr während der Winterhälfte, da die Tage immer kürzer werden, sich gleichsam einrollt, involviert, sich in immer kürzer werdenden Tagesbögen auf sich selbst zurückzieht, wogegen es in der Zeit der Sommerhälfte sich ausrollt, evolviert, immer größer und weiter werdende Tagesbögen beschreibt, bis sich am 21. Juni das Hochfest des längsten Tages erfüllt. Diese ewig-rhythmische Bipolarität des Jahresgeschehens, dieser ständige Wechselschritt von Involution und Evolution, hat die symbolschaffenden Künstler der megalithischen Kultur dazu veranlasst, solche Sinnzeichen wie *Doppelspirale*, *Labyrinth* und *Mäander* zu entwerfen, die – freilich in äußerst abstrahierter Form – genau dieses Geschehen bildlich nachvollziehen.

Die Dopplespirale zeigt deutlich den Prozess des sich Einrollens und wieder Ausrollens. Im Labyrinth strebt der Weg in sich verjüngenden Kreisbahnen auf die Mitte zu, wo er sich umwendet (Wintersonnen-Wende), um sodann auf denselben konzentrischen Li-

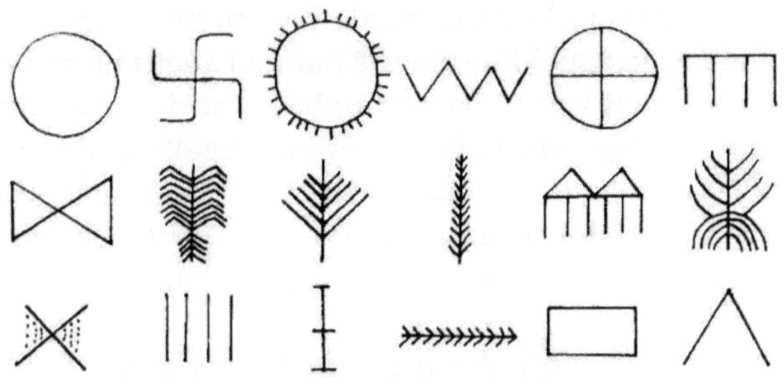

nien wieder nach außen zu streben, lichtwärts, der Ta-
geshelle entgegen. Das Labyrinth ist ein uraltes Kult-
symbol der Sonnenbahn, das seine geistige Grundlage
in der Jahreskreis-Religion hat, und soweit wir wissen,
wurden auch im Rahmen von heiligen Mysterienspie-
len *Labyrinth-Tänze* aufgeführt, in denen die Tanzenden
den Schicksals-Weg des Jahrgottes durch eigenes Nach-
erleben mitvollziehen konnten.

Das Labyrinth als Ursymbol ist nordischen Ursprungs; wenn es gleichwohl als Wohnort des Mi-
notaurus in der griechischen Mythologie eine gewisse
Rolle spielt, wenn es auf kretischen Münzen und etrus-
kischen Vasen abgebildet ist (etwa auf der Kanne von
Tragliatella, um 620 v. Chr.), dann ist gewiss an eine
kulturelle Beeinflussung des Südens durch die west-
und nordeuropäische Megalithkultur zu denken.

Wie die Spirale bedeutet das Labyrinth eigentlich
Geschehen, Handlung; es ist etwas ganz und gar Dynamisches. Das Labyrinth symbolisiert einen Handlungs-
ablauf, der sich in drei Teile gliedert: zuerst die Phase
des Sich-Verirrens, der vielfach gewundene Weg der
Irrungen und Wirrungen, verbunden mit einem noch
tieferen Fall in die Materie; dann der Wendepukt des
Geschehens im Labyrinth-Inneren; zuletzt der zielbe-

wusste, dem Licht zustrebende Weg in die Freiheit (der notfalls auch mit Hilfe eines Ariadne-Fadens unternommen werden kann). So versinnbildlicht der labyrinthische Weg eigentlich einen Einweihungs-Weg, den Seelenweg des gottsuchenden Menschen, denn auch dieser lässt sich einteilen in einen Weg der Irrungen, einen Wendepunkt und einen Weg der Befreiung.

Runenlieder und Zaubersprüche

Zaubersprüche gehören bei den Indogermanen zu den ältesten Formen dichterischer Betätigung, wobei die Ähnlichkeit indischer und germanischer Segenssprüche ins Auge fällt. Die Spruchdichtung umfasste auch die Rechtssprache, und sie wusste die Rechtssatzungen in kurze einprägsame Verse zu binden; daneben waren auch Rätselfragen weitverbreitet. Die Edda wie auch der indische Veda enthält zahlreiche Rätseldialoge, die wahrscheinlich im Rahmen eines Kultes öffentlich vorgetragen wurden. Beim Vortrag magischer Spruchdichtung war Gesang mit gedämpfter, murmelnder Stimme vorgeschrieben. Die germanischen Sprachen kennen mehrere Bezeichnungen für den Vortrag solcher Poesie, nämlich *galdr* und *runo*, daneben auch *ljod* für Lied. Das Wort *runo* bedeutet Zaubersang, Zaubergemurmel, ursprünglich das Geheimnis und seine Erforschung, es ist mit unserem Wort *raunen* verwandt. Zusätzlich zum Gesang meint *runo* noch das Zaubermittel, das beim Loswurf verwendet wurde, also das Schriftzeichen eines magischen Alphabets. Die Finnen übernahmen von den Germanen das Wort *runo* gaben ihm die Bedeutung von Zauberlied.

Beim Loswurf wurde der Name der Rune nicht gesprochen, sondern gesungen. Der Mainzer Erzbischof

Hrabanus Maurus sprach ja ausdrücklich, wie wir oben gesehen haben, von „Liedern, Zaubergesängen und Weissagungen"(*carmina sua incantationesque ac divinationes*), die im Runen-Alphabet zum Ausdruck kommen. Zaubergesänge – das ist hier das entscheidende Wort. Das Intonieren der heiligen Runengesänge war ein magischer Akt, der hauptsächlich der Erforschung der Zukunft galt, aber auch dem persönlichen Schutz, dem Bann und der Beschwörung. Über die vielfältige Verwendung der Runen heißt es in der Edda:

> Weißt du zu ritzen? Weißt du zu raten?
> Weißt du zu färben? Weißt du zu fragen?
> Weißt du zu wünschen? Weißt du zu weihen?
> Weißt du zu schicken? Weißt du zu schlachten?[60]

Andere Strophen in den Runenliedern der Edda schildern, welche Art von Runen man verwenden kann, und welche Ziele man damit erreicht: Siegrunen, auf den Schwertknauf geritzt, führen zum Sieg in der Schlacht; Gebärrunen helfen bei der Geburt; Brandungsrunen, auf den Bug des Schiffes geritzt, schützen bei Fahrt auf hoher See; ferner gibt es Denkrunen, Älrunen, Buchenrunen, Kraftrunen und Rederunen. Nicht nur Menschen, auch Götter, Riesen und Zwerge verwenden Runen. Sie finden sich, der Edda zufolge, auf den Rädern von Thors Wagen, auf Sleipnirs Zähnen und Bragis Zunge, auf den Fingernägeln der Norne und auf dem Schnabel der Nachteule, auf der Pranke des Bären und der Pfote des Wolfs. Wo immer sie angebracht sind, vervielfachen sie die Kraft des Besitzers und verleihen ihm magische Energie. Ja selbst Totenzauber – *Nekromantie* – lässt sich mit Hilfe der Runen vollbringen. Die folgende Strophe aus den Zauberliedern der Edda gibt deutlich zu erkennen, dass man durch Runenzauber selbst Tote lebendig machen und zum Reden bringen kann:

> Ein zwölftes kann ich, seh ich zittern im Wind
> den Gehenkten am Holz:
> so ritze ich Runen und färb' ich,
> dass der Recke reden kann
> und vom Galgen geht.[61]

Es gibt ein Eddalied, *Balders Träume*, in dem Odin ins Totenreich hinab reitet und die gestorbene Wölwa – die Seherin – aus dem Totenschlaf weckt, um sie nach dem Schicksal Baldurs am Jüngsten Tag zu befragen. Sie antwortet ihm, in die Zukunft schauend, und endet jede Strophe mit der Zeile: „Genötigt sprach ich: nun will ich schweigen". So besitzt der Runenmeister Gewalt über die Lebenden und die Toten. Andere Fähigkeiten des Runenmagiers, die in den Edda-Zauberliedern genannt werden, sind: Krankheiten und Wunden heilen, die Waffen der Feinde stumpf machen, sich aus Fesseln befreien, den Speer des Feindes abwehren; einen in der Halle ausgebrochenen Brand löschen, Streit unter Freunden schlichten, Stürme bändigen und die wilde See besänftigen, Helden in die Schlacht führen, Liebeszauber wirken – und vieles mehr.

Die ältesten Zeugnisse der deutschen Sprache, die uns in schriftlicher Form erhalten sind, gehören zur Gattung der magischen Spruchdichtung – es sind die berühmten *Merseburger Zaubersprüche*. 1841 in der Bibliothek des Domkapitels zu Merseburg aufgefunden, erhielten sie ihren Namen nach dem Fundort. Die Niederschrift stammt aus dem 10. Jahrhundert, der Inhalt geht aber in weitaus ältere Zeit zurück, in die Zeit des germanischen Heidentums. Ein Buch über germanische Mythologie kann nicht daran vorbeigehen, die Merseburger Zaubersprüche eingehender darzustellen. Sie bestehen insgesamt nur aus zwei Strophen. Ihnen liegt die Vorstellung zugrunde, man könne die Götter durch die Erinnerung an eine ähnliche frühere Lage, in der sie geholfen haben, zum Beistand in einer gegenwärtigen Not bewegen. Der erste Zauberspruch lautet:

Eiris sazun idisi, sazun hera duoder,
Suma hapt heptidun, suma heri lezidun,
suma clubodun umbi cuoniouuidi:
insprinc haptbandun, invar vigandun!

Es saßen Idise, saßen nieder hier und dort.
Die hefteten Hafte, die hemmten das Heer,
Die entflochten Gliedern die Fesseln:
‚Entspring den Banden, entfleuch den Feinden!'[62]

Vergegenwärtigen wir uns einmal die Situation. Idisen, dämonenartige Wesen, Helferinnen des Schlachtgottes, rauschen auf das Schlachtfeld nieder, wo Krieger umzingelt, manche schon gefesselt, gefangen sind. Die himmlischen Wesen teilen sich in drei Gruppen, die einen fesseln die Feinde („hefteten Hafte"), die anderen halten den feindlichen Ansturm auf („hemmten das Heer"), die dritten bemühen sich, die gefangenen Schützlinge aus ihren Banden zu befreien („entflochten Gliedern die Fesseln"). Aus der geschilderten Sachlage löst sich als zweiter Teil der magische Spruch: „Entspring den Banden, entfleuch den Feinden!". Mit diesem sieghaften Zuruf wünscht der Sprecher der Bannformel den gefangenen Kampfgefährten die Freiheit. Wie die Idisen damals geholfen haben, so mögen sie es auch jetzt tun. Noch deutlicher gliedert sich der zweite Merseburger Zauberspruch in seine zwei Teile, Begebenheit und Beschwörung:

Phol unde Uuodan vuorun zi holza.
du uuart demo Balderes volon sin vuoz birenkit.
thu bigoulen Sinthgunt, Sunna era suister,
thu biguolen Friia, Volla era suister,
thu biguolen Uuodan, so he uuola conda:
soso benrenki, sose bloutrenki, sose lidirenki:
ben zi bena, bluot zi bluoda,
lid zu geliden, sose gelimida sin!

Phol und Wodan fuhren zu Walde.
Da ward dem Fohlen Balders sein Fuß verrenkt.
Da besprachen ihn Sindgunt und Sunna,
ihre Schwester,
da besprachen ihn Frija und Sunna, ihre Schwester,
da besprach ihn Wodan, wie er's wohl verstand:
so Beinverrenkung, wie Blutverrenkung,
wie Gliedverrenkung: ‚Bein zu Beine, Blut zu Blute,
Glied zu Gliedern, als wenn sie geleimt wären!‘[63]

Worum geht es in dieser Strophe? Eine Gruppe von Göttern, Wodan unter ihnen, reitet durch den Wald („zi holza"). Da verstaucht sich Balders Fohlen den Fuß. Es taucht nun ein ganzes Pantheon heidnischer Göttinnen auf, alle bemüht, dem Liebling der Götter beizustehen – vergeblich mühen sie sich um den Heilzauber. Auch Freya, Wodans Gemahlin, und Sunna, die altheidnische Sonnengöttin, sind darunter. Da greift Wodan selbst ein. Kundig der heilkräftigen Sprüche, heilt er sicher und rasch das Ross. Daran schließt sich mit überzeugter Selbstverständlichkeit die Beschwörungsformel an, die mit dem wuchtigen Klang des Stabreims und der nachdrücklichen Wiederholung dem heilenden Magier ein mächtiger Bundesgenosse war. Die beiden Merseburger Zaubersprüche, so klein sie auch sind, geben uns einen Eindruck von der ursprünglichen Poesie. In rheinfränkischer Mundart abgefasst, sind sie vermutlich die trümmerhaften Bruchstücke eines anfänglich viel größeren Werkes, vielleicht eines vollständigen Zauberbuches. Die Spruchformeln lassen auch erkennen, dass bei den germanischen Stämmen Mitteleuropas der ganze Alltag von Magie durchdrungen war.

Zauberlieder im Kalevala-Epos. – Von der Macht des Zaubergesangs kündet auch das finnische *Kalevala*-Epos. Es beruht auf einer uralten Tradition mündlicher Überlieferung, bis es 1848, von Elias Lönnrot dichterisch überarbeitet, in seiner endgültigen Gestalt erschien. Im Dritten Gesang des Kalevala finden wir einen Wissenswettstreit zwischen *Väinämöinen*, dem urzeitalten Zauberer, und *Joukahainen*, dem jugendlichen Herausforderer, der als der Unterlegene auf der Strecke bleibt. Dieses Lied vom magischen Duell zweier Schamanen war im Alten Finnland weitverbreitet; in ganz Karelien, Ingermanland und Savo wurde es gesungen. Überall finden sich auch die gleichen Bestandteile des Liedes: die Begegnung der beiden Kontrahenten auf dem Wege, wobei sich die Deichseln der Fahrzeuge ineinander verhaken; die Frage nach Herkunft und Namen; die Herausforderung und die darauf folgende Zurechtweisung, bei der Väinämöinen sich als der zu erkennen gibt, der wirklich beim Schöpfungswerk anwesend war; schließlich der mächtige Zaubergesang Väinämöinens, der Joukahainen in den Sumpf versinken lässt – bis dieser, seine Niederlage anerkennend, einen Vergleich anbietet.

Väinämöinen sang, der alte,
Seen wogten, Erde wankte,
Selbst die Kupferberge bebten,
starke Felsenplatten sprangen,
Felsen flogen auseinander,
Klippen klafften an den Ufern.

So versang er Joukahainen,
sang ihm Keime an das Krummholz,
Weidenbüsche an das Bugholz,
Weidenruten an die Riemen,
Sang den goldgeschmückten Schlitten
in den seichten See als Faulholz,
Bannt' die perlgeschnitzte Peitsche
an das Meer als Uferschilfrohr,
Bannt' das Ross mit schöner Blesse
an den Wasserfall als Felsblock.

Sang dem Mann vom Kopf die Mütze,
wandelt' sie zum Wolkenhöcker,
Sang die Handschuh von den Händen
in den Teich als Wasserrose,
Bannt' den Rock aus blauem Tuche
in die Luft als Lämmerwölkchen,
Feinen Wollgurt von der Hüfte
als ein Sternbild an den Himmel.

Joukahainen selber sang er
in das Moor bis zu der Mitte,
In die Heide bis zur Hüfte,
in die Wiese bis zur Achsel.

Joukahainen nun, der junge,
wusste wohl schon, weil er's merkte,
Welchen Weg er war gegangen,
wohin seine Fahrt ihn führte,

Zu dem Wettkampf, zu dem Wettsang
mit dem alten Väinämöinen.[64]

Während Joukahainen immer tiefer im Sumpf versinkt, werden Teile seiner Ausrüstung – eine poetische Ausschmückung – zu Naturgebilden verzaubert. Das Lied wurde vermutlich im 8. Jahrhundert n. Chr. von westfinnischen Siedlern ans Ufer des Lagodasees mitgenommen, wo es die Ingrier erhielten, die bald nach 1000 n. Chr. in Ingermanland siedelten. Der Inhalt des Liedes ist sicherlich viel älter. Vorzeit-Magie in ihrer archaischsten Form leuchtet in ihm auf.

Das gemeingermanische Futhark

Die Runen der Futhark-Reihe haben eine *Grundbedeutung*, die meist aus der Tier- oder Pflanzenwelt entnommen ist, daneben aber auch (und zugleich darüber hinausgehend) eine *mantisch-divinatorische Bedeutung*. Dies möge hier einmal im Rahmen eines meditativen Durchgangs durch die Runnereihe an einigen Beispielen veranschaulicht werden:

1 Feoh. – Grundbedeutung: Vieh. Fruchtbarkeit, Zeugung, Vermehrung, Reichtum, Geld. Ideographisch: die Hörner der Rinder eines Viehbestands. Regierende Gottheit: Freyr.

2. Ur – Grundbedeutung: Auerochs. Die ursprüngliche, formgebende Kraft, die fruchtbarkeitsspendende Essenz. Die Urkuh Audhumbla in der Edda. Ideographisch: Stierrücken. Regierende Gottheit: Nerthus, die urmütterhafte Erdgöttin.

3. Thorn (auch **Thuris**) – Grundbedeutung: Dorn. Der Widerhaken, das Störende. Die zeilgerichtete kosmische Kraft der Zerstörung. Der Thurse = Riese.

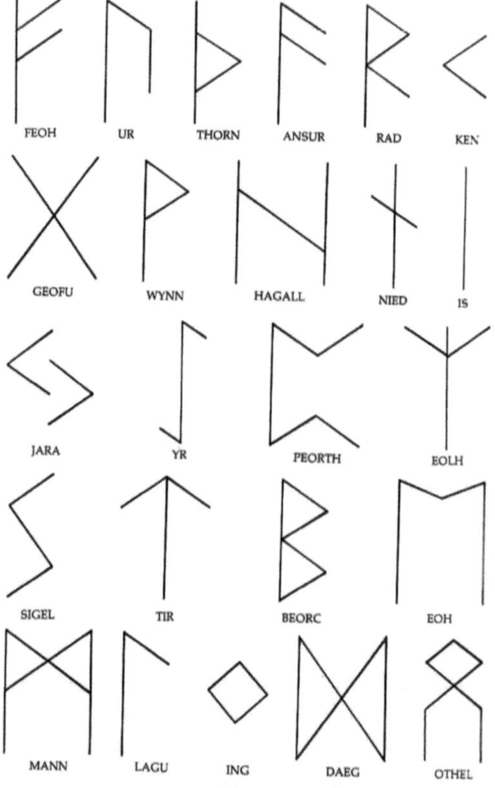

Die götterfeindliche Macht der Riesen. Ideographisch: der Dorn an einem Zweig. Regierende Gottheit: Thor, der ewige Widersacher der Riesen.

4. Ansur. – Grundbedeutung: Ase, Odin. Ekstase, aus der Weisheit und Wissen hervorgeht. Die Rune des Wortes, des Gesanges, der Dichtkunst. Ideographisch: der im Winde wehende Umhang von Odin. Wind,

Geist, Seele. Schnelligkeit, Beweglichkeit. Regierende Gottheit: Odin.

5. Rad. – Grundbedeutung: das sich drehende Rad. Bewegung, das Fahren, das Unterwegs-Sein, das Fahrzeug und der Weg selbst. Der Sonnenwagen. Der ewige Kreislauf der Natur. Regierende Gottheit: Hugin und Munin, die beiden Raben Odins.

6. Ken. – Grundbedeutung: Kienspan. Kontrolliertes Feuer, kontrollierte Energie. Die in Maß und Ordnung gebrachte Schöpfungskraft. Ideographisch: die Flamme der Fackel. Regierende Gottheit: Widar.

7. Geofu. – Grundbedeutung: Geben, Gabe, Geschenk. Das sich Austauschen zweier polarer Kräfte. Vereinigung zweier Menschen, besonders Mann und Frau. Regierende Gottheit: Freya.

8. Wynn. – Grundbedeutung: Freude. Die Beziehung zwischen Wesen, die von der gleichen Quelle stammen. Das harmonische Zusammenleben geistesverwandter Kräfte. Mythologischer Bezug: Walhalla.

9. Hagall. – Grundbedeutung: Hagel, Eis-Korn. Das unverhofft Auftretende. Gefahr, Unbill. Die verhagelte Ernte. Wirtschaftliche Not. Zugleich das kristalline Urmuster der Schöpfung. Regierender Gott: Heimdall.

10. Nied. – Grundbedeutung: Not, das Notfeuer. Das Schicksal. Das Elend und die Erlösung aus dem Elend. Mythologischer Bezug: das Gjallarhorn (= das Horn Heimdalls, das die Götterdämmerung ankündigt.

11. Is. – Grundbedeutung: Eis. Vereisung, Vereinzelung. Stilltand, Konzentration. Das vereinzelte Ich (engl. I). Die feindliche Macht der Eisriesen. Regierende Gottheit: Hymir (= Eisriese).

12. Jara. – Grundbedeutung: Jahr. Das vollendete Jahr. Die eingebrachte Ernte. Fruchrbarkeit. Ideographisch: Die Vermählung von Himmel und Erde. Auch die beiden Jahreshälften Sommer und Winter. Regierende Gottheit: Fjörgyn (Erdgöttin).

13. Yr. – Grundbedeutung: die Eibe. Im Feuer gehärtetes Holz. Das Holz des Bogens. Treffsicherheit. Die Weltenesche Yggdrasil als Welten-Eibe. Ideographisch: der senkrechte Stamm des Baumes. Regierende Gottheit: Ullr, der göttliche Bogenschütze.

14. Peorth. – Grundbedeutung: der Würfelbecher. Die Vorrichtung für das Losorakel. Weissagung zum Zweck, die Urgesetze aufzuzeigen. Regierende Gottheit: Wölva, die Seherin.

15. Eolh. – Grundbedeutung: Elch. Ideographisch: die Hörner eines Elchs; die Zweige eines Baumes. Elch bedeutet Schutz und Sicherheit. Baum bedeutet den Weltenbaum, der ebenfalls Schutz und Sicherheit gewährt. Mythisches Symbol: Yggdrasil.

16. Sigel. – Grundbedeutung: Sonne. Licht. Das vitale Selbst. Gesundheit, Lebenskraft. Der sieghafte Wille. Regierende Gottheit: Baldur.

17. Tir. – Grundbedeutung: Tyr (der nordische Urgott). Ideographisch: die Himmelswölbung, die von der Weltachse gestützt wird. Gesetzte Odnung, Rechtschaffenheit, Thingversammlung. Regierende Gottheit: Tyr.

18. Beorc. – Grundbedeutung: Birke. Die Birke liebt das Wasser und untersteht dem Mond. Das Mysterium der Großen Mutter. Die Kraft des Weiblichen. Geburt und Wachstum. Regierende Gottheit: Frigga.

19. Eoh. – Grundbedeutung: Pferd. Schnelligkeit, Kommunikation. Das Mysterium der göttlichen Zweiheit (Ross und Reiter). Mythischer Bezug: Sleipnir (das Pferd Odins).

20. Mann. – Grundbedeutung: Mensch. Die Menschheit. Menschheits-Verbrüderung. Die göttliche Herkunft

des Menschen. Mythischer Bezug: Mannus (der Urmensch).

21. Lagu. – Grundbedeutung: Wasser. Gewässer, Lache. Das Urmeer, die Urflut. Regierender Gott: Ägir.

22. Ing. – Grundbedeutung: Fruchtbarkeit, Lebenskraft. Regierende Gottheit: der Vanengott Njörd.

23. Daeg. – Grundbedeutung: Tag. Die Morgendäm-
merung. Das Erwachen. Das zunehmende Licht. Die
Erleuchtung. Mythischer Bezug: Skinfaxi.

24. Othel. – Grundbedeutung: Erbe. Ererbter Besitz,
Heimatland, Grund und Boden. Befestigte Abgrenzung.
Haus und Hof. Mythischer Bezug: Asgard.

Die Götter in den Runen

Feoh	Freyr	Gott der Fruchtbarkeit
Ur	Nerthus	Erdgöttin
Thorn	Thor	Gewitter- und Wettergott
Ansur	Odin	Luft- und Seelengott
Rad	Hugin & Munin	Odins Raben
Ken	Widar	Baldurs Bruder
Geofu	Freya	Liebesgöttin
Wynn	Walhall	Ort der Wonne
Hagall	Heimdall	Ahn der Götter
Nied	Gjallarhorn	Heimdalls Horn
Is	Hymir	Eisriese
Jara	Fjörgyn	Göttin der Fruchtbarkeit
Yr	Ullr	Asischer Bogenschütze
Peorth	Völva	Seherin

Eol	Yggdrasil	Weltenesche
Sigel	Baldur	Lichtgott
Tyr	Tyr	Kriegsgott
Beorc	Frigg	Göttermutter
Eoh	Sleipnir	Odins Pferd
Mann	Mannus	Urmensch
Lagu	Ägir	Meergott
Ing	Njörd	Gott der Fruchtbarkeit
Daeg	Skinfaxi	Tagbringer
Othel	Asgard	Götterheim

Die Runen als Energieströme

Die hier abgebildeten Zeichnungen, die übrigens praktisch-experimenteller Arbeit mit Runen entspringen, lassen deutlich erkennen, dass es sich bei den Runen um *Energieströme*, um *feinstofflich-energetische Kraftströmungen*, handelt. Man sieht deutlich, dass in einigen Runen aufwärts strebende Kräfte wirken, in anderen abwärts strebende; in wiederum anderen kommt es zu Wirbelbildungen. Dies alles sind lebendige Energien. Die abwärts strebenden Kräfte kann man als *tellurische*, zur Erde, ins Erdinnere dringende Kräfte, die aufwärts strebenden als *kosmische* Kräfte bezeichnen, die in die oberen Schichten der Atmosphäre hochsteigen. So kann man die Runen – oder besser gesagt, die ihnen zugrunde liegenden Energien – als Strömungen im Ätherleib der Erde begreifen, die Himmel und Erde, also kosmische und tellurische Kraftfelder, miteinander verbinden. In diese Verbindung kann auch der Mensch einbezogen werden. Denn jeder Mensch kann ja den Kraftfluss der Runen durch seine eigene Körperhaltung nachbil-

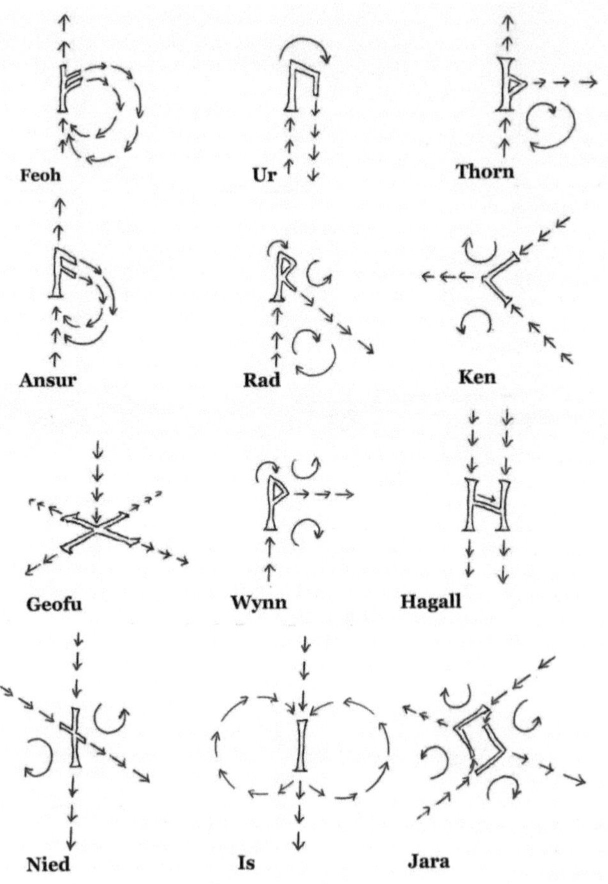

den und so die Kräfte durch sich selbst fließen lassen. Genau dies ist es, was man seit dem 20. Jahrhundert als *Runen-Gymnastik*, *Runen-Magie* oder als *Runen-Yoga* bezeichnet. Ob solche Praktiken bis in graue Altertum der germanischen Vorzeit zurückgehen, oder ob sie eher der modernen Esoterik des 20. Jahrhunderts angehören, ist eine Frage, die wir hier nicht entscheiden wol-

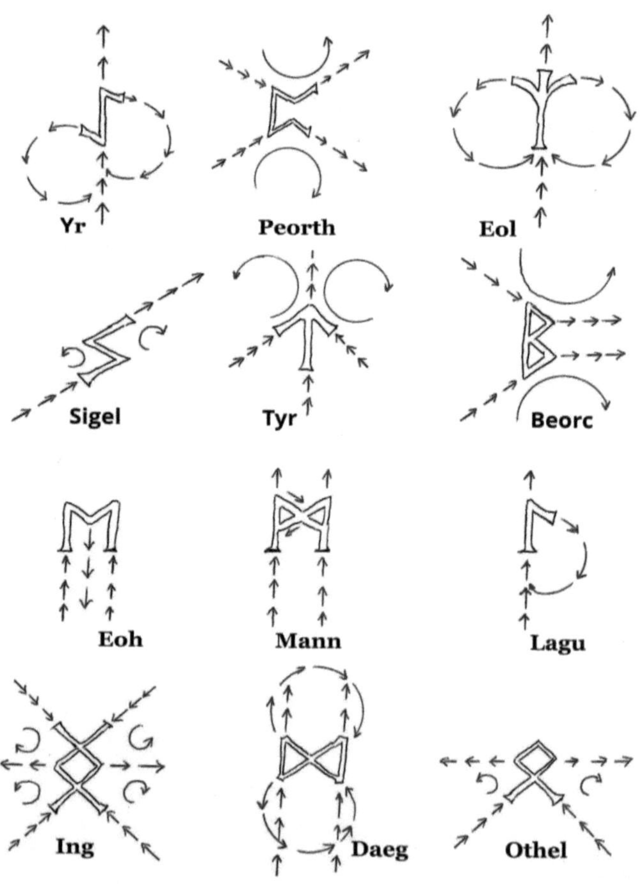

len. In historischer Sicht jedenfalls gilt *Friedrich Bernhard Marby* (1882–1966) als Begründer der Runen-Gymnastik, in der er fernöstliche Praktiken wie Yoga, Tai-Chi und Reiki mit der völkischen Runenlehre eines Guido von List verband. Obwohl bekennender Antisemit und förderndes Mitglied der SS, wurde er in der NS-Zeit verfolgt und von 1938 bis 1945 in diversen Konzentrationslagern interniert. In der Nachkriegszeit wurden seine Forschungen durch den Okkultisten und Ritualmagier *Karl Spiesberger* (1904–1992) fortgesetzt.

In seinem Buch *Runenpraxis der Eingeweihten*, erschienen 1982 im ominösen Schikowski-Verlag Berlin, schreibt Karl Spiesberger: „Viel wird herumgerätselt, mit welcher Art Strahlen oder Wellen wir es bei den Runen zu tun haben. (…) Die Entdeckung einer bislang unbekannten Energie ist nicht mehr wegzuleugnen; anscheinend der Energie, die alle bisher als ‚okkult' bezeichneten Energieformen einschließt. Hier dürften wir an der gemeinsamen Quelle jener Energieströme sein, denen im Pranayam des Yoga, in den Praktiken der Mantramistik und vorzugsweise in der Runenpraxis so große Bedeutung zugeschrieben wird."[65] Im weiteren Verlauf der Abhandlung wird diese neue Energieform von Spiesberger mit der von Wilhelm Reich entdeckten *Orgon*-Energie gleichgesetzt.

Die Magie der Runenpraxis

Die Runenpraxis bei den germanischen Völkern war von Anfang an eine Praxis magischer Divination; das Losorakel, die Zukunftsschau, aber auch die Verzauberung, Bannung und die Abwehr von Schaden standen seit jeher im Mittelpunkt. Wer also meint, die Runen-Esoterik sei das Produkt einer neuheidnischen Ideologie des 20. Jahrhunderts, der irrt sich gründlich. Die alten Germanen haben die Runen nicht als Gebrauchsschrift, nicht als ein Alphabet verwendet; dass man die Runen auch als säkulare Zeichen für rein weltliche Mitteilungen verwenden kann, haben die Germanen erst viel später, bei ihrer Begegnung mit Nachbarvölkern wie Griechen, Römern und Kelten gelernt. Die Runen waren also keine Schrift, sondern magische Gebrauchsmittel. Erst in einer Spätzeit, als man wohl unter dem Einfluss des Christentums den magischen Gebrauch der Zeichen längst verlernt hat, tauchen besonders in Skandinavien Runeninschriften weltlichen Inhalts auf. Aber die Runenlieder der Edda atmen einen ganz anderen Geist:

> Zeit ist's zu raunen
> auf dem Rednerstuhl
> an dem Urborn Urds.
> Ich schaute und schwieg,
> ich schaute und sann,
> lauscht auf der Männer Mund:
>
> Von Runen hört ich reden –
> sie verrieten die Deutung –
> vor der Halle Hars;
> in der Halle Hars
> hört ich sagen so:
>
> Runen sollst du finden
> und rätliche Stäbe,
> gar stolze Stäbe,
> gar starke Stäbe,
> die gerötet der Redeherr
> und gewirket Waltmächte
> und geritzt der Raterfürst.
>
> Dann zeigt sich's recht,
> wenn du nach Runen fragst,
> den rateretsprossnen,
> wie sie wirkten Waltmächte,
> und sie zog der Zauberherr;
> wer Verstand hat, bleibt stumm.[66]

Entrückt verkündet der unbekannte Runenmeister uns seine Weisheit. Am Urdbrunnen sitzt er, dem einst die Nornen entstiegen sind, jene Geister, die Menschenlos und Weltenzukunft verkünden. Was er uns lehrt, hat er in der Halle Hars erfahren, also in der Halle Odins, hat also die Lehren aus dem Munde des Höchsten selbst vernommen. Odin wird im weiteren Verlauf als Redeherr, Raterfürst und Zauberherr bezeichnet; die Rater sind ja überhaupt die Götter. Die letzte Zeile: „Wer Verstand hat, bleibt stumm" verweist auf das (allgemein gültige) Schweigegebot der Eingeweihten. Der Satz soll bedeuten: Wer Verstand hat, der wird nicht in aller Öffentlichkeit über die Runengeheimnisse reden; er bleibt bei diesem Thema stumm.

Die eddischen Zauberlieder (Ljóðatal) geben uns einen tiefen Einblick in die Alltagsmagie der germanischen Völker. Aufgezählt wird dort, was man alles mit zauberischer Beschwörung bewirken kann: Krankheiten und Wunden heilen, das Schwert des Gegners stumpf machen, die eigenen Fesseln sprengen, Brände löschen, Streit schlichten, Stürme auf See besänftigen, Krieger unverwundbar machen, die Liebe einer Frau für sich gewinnen, ja selbst Tote erwecken – für all dies soll es, der Ankündigung gemäß, ein Lied geben.

Auf den folgenden Seiten möchte ich nun einen meditatven Durchgang durch die älteste gemeingermanische Runenreihe unternehmen; dieser Zyklus von Gedichten versteht sich als Imaginations-Übung. Er sollte jedoch nicht als Anleitung zu magischer Anrufung missverstanden werden.

Eine Runen-Meditation

1

Feoh-Rune, Freyrs Macht
Wirkt in dir und gibt Fruchtbarkeit,
Lässt wachsen und gedeihn der Felder Saat
Und treibt im Frühjahr bunte Blütenpracht.
Lässt uns vergrößern unsern Viehbestand:
Erwerbende sind wir durch Arbeit unsrer Hand!
Gehörntes Vieh sei unsres Reichtums Zeichen.
Oh Freyr, der einst um Gerda warf,
Schenk uns in Liebesdingen Glück!

2

Ur-Rune, der Erdmutter Nerthus heiliger Stier,
Komm herab und schenk uns Kraft!
Die Kraft des Körpers und des Willens,
Die Kraft zu handeln, zu verändern durch die Tat!
Verbinde uns mit den Erdenkräften,
Lass selbst uns erdhaft werden
Und mit Stierkraft gestalten die Welt des Seins!

3

Thorn- Rune, Thors Rune,
Thursen-Rune, Riesen-Rune,
Zeig und des Schicksals Dorn,
Den Widerhaken thursischer Macht,
Der auf dem Weg zu fernen lichten Höhn,
Dem Torweg zum Licht, uns finster dräut!
Oh Thor! Beschützer der Menschen Midgards!
Schwinge den Wuchthammer Mjölnir
Gegen menschenfeindliches Riesengeschlecht!

4

Ansur-Rune, Asen-Rune, Odins Rune,
Lass Odins Macht und Weisheit wachsen,
In der Menschen Geist,
Lass Wissen uns erwerben
Lass trinken uns aus Mimirs Born,
Dem Quellgrund aller Runenmacht;
Das äußre Aug wir wohl verpfänden,
Das innre Auge öffnen wir!
Oh Wodan! Im Windeswehen
Und auf Geistesflügeln
Hast neun Welten forschend du durcheilt:
Gib uns Wissen!

5

Rad-Rune, Rune des drehenden Rades,
Segne der Menschen Räder,
Wenn auf Reisen sie gehen.
Ein drehend Rad ist Bewegung;
Gib auch uns die Kraft der Bewegung,
Die Kraft zu tun was nottut ohne Zaudern.
Die Reisenden segne, die Boten auch,
Die Nachricht bringen,
Günstige Nachricht, wie Hugin und Munin,
Die fliegenden Boten Odins!

6

Ken-Rune, Kien-Rune,
Züngelnder Kienspan,
Dein Feuer erhellt die Nacht.
Gib uns ein feurig Wesen:
Mut und Tapferkeit, der Könige Tugend!
Dem Feuer verwandt ist Sonnenkraft:
Des Sonnengotts Baldur Bruder bist du,

Widar, der Tapfere, Baldurs Rächer!

7

Geofu-Rune, Rune des Gebens,
Rune des Schenkens.
Ich rufe dich an in der Macht Freyas,
Der Göttin der Liebe:
Denn Liebe schenken – was gibt es Höheres!
Freya, Nörds Tochter, Schwester des Freyr:
Lass Liebe und Eintracht in Midgard walten,
Denn Liebe ist Göttergeschenk!

8

Wynn-Rune, Wonne-Rune,
Der größte Gewinn bist du!
Denn du bist Walhall, der Ort der Freude!
Freude ist's, in Walhall zu sitzen,
Der Götterstadt auf des Weltbaums Spitze,
Bei Asen und Vanen dort gastfrei zu leben,
Der Menschenkinder unsterbliches Glück!
Du spendest Freude, himmlisch und irdisch,
Erfüllung durch Arbeit, Tanz und Spiel!

9

Hagall-Rune, Heimdalls Rune:
Du drohst mit Hagel, Himmelsbeschützer, uns?
Der lichte Tag, er ist gewichen,
Gar dunkle Wolken bedecken den Himmel,
Es fliehen die Tiere, Gewitter kommt auf.
Oh Heimdall, was wirst du uns senden?
Ist's Schicksal, Fügung, Unglück?
Wird alles zum Guten sich wenden?
Kann Heimdall statt Hagel Segen spenden?

10

Nied-Rune, Not-Rune, Horn Heimdalls,
Das der Himmelswächter bläst,
Wenn Gefahr sich naht,
Wenn der Riesen Macht gen Asgard stürmt:
Nied! Nenne uns die Not!
Und diene uns zur Warnung,
Damit wir nicht in eilender Hast
Das Falsche tun und Gefahr verkennen.

11

Is-Rune, Eis-Rune, in dir wirkt kraftvoll
Der Hrimthursen Macht.
Rune des Stillstands, des Todes, des Endes,
So friere denn ein, was zu leben nicht lohnt,
Nicht zu trotzen vermag der Eisriesen Macht!
Ich rufe Thor, den Beschützer!

12

Jara-Rune, Jahres-Rune,
Du stehst im Zeichen der Fruchtbarkeit.
Reif sind die Früchte, die einst gesäte Saat
Ist aufgegangen; so lasst uns ernten!
Reiche Ernte verheißt uns Fjörgyn,
Die Göttin der Fruchtbarkeit.
Jeder erntet den Lohn seiner Taten,
Das ist das Walten der Gerechtigkeit.

13

Yr-Rune, Eiben-Rune,
Vom Eibenbaum, dem immergrünen,
Stammt deine Macht,
Die Macht von Pfeil und Bogen.
Du bist der ewige Schütze,

Der nie sein Ziel verfehlt:
Treffsicherheit gib uns und Zuversicht!
Oh Schütze Ullr, Sohn des Thor,
Du bist der Herr der Rune Yr!

14

Peorth-Rune, Du machst Geheimes offenbar,
Lässt ahnend uns die Zukunft schauen,
Bist unergründlich tief,
Wie Wölwa einst, die große Seherin.
Du bist ein Füllhorn, ja ein Würfelbecher,
Aus dem des Lebens rätselhafte Lose fallen.
Du führst uns ein in tief geheimes Wissen,
Und lässt den Grund der Seele uns verstehn.
Oh öffne dich, Orakelmund, oh Wölwa sprich!

15

Eol-Rune, Weltenbaum,
Du bist das All, der Weltenraum,
Stützpfeil und Träger aller Welten.
Als Mal des Glücks kannst du nur gelten.
Du bist – als Edelstein: der Amethyst,
Als Mensch: der edle Parzival,
Der König ward des Heilgen Gral.
Aus dir fließt Gralskraft, alle Wesen
Können nur an dir genesen.

16

Sigel-Rune, Sol-Rune, du verheißest
Den Sieg des Sonnengottes,
Des Lichtbringers Baldur, des Gottessohnes.
Verleih uns sieghafte Sonnenkräfte,
Bring Licht in die Welt
Und zeuge vom ewigen Licht Gottes.

17

Tyr-Rune, des Kriegers Rune,
Flöße uns ein Kampfesmut!
Lass uns kämpfen nicht mit Waffen allein,
Sondern mit der sieghaften Kraft des Geistes!
Lass uns niederringen unsre Feinde!
Einst kämpften die Asen mit den Vanen,
Dann kämpften sie beide mit den Riesen;
Wenn am Jüngsten Tag Lokis Gesinde aufsteht,
Und der Fenriswolf losbricht, dann heißt's:
Auf in den Kampf! Auf in die Schlacht!

18

Beorc-Rune, Rune des Gebärens,
Ich verehre in dir das Ewig-Weibliche,
Die Urmutter, die Himmelskönigin:
Du bist Frigg, die Gattin Odins,
Du bist die Seele der Sippe.
Oh Beorc, Birca, Birke!
Lass deine Runenkraft einfließen
In alle treusorgenden Frauen,
Und stärke die Macht der Mütter auf Erden!

19

Eoh-Rune, Pferd Odins, Sleipnir,
Ich lobe deine Schnelligkeit,
Ich preise deine Wendigkeit.
Du kommst ans Ziel, wohin ich will,
Doch bist du launisch auch.
So trag mich, weises Pferd,
Durch neun Welten,
Von Nifelheim bis Asgard!

20

Mann-Rune, Menschen-, Menschheits-Rune,
Ich rufe dich an im Namen Mannus',
Des Urvaters aller menschlichen Wesen!
Lass Menschen uns werden, die ewig vereint sind,
Als Volk der Erde, als einig Geschlecht!
Lass Himmel und Erde uns geistig umfassen,
Lass Brücken uns bilden zur höheren Welt!
Lass Menschen uns sein als Wesen der Mitte!

21

Lagu-Rune, dein Wesen ist Wasser,
Das Treibende, Fließende dein Element;
Weich bist du, weiblich und sehr empfänglich,
Ein See voller Tiefen, ein See ohne Grund.
Treibend zwar bist du, doch alles durchdringend,
Groß nämlich ist des Wassers Macht.
So bist du, oh Lagu, ein Bild unsrer Seele,
Ziellos treibst du, ohn feste Form.
Lagu, durchströme mich!

22

Ing-Rune, Rune des Gottes Ing,
Schutzgott der Schifffahrer auf dem Meer der Zeit,
Gib mir die Kraft, zu vollenden,
Zu erreichen mein Ziel, das ich mir gesetzt.
Gib, fruchtbringender Vane, Erfüllung mir,
Und lass der Liebe Saat aufgehn,
Dass Freude herrsche und wunschloses Glück.

23

Daeg-Rune, Tag-Rune,
Den Tag kündest du, das Kommen des Lichts,
Das Kommen Baldurs, des Sonnenhelden.

Noch ist Dunkelheit ringsumher,
Doch silbern schon färbt sich der Himmelsrand.
Licht! Es werde Licht! Im tiefsten Dunkel
Sind wir voll Hoffnung und Zuversicht.
Es tagt! Rettung kommt! Noch dürfen wir hoffen.

24

Othel-Rune, Erbe gib uns,
Grund und Boden, Heim und Hof.
Asgard, das Götterheim, bist du den Asen,
Den Menschen bist du festgefügtes Haus.
Oh lass uns immer recht verwalten
Recht erworbnes Eigentum.
Lass und den Heimatboden recht bestellen,
Auf dass wir folgen stets der Ahnen heilgen Sitte.

25

Wyrd-Rune, Schicksals-Rune,
In dir wirkt Nornenkraft.
Urd! Zeig uns Vergangenheit!
Werdandi! Werdendes tu kund!
Und Skuld! Zeig uns die Schuld!
Der unvermeidlich Weltenlauf
Folgt euren Schicksalsfäden.
Wyrd-Rune! Zeig Unvermeidliches uns auf!

Die keltischen Ogham-Runen

Das keltische Baum-Alphabet, in dem jeder Station des
Jahres ein bestimmter Baum zugeordnet wird, gründet
sich auf einen Mondkalender. In dessen Mittelpunkt
stand die Große Mondin selbst, die als Göttin verehrt
wurde. In Mythologie und Spiritualität der Kelten spielte der Mond seit jeher eine weitaus wichtigere Rolle als

die Sonne. Der 1897 im Burgundischen gefundene *Coligny*-Kalender lässt erkennen, dass sich die Jahresrechnung der gallischen Kelten weitgehend am Mondlauf ausgerichtet hat. Das Kalendersystem von Coligny beruht auf einem Zyklus von 62 aufeinanderfolgenden Mondmonaten, die abwechselnd jeweils 29 und 30 Tage zählen; alle zweieinhalb oder drei Jahre wurde ein Schaltjahr eingefügt. Die keltischen Bewohner der Britischen Inseln hatten jedoch ein anderes Kalendersystem in Gebrauch, das eindeutig vom Sonnenjahr ausging, den Mond jedoch miteinbezog. Dort bestand das Jahr aus zwölf Mondmonaten und einem dreizehnten Schaltmonat, der die Differenz zum Sonnenjahr auszugleichen hatte. Es handelte sich also um einen luni-solaren Kalender, der freilich immer noch die einstige Macht und Größe der Mondgöttin erahnen lässt.

Die Kelten liebten offenbar die Nacht mehr als den Tag, und in der fahlen Erscheinung des Mondes erkannten sie vielleicht ein Sinnbild der Großen Göttin, der Himmelskönigin. Dies weist auf die Reste eines matriarchalen Bewusstseins in der Religion der Kelten hin; denn Matriarchat beinhaltet immer Mondverehrung. Die Mondgöttin der Kelten tritt als Wald- und Jagdgöttin auf, als Hüterin der heiligen Wälder. Dies war auch in anderen Teilen Europas der Fall. Im antiken Griechenland galt *Artemis* – die Schwester Apolls – als Große Mondin und als Herrin der Jagd. Die Artemis wurde in einem Hain verehrt, und die Sage geht, dass sie den Jüngling Aktäon – der sie heimlich beim Baden beobachtete – in eine Hirschkuh verwandelte. Der Hirsch ist in der Tat ein der Artemis geweihtes Tier. Auch versetzte sie den Jäger Orion an das Himmelsfirmament, der seitdem dort als nächtliches Sternbild erstrahlt.

Einen Artemis-Kult gab es vermutlich überall im

Alten Europa, wobei der Name der Mond-, Jagd- und Waldgöttin natürlich von Land zu Land anders lautete. Da gab es selbst auf der heutigen Halbinsel Krim eine *Diana von Taurus*, deren Priesterin Iphigenie wurde; Artemis und Diana sind jedoch miteinander identisch. Die römische Diana stellt ganz und gar eine Nachbildung der griechischen Artemis dar, denn auch sie erscheint als Jagd- und Mondgöttin, auch als Fruchtbarkeitsgöttin, die in heiligen Hainen verehrt wurde.

Im Alten Italien liebte sie als *Diana Nemorensis* vorzugsweise wasserreiche Haine; so hatte sie einen Kultort auf dem Berge Tisata bei Capua und besonders am Ufer des Kratersees von Aricia, den man auch den „Spiegel der Diana" nannte. Hier erhielt das Priesteramt derjenige, der den früheren Priester mit einem im Hain gebrochenen Ast erschlug, wohl eine Art Menschenopfer, das mit Hilfe der in ihren Bäumen anwesenden Göttin selbst vollbracht wurde. In Rom, wo ihr Kult von Aricia aus eingeführt wurde, lag ihr Tempel auf dem Aventin, und man feierte ihr zu Ehren in ganz Italien ihr Fest an den Iden des August.

Vermutlich kann die Diana-Artemis auch mit der griechischen Titanin *Dione* gleichgesetzt werden, einer uralten pelasgischen Gottheit, der ursprünglichen Herrin des Baum-Orakels von Dodona. Sicher kannte man auch in der westeuropäischen Welt, vor allem bei den Kelten, diese Gottheit. Als Große Mondin verkörperte sie vor allem den heiligen Jahreskreis, dessen einzelne Abschnitte durch verschiedene Bäume versinnbildlicht wurden. Der Hirsch war ihr geweihtes Tier; und dass der Hirschkult im Keltentum weiteste Verbreitung gefunden hatte, beweisen zahlreiche vorgeschichtliche Funde, am deutlichsten wohl das Bild des gehörnten Gottes Cernunnos auf dem Silberkessel von Gunde-

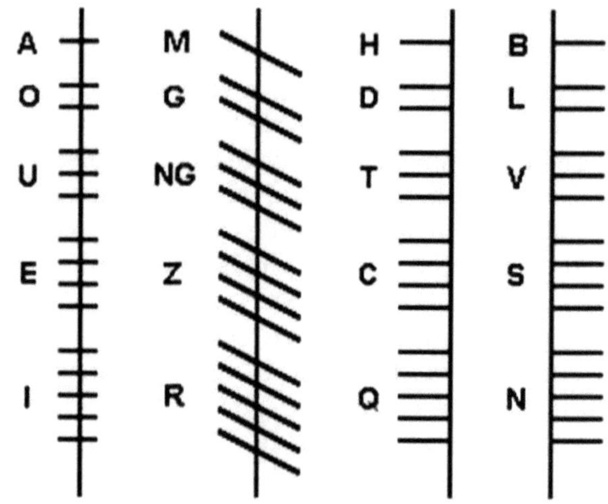

strup. Robert von Ranke-Graves, ein Wiederentdecker uralten Baumwissens in unserer Zeit, nennt diese unbekannte Gottheit die Weiße Göttin.

Die Sprache der Weißen Göttin ist die vergessene Rätselsprache des keltischen Baum-Alphabets. Es diente als Baum-Orakel, Schriftsystem und Kalender zugleich; ein umfassendes System der Divination, das – den germanischen Runen ähnlich – von den eingeweihten Priestern zu Wahrsagezwecken verwendet wurde. Das unter dem Namen Beth-Luis-Nion bekannte Baum-Alphabet stammt aus Britannien und Irland, wo man es mindestens seit etwa 600 v. Chr. verwendete, obgleich seine ältesten Wurzeln sicher bis in die Bronzezeit zurückreichen. Die Erfindung der im Beth-Luis-Nion verwendeten Schriftzeichen, der Ogham-Schrift, wird einem Gott der Weisheit namens Ogmios zugeschrieben. Überliefert wurde dies Wissen der Nachwelt durch eine irische Handschrift aus dem 14. Jahrhundert, dem *Book of Ballymote*, das wohl auch der Unterrichtung der Barden gedient haben mag. Die Zeichen der Ogham-Schrift bestanden aus einfachen senkrechten Strichen auf einer waagrechten Linie, die in alte bemooste Steine eingeritzt wurden. Sie wurden auch in Holzstäbe, sogenannte *Coelbren* (auch *Coelbren y Beirdd*), hinein geschnitten, ähnlich den germanischen Runen.

Von den 360 bekannten Ogham-Inschriften auf Stein verteilt sich der Hauptanteil von etwa 200 auf die irischen Grafschaften Waterford, Cork und Derry; die restlichen befinden sich in Wales, Cornwall, Devon, in Schottland und auf der Insel Man. Von den irischen Inschriften gehört die Mehrzahl der Zeit vom 5. bis 8. Jahrhundert n. Chr. an. Das Ogham-Alphabet besteht aus insgesamt 20 Buchstaben, 15 Konsonanten und 5 Vokalen. Die Konsonanten des Ogham-Alphabets, und zwar 13 davon, beziehen sich auf die 13 Mondmonate des luni-solaren Kalenders. Diese Monate mitsamt den zu ihnen gehörigen Bäumen sind:

B / Beth	Birke	24. Dez. – 20. Jan.
L / Luis	Eberesche	21. Jan. – 17. Febr.
N / Nion	Esche	18. Febr. – 17. März
F / Fearn	Erle	18. März – 14. April
S / Saille	Weide	15. April – 12. Mai
H / Uath	Weißdorn	13. Mai – 9. Juni
D / Duir	Eiche	10. Juni – 7. Juli
T / Tinne	Steineiche	8. Juli – 4. August
C / Coll	Hasel	5. August – 1. Sept.
M / Muin	Weinstock	2. Sept. – 27. Okt.
NG / Ngetal	Schilf	28. Okt. – 24. Nov.
R / Ruis	Hollunder	25. Nov. – 22. Dez.
A / Ailm	Silbertanne	Wintersonnwende
O / Onn	Stechginster	Frühjahrsäquinokt
U / Ur	Heidekraut	Sommersonnwende

| E / Eadha | Weißpappel | Herbstäquinokt |
| I / Idho | Eibe | Letzter Tag im Jahr |

Das Beth-Luis-Nion als keltisches Baum-Alphabet und keltisch-irische Mysterientradition aus druidischem Geist wird sich freilich nie in aller Vollständigkeit wiederherstellen lassen. Auf jeden Fall haben wir hier ein umfassendes System esoterischen Baum-Wissens vor uns, aber der Schleier des Geheimnisses, der es umgibt, ist bislang nicht gelüftet worden.

Der Weltbaum Yggdrasil

Die Germanen erlebten die sie umgebende Welt als ein belebtes, durchseeltes, durchgeistetes Universum, bevölkert von Wesen der verschiedensten Art, nicht nur von Göttern, sondern auch von Elfen, Riesen und Zwergen. Derartige Wesenheiten konnten die Germanen als ein naturverbundenes Bauernvolk ganz real erleben und erfahren als in der Natur wirkende Geisteskräfte; heute gelten sie allerdings nur noch als Fabelwesen. Riesen und Zwerge, Gnome und Trolle, Nixen und Elfen begegnen uns nur noch in den Märchenwelten, etwa in den von den Gebrüdern Grimm gesammelten Volksmärchen oder – um ein modernes Beispiel zu nennen – in J. R. R. Tolkiens Trilogie *Der Herr der Ringe*. Tatsächlich enthalten viele Märchen altes germanisches Einweihungswissen.

Der Gedanke eines allbeseelten, von Naturgeistern bewohnten Kosmos, im Märchen immer noch allgegenwärtig, hat in letzter Zeit wieder neue Geltung gewonnen. Immer mehr Menschen kommen in die Lage, ihr Bewusstsein spirituell zu erweitern und mit den Naturgeistern in Verbindung zu treten; man denke nur an die Findhorn-Kommunität in Schottland. Das Bewusstsein des Menschen von der Natur und vom Weltganzen unterliegt einem Wandel, auch durch die Erkenntnisse der neuen Physik, die aufgezeigt hat, dass die Vorstellung von fester undurchdringlicher Materie eine Illusion ist. Mit der Ausweitung der menschlichen Erkenntnis zum Übersinnlichen hängt es zusammen, dass man auf alte Traditionen der Naturreligion und des Schamanismus zurückgreift, die sich als Träger zeitloser Weisheit erweisen. Dies gilt insbesondere für das germanische Einweihungswissen, das ein umfassendes System esoterischer Kosmologie darstellt.

Yggdrasil als Einweihungsbaum

Ein ganzes Weltbild spannt sich am Ursymbol der Weltenesche Yggdrasil auf, und obgleich die Edda eigentlich aus der isländischen Skaldendichtung des Mittelalters hervorging, so stellt sie doch keine rein isländische Schöpfung dar, sondern es lebt und webt in diesen Eddischen Gesängen ein uraltes indoeuropäisch-germanisches Einweihungswissen, das in seinen ältesten Ursprüngen sicherlich bis in die Eiszeit zurückgeht. Yggdrasil, der heilige Baum Odins, umfasst alle neun Weltebenen: von der Unterwelt – dem Jenseits oder der Totenwelt – über das Mineralreich, das Elementarreich und die verschiedenen okkulten Naturreiche bis hinauf zur Ober- und Überwelt, den Reichen der Lichtelfen, der Vanen und der Asen. Die Asen thronen in Walhall auf des Weltenbaumes Spitze, während das Reich der

Zwerge und die Totenwelt Hel unter den unergründlichen Wurzeltiefen Yggdrasils verborgen bleiben. In dunkler geheimnisvoller Sprache drückt die germanische Seherin am Beginn der Edda die Inhalte einer gewaltigen, alle Grenzen von Raum und Zeit überschreitenden Geistesschau aus:

> Eine Esche weiß ich, sie heißt Yggdrasil,
> Die hohe, benetzt mit hellem Nass;
> Von dort kommt der Tau, der in Täler fällt;
> Immergrün steht sie am Urdbrunnen.[67]

Yggdrasil als der kosmische Baum scheint eine Art schamanischen Einweihungsbaum darzustellen, wie ihn auch andere Naturvölker – etwa die Ureinwohner Zentralsibiriens – kannten. Unter den Völkern Zentralasiens galt indessen nicht die Esche, auch nicht die Eiche, sondern die in der Landschaft Eurasiens häufig vorkommende Birke als Symbol der Weltenachse. Der sibirische Schamanenbaum verband ebenfalls Himmel, Erde und Unterwelt, und der Einweihungsweg des Stammespriesters bestand darin, die ganze Höhe des Weltenbaumes zu erklimmen, von den Gefilden der Unterwelt bis zu den höchsten Himmelsebenen aufzusteigen.

Der germanische Weg der Initiation sah ebenfalls vor, die Weltenesche hochzusteigen und alle neun Welten, die ihr angeschlossen sind, zu durchwandern. Hierbei handelt es sich um übersinnliche, teils feinstoffliche, teils astrale, teils rein geistige Seins-Ebenen, die der Adept auf dem Wege der Astralwanderung zu durchreisen hatte.

Von den neun Welten, auch neun Heimen, allesamt dem kosmischen Baum angeschlossen, geht in der Edda immer wieder die Rede; schon ganz am Beginn des

Völuspa-Liedes, dieser großartigen germanisch-isländischen Visionsdichtung aus dem hohen Mittelalter, sagt die Seherin:

> Weiß von Riesen, weiland geboren,
> Die einstmals mich auferzogen;
> Weiß neun Heime, neun Weltreiche,
> Des hehren Weltbaums Wurzeltiefen.[68]

In der Edda wird dieser Weg der Seelenreise durch die neun Welten ganz deutlich in einem Lehrgedicht namens *Wafthrudnismal* (Vafþrúðnismál) angesprochen. Dieses Edda-Lied handelt von einem weisen Vorzeit-Riesen namens Wafthrudnir, zu dem sich eines Tages der Magier-Gott Odin begibt, um an der Weisheit des schöpfungskundigen Riesen teilzuhaben. Beide gehen eine Wissenswette miteinander ein, und nachdem über viele Fragen der Weltschöpfung gestritten wurde, fragt Odin den Riesen:

> Odin:
> Sage mir nun zum zwölften,
> woher die Zukunft der Götter
> du, Wafthrudnir, weißt!
> Der Rater und Riesen Runenkunde
> weisest du fürwahr,
> ratkluger Riesengreis!
>
> Wafthrudnir:
> Der Rater und Riesen Runenkunde
> kann ich weisen fürwahr,
> da ich alle neun Welten durchwallt:
> zog zu neun Heimen bis Nifelhel nieder,
> wo der Gestorbnen Stätte ist.[69]

Weil der Riese Wafthrudnir alle neun Heime durchzogen hat, konnte er ein Runenkundiger, das heißt: ein Mysterien-Eingeweihter werden. Und gleich dem sibirischen Schamanen, der seinen Astralkörper auf weitausgedehnte Jenseitsreisen aussandte, während der physische Körper in einem totenähnlichen Schlaf daniederlag, musste der germanische Adept der Runen-Einweihung eine ganze Kette von Jenseitswelten durchwandern, nicht nur das Totenreich und das Zwergenreich, sondern auch die Elementarreiche, das Elfenreich und zuletzt die Reiche der Unsterblichen, der Götter. Die neun Reiche bestehen aus drei Triaden; denn drei Reiche befinden sich in der Unterwelt (und zwar *Helheim, Schwarzalfenheim, Jötunheim*), drei in der Oberwelt (*Nifelheim, Midgard, Muspellheim*) und drei in der Überwelt (*Vanheim, Alfheim, Asgard*). Die Weltenesche Yggdrasil will als Symbol aufzeigen, dass Mensch, Erde und Kosmos eine untrennbare Einheit und Zusammengehörigkeit bilden.

Der kosmische Baum ist allumfassend und allverbindend: Seine drei Wurzeln finden ihren Ankergrund im urkalten Nifelheim, im Riesenland Jötunheim und in Midgard, der von Menschen bewohnten Welt; sein Stamm ragt himmelwärts hoch in den Äther, und seine weitverzweigte Krone beherbergt die Reiche der Elfen und der Vanen; auf der höchsten Gipfelhöhe aber thront Asgard, die Heimstatt der Asen mit ihrer alles überragenden Götterburg Walhall.

Unter jeder der drei Wurzeln Yggdrasils entspringt ein Brunnen: In Nifelheim befindet sich Hwergelmir, der Quellborn allen Wassers, in Midgard der Nornen- oder Urdbrunnen, und in Jötunheim quillt Mimirs Brunnen, der ewige Weisheit gewährt. Gespeist werden die Brunnen von dem Tau, der von den Wipfelzweigen

Yggdrasils herabfällt. So stellt die Weltenesche Yggdrasil ein in sich geschlossenes ökologisches System dar.

Als Weltachse und Stützpfeiler des gesamten Weltgebäudes wird Yggdrasil immer wieder zum Schauplatz eines Kampfes zwischen lichten und finsteren
Weltmächten. Böse Hirsche fressen am Stamm und im
Wipfelwald die jungen Triebe ab; und an der Wurzel in
Nifelheim nagt der Drache Nidhöggr. Er liegt im Streit
mit dem göttlichen Adler, der auf dem Gipfel nistet. Der
Adler und der Drache werfen sich Schimpfworte zu, die
von einem ständig auf- und ablaufenden flinken Eichhörnchen namens Ratatosk übermittelt werden. Die
Hirsche und der Drache sind Widersachermächte, die
beständig an der Zerstörung des Weltenbaumes arbeiten. Diesbezüglich lesen wir in der Edda:

> Die Esche Yggdrasil
> Muss Unbill leiden
> Mehr als man meint:
> Der Hirsch äst den Wipfel,
> Die Wurzeln nagt Nidhögg,
> An den Flanken Fäulnis frisst.[70]

Aber solange die zerstörenden und die aufbauenden
Kräfte sich ausgleichen, bleibt die Welt erhalten. Durch
den Kampf gegensätzlicher Mächte bildet sie in sich ein
dynamisches Gleichgewicht. Erst am Jüngsten Tag, Ragnarök in der Sprache der Edda, wird – so die germanische Prophezeiung – das ganze Weltgebäude zusammenstürzen; ächzend wird die gewaltige Weltenesche
niederbrechen – das Ende der Welt:

> Yggdrasils Stamm steht erzitternd,
> Es rauscht der Baumgreis;

Der Riese kommt los.
Alles erbebt in der Unterwelt,
Bis der Bruder Surts
Den Baum verschlingt.[71]

Aber: Aus dem Chaos entsteht wieder eine neue Schöpfung, ein neuer Himmel und eine neue Erde; denn alles Weltgeschehen vollzieht sich nach germanischer Anschauung in großen, nie endenden Zyklen. Mit der Erschaffung der neuen Welt wird wieder ein neuer Weltenbaum ergrünen, ein Beweis für die ewig sich erneuernde Gestaltungskraft der Schöpfung.

Leicht variiert wird das Bild des immergrünen Weltenbaumes im Motiv der Weltensäule, die in älteste Zeiten zurückgeht: die Menhire der europäischen Vorgeschichte stellen wie später die ägyptischen Obelisken die Weltensäule dar, ja der Philosoph Platon berichtet sogar, dass im einst untergegangenen Inselreich Atlantis eine große, die Weltachse symbolisierende Kultsäule gestanden habe (*Kritias* 119 d). Die Germanen kannten noch in der Zeit der Sachsenkriege eine Verehrung der Weltsäule, der Irminsul. Der Mönch Rudolf von Fulda berichtet uns im Jahre 865 über die Bräuche der heidnischen Sachsen: „Laubreichen Bäumen und Quellen brachten sie Verehrung dar. Sie verehrten auch einen Baumstamm von nicht geringer Größe, der hoch hinauf unter freiem Himmel aufgerichtet war. In der Sprache ihrer Väter nannten sie ihn *Irminsul*; lateinisch bedeutet das die *Allsäule*, da sie gleichsam alles stützt."[72]

Die Weltenesche Yggdrasil ist kein bloßes Phantasieprodukt, sondern ein geistiges Wahrbild – der Baum des ewigen Lebens, der die Reiche der Materie mit denen der Transzendenz verbindet: ein universales Heilssymbol, das die Einheit eines als lebendigen Organismus aufgefassten Universums ausdrückt.

Germanische Baum- und Waldverehrung

Der Mythos von der Weltenesche Yggdrasil kommt zwar aus dem fernen Island, aber er kann seinen Ursprung nur in einem Volk haben, das inmitten dichtbewachsener Urwälder gelebt hat – die Germanen Mitteleuropas. Der Wald hat den Ureinwohnern Deutschlands stets als etwas Heiliges und Numinoses gegolten; und die Menschen sahen ihn angefüllt von einer Schar geisterhafter Wesen, die bald elbisch, bald riesisch, je nach den örtlichen Umständen, erschienen: im hochstämmigen Bergwald mochten mehr Riesen hausen, im lichten, freundlichen, sonnen- und mondbeglänzten Hain mochten eher Elben ihr Wesen treiben. Noch in späteren Volkssagen wird von *Wichten, Schratten, Waldmännlein* und *Elben* gesprochen – der Nachklang einer einstigen Baum- und Waldverehrung der Germanen.

Dass im altgermanischen Heidentum die ganze Natur als lebendig-beseelt erlebt wurde, drückt in prägnanten Bildern die Eddische Mythe von Baldr aus: Um dem geliebten Gott Baldr alle drohende Gefahr abzuwenden, nahm Frigg Eide von Wasser, Feuer, Erde, Steinen, Gewächsen, Tieren, Vögeln, Gewürm, die alle als persönliche Wesen gedacht waren; ja selbst den als Personen gedachten Seuchen wurden Eide genommen, dass sie Baldr schonen sollten, nur einem einzigen Strauch wurde der Eidesschwur erlassen, der Mistel. Sie wird Baldr später den Tod bringen, indem der blinde Hönir mit einem Mistelzweig nach ihm zielt; und um den toten Baldr weinen hernach alle Geschöpfe, Menschen, Tiere, Pflanzen, Steine. Aus einer solchen Naturreligion ging letztlich auch die Verehrung von heiligen Bäumen hervor.

Unter den geheiligten Bäumen, die im Mittelalter gewöhnlich noch mit *Frau* (und dann der Name des Baumes) angeredet wurden, steht natürlich an oberster Stelle die Eiche. Als ein besonders hoher und im Gewitter die Blitze anziehender Baum war sie dem Blitz- und Donnergott Thor geweiht. Die Buche diente besonders zum Schnitzen von Losen; das Losorakel – die Rune – wurde in Buchenholzstäbe geritzt: daher noch unser heutiges Wort Buchstabe. Esche und Ulme waren ebenfalls geheiligt, denn nach dem Weltschöpfungsmythos der Germanen war das erste Menschenpaar aus solcherlei Gehölz geformt: *askr* aus Eschenholz und *embla* aus dem Holz der Ulme. Auch die Verehrung des Haselnussstrauchs ist bezeugt. Im Volkslied werden oft mit „Frau Hasel" Gespräche geführt, und die Haseln dienten auch dazu, das Gericht einzuhegen. Nach dem *Östgötalag* durfte im gemeinen Wald jeder Baum gehauen werden, außer Eiche und Hasel, die durften nicht gefällt werden.

Ähnliches wird vom Wacholderbaum gesagt. In Sudermannland, so erzählt eine Sage, war einmal ein Knecht eben im Begriff, einen schönen schattenreichen Wacholder abzuschlagen, als eine Stimme ertönte: *„Hau den Wacholder nicht!"* Er kümmerte sich nicht um die Warnung und wollte von neuem schlagen, da rief die Stimme noch einmal: *„Ich sage dir, hau den Baum nicht ab!"* Erschrocken ließ der Knecht von dem Baum ab und entfernte sich. Anderswo hat die Sage noch den Zusatz, dass nach dem zweiten Schlag Blut aus der Wurzel zu fließen begann; aber der Knecht fing bald nach seiner Heimkehr an, siech zu werden. Einzelnen Elben, Wald- und Baumgeistern sind solche Bäume wohl geheiligt gewesen. Aber nicht nur einzelne Bäume werden den Elfen beigelegt, sondern auch ganze Baumgruppen und Haine, an deren Pflege sie Freude und Wohlgefallen haben, wie etwa auch Laurins durch einen Seidenfaden eingehegter Rosengarten zeigt. In Schweden hießen solche von Elfen gehegten Gärten *Elfträdgardar*.

Der Wald wurde von den germanischen Völkern seit ältester Zeit als Stätte der Gottesverehrung angesehen; ja man kann geradezu sagen: Wald und Tempel bedeuteten ursprünglich dasselbe. Berichtet doch schon Tacitus vom Hain der Semnonen: „Zu bestimmter Zeit treffen sie sich in einem Hain, der durch Weihen der Väter und uralte fromme Scheu geheiligt ist: alle Teilstämme aus gleichem Blute schicken Abordnungen, und dann feiern sie nach der Opferung eines Menschen von Staats wegen die schaurigen Weihen ihres rohen Kultes. (....) Dieser ganze Aberglaube geht auf die Vorstellung zurück, dass von diesem Hain das Volk seinen Ausgang genommen habe, dass dort der Gott wohne, der über alles herrsche, und dass alles sonst ihm unterworfen und zu Gehorsam verpflichtet sei."[73] Tacitus kannte die Religion der Germanen jedoch nur vom Hörensagen. Alles, was er wusste, verdankte er den Erzählungen reisender Kaufleute.

Lange noch, selbst nach der Einführung des Christentums, dauerte die Verehrung von Göttern in heiligen Hainen fort, nicht nur bei den Germanen, sondern auch im slawischen, preußischen, finnischen und keltischen Heidentum. Dietmar von Merseburg erzählt, dass sein Vorfahr, Wigbert, etwa um das Jahr 1008 einen Hain der Slawen ausrottete, der *Zutibore* geheißen haben soll. Zutibore heißt heute *Svetibor*, heiliger Forst (von *bor*, Föhre oder Föhrenwald). Bischof Unwan von Bremen ließ am Anfang des 11. Jahrhunderts an abgelegenen

Orten seines Sprengels solche Wälder, in denen noch den alten Göttern geopfert wurde, abholzen. Die *Irminsul*, die Kultsäule der heidnischen Sachsen, die unweit Eresburg in Westphalen stand, ließ Karl der Große im Jahre 772 niederwerfen. Das Vordringen des Christentums in Europa war immer auch ein Kampf gegen den Großen Wald und seine heiligen Bäume.

Manche Ortsnamen lassen freilich noch das Vorhandensein einstiger Haine erkennen; Urkunden sprechen zum Beispiel von *Heiligenforst* bei Straßburg, *Heiligenloh* im Hoyaschen, *Heiligeloh* bei Alkmaar in Holland, *Heiligenholtz* bei Zwiefalten, *Halahtre* in Westphalen – diese Namen bewahren noch das Andenken heidnischer Götterwälder, die einstmals dem Dienst der Götter geweiht waren, später aber dem Vordringen des Christentums zum Opfer fielen.

Das Märchen vom Machandel-Boom

Ein Märchen, in dem germanisches Einweihungswissen, besonders der Mythos vom Weltenbaum Yggdrasil, noch recht deutlich erkennbar weiterlebt, soll nun vorgestellt werden: das plattdeutsche Volksmärchen *Von dem Machandel-Boom* (Wacholderbaum), das von Phillip Otto Runge 1806 erstmals aufgezeichnet und später in die Grimm'sche Sammlung deutscher Märchen aufgenommen wurde (Nr. 47). Es erzählt von Tod und Wiedergeburt, von der Regeneration der Seele aus der Kraft des Lebensbaumes, von Schuld und Vergeltung. Der Hergang der Geschichte lässt Ähnlichkeiten mit den altägyptischen Isis- und Osiris-Mysterien erkennen, sodass man vermuten kann, dass ähnliche Todes- und Wiedergeburtsmysterien mit der nordgermanischen Weltenesche Yggdrasil verbunden waren. Die nordische

Isis heißt in dem plattdeutschen Märchen Marleenichen; und ihr Bruder, ein göttlicher Sonnenknabe, gleicht dem ägyptischen Osiris. Dieser wird von seiner bösen eifersüchtigen Stiefmutter (ein negativer Archetyp der Großen Mutter) heimtückisch getötet, ja noch mehr: Der Leichnam wird zerstückelt und das Fleisch zu einem Abendessen zubereitet; nur die Gebeine bleiben übrig. Und ahnungslos verzehrt die ganze Familie – der Vater, die Stiefmutter und Marleenichen, die Schwester – den Leib des getöteten Knaben: eines der grauenhaftesten Märchen, die in der Sammlung der Gebrüder Grimm überhaupt vorkommen!

Nachdem die Schwester aber erfahren hatte, was geschah, weinte sie um den gemordeten Bruder, sammelte all seine Gebeine, verwahrte sie in einem seidenen Tuch; damit ging sie in den Garten und legte die Gebeine an den Fuß des wunderkräftigen Wacholderbaums, der dort stand: der Machandel-Boom, der Baum des ewigen Lebens und der Wiedergeburt. Derselbe Baum tritt uns in der germanischen Mythologie im Bild der Weltenesche Yggdrasil entgegen. In dem Augenblick aber, da Marleenichen die Knochen des Bruders dem Machandel-Boom übereignet hatte, da geschah folgendes: Dampfwolken quollen aus dem Wunderbaum, der sich nun mächtig zu bewegen begann, eine gewaltige Feuergarbe strömte aus seiner Mitte, und dem Feuer entstieg ein wunderschöner Vogel, der hoch in die Luft flog und dabei mit menschlicher Stimme sang:

> Mein Mutter, der mich schlacht' –
> Mein Vater, der mich aß –
> Mein Schwester der Marleenichen –
> Sucht alle meine Beenichen –
> Und bind't sie in ein seiden Tuch –

Legt's unter den Machandelboom.
Kywitt! Kywitt!
Ach wat een schoin fagel bin ick.[74]

Der Vogel, der den Flammen des Machandel-Boom entstieg, der Seelenvogel des gemordeten Sonnenknaben, stellt seinen auferstandenen Seelenleib dar. Dass die Seele des Menschen in Vogelgestalt vorgestellt wird, kommt in der religiösen Symbolik recht häufig vor. In der ägyptischen Legende erscheint die Seele des getöteten Osiris als Vogel auf der Spitze des Weltenbaumes, und noch eine Darstellung des Martyriums Alberts von Prag aus dem Beginn des 12. Jahrhunderts zeigt den Leichnam des ermordeten Bischofs und daneben seinen Seelenvogel auf der Spitze eines Baumes, der sich deutlich erkennbar als Lebens- und Weltenbaum erweist. Im Übrigen erinnert die Geschichte des hier erzählten plattdeutschen Märchens ziemlich an die vorderasiatischen Phönix-Mysterien: ein Vogel, der im Geäst des Weltenbaumes brütet, aber alle 500 Jahre aus Feuer und Asche wiedergeboren wird.

Und wie endet das Märchen vom Machandel-Boom? Der davongeflogene Vogel erwirbt als Dank für seinen Gesang eine goldene Halskette, ein Paar Schuhe und einen Mühlstein: die goldene Kette wirft er bei seiner Rückkehr ins Vaterhaus dem Vater um den Hals; die Schuhe schenkt er Marleenichen, aber den schweren Mühlstein wirft er auf die böse Stiefmutter herab, die durch das Gewicht zermalmt wird. Daraufhin strömt nochmals eine Feuergarbe aus dem Machandel-Boom, und aus dem Feuer tritt der Knabe – nun wieder in seiner alten Gestalt – hervor. Ob dieser Rückverwandlung sind alle recht vergnügt und gehen gemeinsam zum Abendessen. „Dass die Familie nach all dem Erlebten", schreibt Britta Verhagen, „sich einfach ‚vergnügt' an den Tisch setzt und isst, wirkt, real genommen, zu unwahrscheinlich, um nicht Teil eines alten, formelhaften Mythenschlusses zu sein."[75]

Es handelt sich, mit anderen Worten, bei diesem plattdeutschen Volksmärchen eigentlich gar nicht um ein Märchen, sondern um die mythisch-formelhafte Darstellung einer geheimen Mysterienhandlung, die mit dem Weltbaum-Weltstützer-Kult eng verbunden war und den Komplex von Tod und Wiedergeburt als zentrales Thema in den Mittelpunkt stellte. Denn Kulte und Einweihungen wie die altägyptischen Isis- und Osiris-Mysterien gab es, unter anderem Namen, wohl aber in derselben Gestalt, auch im europäischen Norden. Darauf weist auch Britta Verhagen in ihrem Buch *Götter Kulte und Bräuche der Nordgermanen* hin. „Man glaube nicht", schreibt sie dort, „dass im hohen Norden derartige Mysterien fremd gewesen seien. Die Edda zum Beispiel ist voll davon. Mehr als die Hälfte ihrer Lieder weisen sich deutlich als Einweihungsgut aus. ‚Lernen sollst du....' heißt es immer wieder, Frage- und Antwortspiele zeigen, wie man das Götterwissen dem Adepten übermittelte (ein solches Frage- und Antwortspiel mythisch-mystischen Inhalts ist auch in der Bretagne aus druidischer Überlieferung erhalten)."[76]

Das Märchen vom Wunderbaum

„Eines Tages wuchs ein seltsamer Baum aus der Erde hervor", so erzählt ein österreichisches Volksmärchen, das *Märchen vom Wunderbaum*, „ohne dass jemand einen Samen gelegt hätte. Er wuchs so rasch, dass er in wenigen Tagen die Höhe eines Turmes erreichte, und schon nach einigen Wochen verlor sich der Wipfel in den

Wolken. Die Dorfbewohner wollten gern wissen, wie es droben aussehe, aber lange getraute sich niemand, den Baum zu erklettern."[77] Es lebte aber in jenem Dorfe ein Bauer, der drei Söhne hatte, von denen einer als so dumm galt, dass man ihn den dummen Hansl nannte. Und mit der Zeit gab es immer mehr junge Leute aus dem Dorf, die es wagten, den Wunderbaum zu besteigen, aber alle scheiterten: entweder sie stürzten herab oder sie kehrten nie mehr zurück von ihrem gefahrvollen Aufstieg.

Zuletzt meldete sich der Hansl für den Aufstieg; er verlangte zwölf Paar hölzerne Schuhe, Proviant und eine bleierne Hacke. Dann kletterte er hinauf. Von Zeit zu Zeit warf er ein nicht mehr gebrauchtes Paar Schuhe herunter, und je höher er stieg, desto heftiger prallten die Schuhe unten am Boden auf. „Wie ist's nun wohl dem Hansl ergangen? Er war schon einige Tage geklettert, als er eines Abends im Baume eine Höhle fand, aus der ein Licht schimmerte. Er trat ein und traf eine hässliche Alte, die ihn freundlich aufnahm, ein gutes Nachtmahl zurichtete und ihm auch eine Liegestatt bereitete. Als Hansl gegessen hatte, fragte er, wie weit es noch bis zum Gipfel wäre. ‚Mein lieber Hansl', sagte sie, da hast du es noch weit. Ich bin erst der Montag, du musst noch zum Dienstag, zum Mittwoch und weiter bis zum Samstag kommen, und wenn du über diesen hinaus bist, dann wirst du schon sehen, was kommt.'" Und so stieg Hansl weiter hoch; er stattete auch dem Dienstag, dem Mittwoch, Donnerstag, Freitag und Samstag je einen Besuch ab: allesamt hässliche Hexen, die in Baumhöhlen wohnten.

Über die letzte Etappe seiner Reise berichtet das Volksmärchen folgendes: „Am liebsten wäre er nicht mehr weitergeklettert, aber umkehren wollte er so hoch oben nicht und so stieg er doch noch fort. Bald kam er an eine steinerne Wand, in die der Baumstamm verwachsen war. Er fand eine kleine Tür, öffnete sie und trat auf eine große Wiese. Hier fiel er wie betäubt nieder. Als er wieder zu sich kam, lag vor ihm eine goldene Stadt, über der schwebte ein so starkes Licht, dass es seine Augen schier nicht vertragen konnten. Neben ihm lag seine Hacke, die hatte einen goldenen Stiel bekommen. Der Wipfel des Baumes trug goldene Früchte, und auf der Wiese sprangen goldene Tiere umher. Hansl glaubte, im Himmel zu sein und wollte bleiben. Andere aber sagen, dass er wieder heruntergeklettert sei und ihnen alles erzählt habe."

Ein seltsames Märchen, dieses österreichische Volksmärchen vom Wunderbaum! Zweifellos wird in ihm, wie in dem plattdeutschen Märchen vom Machandel-Boom, ein naturreligiös-schamanischer Einweihungweg geschildert, dessen zentraler Inhalt das Besteigen des immergrünen Weltenbaumes darstellt. Aber beide Märchen berichten durchaus Unterschiedliches: Während der kosmische Baum im ersten Märchen vor allem als Sinnbild für Regeneration und Wiedergeburt steht, wird er hier als Ort einer Seelen- oder Astralreise geschildert, die den Initianden längs der Weltachse durch verschiedene okkulte Naturreiche führt, bis zur goldenen Stadt im Wipfelwald, die eine Vision der germanischen Götterstadt Asgard sein könnte. Aber der österreichische Wunderbaum muss nicht unbedingt die Weltensche Yggdrasil bedeuten. Der kosmische Baum erweist sich vielmehr als ein Archetyp, ein Urbild in den Tiefen der menschlichen Seele, das im kollektiven Unbewussten der ganzen Menschheit ruht.

Der Lebensbaum als Weltachse

Der Lebensbaum ist ein aus den Urtagen der Menschheit stammendes Symbol für die kosmische Einheit und Ganzheit. Tief verwurzelt im Erdreich, zugleich aber mit weit ausladender Gestalt hoch aufragend in den Himmelsäther, hält er Himmel und Erde zusammen: Weltachse und Stützpfeiler aller Welten. In diesem Sinne kann der Lebensbaum auch als Weltenbaum aufgefasst werden, da er alle Ebenen des Universums umfasst und als All-Baum den Gesamtzusammenhang aller Lebensphänomene im Rahmen einer großen irdisch-göttlichen Harmonie urbildhaft in sich beschließt. Die Urgeschichtsforscherin Britta von Verhagen hält es für wahrscheinlich, dass „die Altsteinzeitjäger schon den Weltbaum-Weltstützer-Kult kannten", und sie schreibt weiter: „Der Weltstützer dürfte wohl das erste und älteste Gottesbild der Menschheit überhaupt sein, es ist zugleich das tiefsinnigste."[78]

In der germanischen Mythologie begegnet uns das Weltstützer-Motiv in Gestalt der Weltenesche Yggdrasil. Ein solches Weltbild bleibt keineswegs auf den europäischen Norden beschränkt; es findet sich auch im Alten Indien. In dem indischen Weisheitsgedicht *Bhagavad Gita* begegnen wir dem universalen Welten- und Lebensbaum als dem Baum Krishnas: der göttliche Feigenbaum *Ashvattha*, der mit seinen Wurzeln im Himmel gründet und mit seinen Früchten die Erde berührt. Die folgenden Verse aus der Bhagavad Gita (15. Gesang, 1–4) lassen deutlich die große Gemeinsamkeit zwischen germanischem und indischem Denken erkennen:

1. Die Höchste Persönlichkeit Gottes sprach: Es wird gesagt, dass es einen unzerstörbaren Banyanbaum gibt, dessen Wurzeln nach oben und dessen Äste nach unten gerichtet sind und dessen Blätter die vedischen Hymnen sind. Jemand, der diesen Baum kennt, kennt die Veden.

2. Die Äste dieses Baumes, der durch die drei Erscheinungsformen der materiellen Natur genährt wird, erstrecken sich nach oben und nach unten. Die Zweige sind die Objekte der Sinne. Der Baum hat auch Wurzeln, die nach unten weisen, und diese sind an die fruchtbringenden Tätigkeiten der menschlichen Gesellschaft gebunden.

3.– 4. Die wirkliche Form dieses Baumes kann nicht in dieser Welt wahrgenommen werden. Niemand kann verstehen, wo er endet, wo er beginnt und wo sein Ursprung liegt. Doch mit Entschlossenheit muss man diesen fest verwurzelten Baum mit der Waffe der Loslösung fällen. Dann muss man den Ort suchen, von dem man, wenn man ihn erreicht, nicht mehr zurückkehrt, und sich dort der Höchsten Persönlichkeit Gottes ergeben, dem Anfang von allem, von dem alles seit unvordenklichen Zeiten ausgeht.

Der vedische Lebensbaum, ist besonders dadurch gekennzeichnet, dass er im Himmel wurzelt und mit seinen Ästen und Zweigen erdenwärts strebt, also im Grunde genommen genau die Spiegelung eines wirklichen Baumes ist. In der Geistigen Welt sehen wir aber alles gespiegelt. Es ist auch interessant zu sehen, wie unterschiedlich die Verse der Bhagavad Gita übersetzt werden. Der eine bezeichnet den Baum als einen Feigenbaum, der andere als einen Banyanbaum; der eine sagt, die Blätter dieses Baumes sind die „vedischen Hymnen", der andere schreibt: „Loblied des Daseins jedes Blatt". Im Einklang mit dem ursprünglichen Wortsinn kann der vedische Weltenbaum wie folgt beschrieben werden:

Es handelt sich um einen großen kosmischen Banyanbaum, mit einem Geflecht aus vielen Wurzeln und Zweigen, und er erstreckt sich aufwärts und abwärts gleichermaßen. Er wurzelt in *Brahmaloka*, also im Himmel oder der heiligen Brahmawelt, jede seiner zahlreichen Wurzeln in einem der höheren spirituellen Planetensysteme gründend. Genährt wird der Baum von den drei Erscheinungsformen der materiellen Natur, also den drei Gunas, seine Zweige sind die Objekte der Sinne, seine im Winde rauschenden Blätter sind in der Tat die Veden, und er besitzt nach unten weisende Wurzeln, die in den Herzen der Menschen gründen. Der Zustand dieser Herzens-Wurzeln ist Anhaftung. Bindung an das Weltliche und Anhaftung an fruchtbringende Taten sind hier anzutreffen. Deshalb muss der Weise, der nach Befreiung strebt, die Wurzel des Lebensbaumes aus seinem Herzen lösen. Und wer haftensfrei in seinem Herzen geworden ist, der wird längs des Lebensbaumes hochsteigen zu den transzendentalen Planetensystemen der wahren Geistigen Welt, der Krishna-Welt, wo es keine Geburt, keinen Tod und keine Wiedergeburt mehr gibt, wo der leidvolle irdische Zyklus beendet ist und nur noch die grenzenlose Freude der Gottgegenwart besteht. Aus dieser Welt gibt es keine Wiederkehr mehr, denn sie ist das wahre Reich Gottes, das sich jeder Gottgeweihte herbeisehnt und mit all seinen Kräften zu erlangen trachtet.

Da der Weltenstützer-Kult zum ältesten Religionsgut der Menschheit gehört, spielt er in der Welt des Schamanismus – etwa der innerasiatischen oder zentralsibirischen Völkerschaften – eine entscheidende Rolle. Für die Schamanen, die magiekundigen Stammespriester nomadisierender Jäger- und Hirtenvölker, ist der Weltenbaum offensichtlich ein Symbol der Einweihung gewesen, worauf auch Holger Kallweit in seinem Buch *Traumzeit und innerer Raum* (1984) hinweist. Er schreibt dort unter anderem: „Der Weltenbaum, die *Axis mundi*, die Himmel, Erde und Unterwelt verbindet, gilt als Öffnung oder Kanal zu anderen Seinsbereichen. Götter und Jenseitige steigen an ihm auf die Erde hinunter oder die Seelen der Lebenden in den Himmel empor. Diese kosmische Achse hält das Weltall im Gleichgewicht und stellt gleichsam sein Zentrum dar. (.....) Der Weltenbaum ist auch der Lebensbaum, der Fruchtbarkeit und Regeneration des Lebens sowie Unsterblichkeit verkörpert. Wer ihn erklimmt, steigt zu wirklichem Leben auf. Und je höher er klettert, umso vollkommener wird seine Erfahrung kosmischer Einheit und der Verbundenheit allen Lebens."[79]

In der Mystik des Judentums findet sich ebenfalls das Motiv des Lebensbaumes. Die Geheimlehre der *Kabbalah* (deutsch: Überlieferung), die im 13. Jahrhundert schriftlich niedergelegt wurde, umreißt das mystisch-philosophische Weltbild des Judentums. Der in der Kabbalah ausgedrückte Grundgedanke besteht darin, dass alles Sein sich zu einem großen Weltenorganismus zusammenfügt, der von den letzten unfassbaren Höhen der unerkennbaren Gottheit bis in die Wirklichkeit der materiellen Welt hinabreicht. Das bildliche Symbol dieses Organismus ist der kabbalistische Lebensbaum, auch Sephirotbaum genannt: ein Baum, der Physisches und Metaphysisches miteinander verbindet und somit die Einheit allen Seins in sich beschließt. Er entspricht dem in der Bibel erwähnten Lebens- oder Paradiesesbaum, der – ewiges Leben verheißend, aber von Cherubim bewacht – unerreichbar im Paradies steht (1. Moses 3/24).

Auf der Spitze des kabbalistischen Sephirotbaumes strahlt Ain Soph, das „grenzenlose Licht Gottes", ähnlich wie in der germanischen Mythologie Walhall – die Götterburg, das göttliche Lichtzentrum – auf der Spitze der Weltenesche Yggdrasil thront. Und wie der Kosmosbaum der Kabbalah mit Wurzel, Stamm und Krone insgesamt neun schöpferische Potenzen umfasst, die neun Sephirot, so beinhaltet die Weltenesche der nordgermanischen Edda ebenfalls neun Ebenen des Seins, von Helheim bis Asgard. Die Neun scheint überhaupt die heilige Zahl des Lebensbaumes zu sein.

Und spricht nicht das heilige Buch der Christen – die Bibel – am Anfang und am Ende gleichermaßen von jenem universalen Heilssymbol, das eigentlich in allen Hochreligionen vorkommt und sich am Urphänomen des Baumes ausrichtet: dem Lebensbaum? Noch in der Apokalypse wird den Christen verheißen, dass alle Völker des Erdkreises an den Früchten des Lebensbaumes genesen werden: „Auf beiden Seiten des Stromes mitten auf der Gasse ein Baum des Lebens, und der trägt zwölfmal Früchte und bringt Früchte alle Monate, und die Blätter des Baumes dienen zur Heilung aller Völker" (Off.22/2).

Wir sehen also: Ob wir es nun mit der germanischen Weltenesche Yggdrasil zu tun haben, mit dem Lebensbaum im Paradies oder mit dem kabbalistischen Sephirotbaum, ob wir den indischen Feigenbaum Ashvattha betrachten oder den Einweihungsbaum der Schamanen Sibiriens – es handelt sich um ein universales, kulturübergreifendes Lebens- und Heilssymbol. Dass dieses Symbol ausgerechnet im Bild eines Baumes ausgedrückt wird, dürfte nicht von ungefähr kommen. Das geistige Urbild des Baumes entspricht sowohl der grundlegenden Struktur des Universums als auch der Seelenorganisation des Menschen: der Weltenbaum des Kosmos findet sein Abbild im Innenbaum der menschlichen Seele. Bäume erscheinen somit als Wesenheiten, in deren Gegenwart wir uns dem numinosen Übersinnlichen öffnen, um empfänglich zu werden für den Einstrom göttlicher Transzendenz.

Der kabbalistische Lebensbaum

„Ich bin es, der diesen ‚Baum' gepflanzt hat", heißt es im Buch *Bahir*, einem relativ frühen kabbalistischen Text, „dass alle Welt sich an ihm ergötze, und habe mit ihm das All gewölbt und seinen Namen ‚All' genannt, denn an ihm hängt das All und von ihm geht das All aus, alles bedarf seiner, und auf es schauen und nach ihm hangen sie alle, und von dort gehen alle Seelen aus."[80] Kein Geringerer als Jahwe, der Gott der Juden, hat den kabbalistischen Lebensbaum gepflanzt, der zugleich den Urmenschen *Adam Kadmon* darstellt. Der Adam Kadmon der Kabbalah, das ist der Urmensch *Gajomard* in der altpersischen Religion, der Urriese *Ymir* in der nordischen Mythologie, der All-Mensch *Purusha* in der Religion Altindiens.

Da nach rabbinischer Ansicht (1.– 2. Jahrh. n. Chr.) „alles, was der Heilige, der Gebenedeite (Gott) an seiner Welt geschaffen hat, er auch am Menschen geschaffen" habe, ergibt sich hieraus das Weltbild der wechselseitigen Entsprechung von Oben und Unten, wonach „die ganze untere Welt nach dem Vorbilde der oberen (himmlischen) gemacht"[81] ist und der Mensch ein Universum im Kleinen darstellt. Denn nach jüdisch-rabbinischer, auch kabbalistischer Ansicht kommt der Menschengestalt universale Bedeutung zu; sie stellt den Prototyp alles Geschaffenen dar. Selbst der Weltenschöpfer, der Unaussprechliche, hat die Menschengestalt angenommen – Jahwe, der oberste Gott der Juden, wird in den Traditionen jüdischer Mystik in letzter Konsequenz anthropomorph gedacht. So lesen wir etwa im *Sefer-al-Sohar*, dem um 1300 n. Chr. in Spanien entstandenen Haupttext der Kabbalah: „Die Gestalt des Menschen schließt alles in sich, was im Himmel und auf Erden ist, die oberen und die unteren Wesen. Darum hat der Alte der Alten sie zu der seinen gemacht."[82]

Im Adam Kadmon der Kabbalah, wie der indische Purusha die anthropomorph gedachte Weltensäule, gehen die Baumes- und die Menschengestalt ineinander über; Adam Kadmon ist Himmelsgott, Baumgott und universaler Weltengott in einem. Als das personifizierte Universum und Prototyp alles Geschaffenen trägt er alle schöpferischen Energien des Universums in sich. Als Weltensäule und Weltachse, ein jüdisch-orientalisches Gegenstück zur germanischen Irminsul, durchragt er alle Ebenen des Seins, von der dichtesten Materie über die kosmisch-astralen Zwischenebenen bis hinauf zu den Engel-Hierarchien, den Reichen der schöpferischen Urgeister. Und wie die germanische Weltenesche Yggdrasil mit ihrer ausladenden Gestalt neun Reiche umfasst, so beinhaltet der Kosmosbaum der Kabbalah mit Wurzel, Stamm und Krone die neun schöpferischen Potenzen des Universums – die neun Sephiroth.

Was sind die neun Sephiroth? – Weltenteile, Bestandteile des lebendigen Universums, Organe Adam Kadmons, Früchte am Lebensbaum. Aber auch Engel- und Erzengel-Hierarchien, Planeten-Intelligenzen, die schöpferischen Potenzen des Universums, in denen die oberste Gottheit selbst sich stufenweise Gestalt und Bewusstsein errungen hat. Die Sephiroth werden in drei Dreiergruppen oder Triaden geordnet – eine Trias in der Welt des göttlichen Ursprungs, *Aziluth*; eine weitere in der intelligiblen Überwelt *Beriah*; und eine schließlich in der feinstofflich-astralen Zwischenwelt *Jezirah*. Unterhalb der Astralwelt liegt noch *Asijah*, die materielle Formwelt, die für uns allein wahrnehmbare Realwelt. Sie stellt die Manifestation einer weiteren, einer zehnten Sephirah dar. Alle Sephiroth stellen verschiedene Stufungsgrade gestaltgewordener Göttlichkeit dar; denn alle sind aus dem Urlicht Gottes hervorgegangen und bilden, untereinander verbunden durch ein Netzwerk göttlicher Energiekanäle, den Gesamtorganismus des Universums.

An der Spitze des kabbalistischen Weltgebäudes thront *Ain Soph*, das ungeschaffene Urlicht Gottes, und darunter, unmittelbar aus dessen Strahlkraft hervorgegangen, leuchtet die höchste und oberste Sephirah, *Kether*. Der Name bedeutet Krone, wobei wohl in erster Linie an die Krone eines Lebensbaumes zu denken wäre. Kether stellt die Krönung des ganzen Universums dar. Diesbezüglich lesen wir im Buch *Sefer-al-Sohar*: „So hat die ‚Ursache der Ursachen' zehn Sephiroth hervorgebracht und nannte die Krone ‚Ursprung': in ihr ist kein Ende des Strömens und Quellens: deshalb nannte Er sich selbst: ‚Endloser'. So hat Er nicht Bild und Form, und kein Gefäß ist, Ihn zu fassen, von Ihm irgend nur zu wissen."[83]

Im höchsten Ursprung bleibt die Gottheit in der Tat noch form- und gestaltlos, trägt aber schon verborgen eine männlich-weibliche Polarität in sich, die sich in weiteren Stufen anthropomorph ausgestaltet zu den Sephiroth *Binah* und *Chockma*, den Kräften des Urweiblichen und Urmännlichen, die zusammen mit Kether die Triade in der höchsten Welt des geistigen Ursprungs bilden.

So stellt denn der kabbalistische Lebensbaum ein in sich geschlossenes ökologisches System dar, indem die gegensätzlich-polaren Weltkräfte sich in dynamischen Spannungszuständen ergänzen und in einem höheren Dritten ihren Ausgleich finden. Alles im Weltsystem der Kabbalah ordnet sich triadisch, alles läuft hinaus auf den „größten Menschheitsgedanken" (E. Bischoff), die „Trinitätsidee": in der geistigen intelligiblen Welt sind es die Sephiroth *Geburah* und *Chesed*, die in der vermittelnden Kraft von *Tipheret* ihren Ausgleich finden; in der Astralwelt finden wir die männlich-weibliche Polarität von *Hod* und *Netzach*, die durch *Jesod* als dem höheren Dritten reguliert und zur in sich ruhenden Triade zusammengebunden wird.

Der Adam Kadmon als Himmelsmensch und Weltenbaum umfasst natürlich auch alle Planeten-Sphären des Universums. Die Sphäre Jesod wird dem Mond zugeordnet, Hod und Netzach dem Merkur und der Venus; Tipheret ist die Sonnensphäre, Geburah und Chesed symbolisieren Mars und Jupiter, Binah bedeutet Saturn und Chockma trägt den ganzen Tierkreis mit seinen Sternbildern in sich. Malkuth, als die zehnte und unterste Sephirah, ist die Erde. Hier ist zweifellos orientalische Sternenweisheit in das mystische System der Kabbalah eingedrungen; die planetarischen Sphären sind Organe Adam Kadmons und Früchte am Lebensbaum. Uraltes, Babylonisch-Astrales hat ebenso wie altmesopotamische Fruchtbarkeitssymbole und Reste einer matriarchalen Urreligion seinen Niederschlag in der Kabbalah, der mystischen Tradition des Judentums, gefunden. Denn Kabbalah (auch Quabbalah) bedeutet ja im Hebräischen zunächst nichts anderes als Überlieferung: eine uralte, vielleicht 5000jährige Tradition esoterischen Wissens.

Freilich taucht der Name Kabbalah und mit ihm die schriftliche Niederlegung der Tradition erst im 13. Jahrhundert auf, seitdem sie sich als esoterische Lehre von einigen rabbinischen Schulen Spaniens und Südfrankreichs über den ganzen abendländischen Kulturraum ausbreitete. Das Hauptbuch der Kabbalah, das *Sefer-al-Sohar* oder *Buch vom göttlichen Lichtglanz* wurde vermutlich in großen Teilen erst von dem 1305 verstorbenen Moses ben Schemtow de Leon verfasst.

Dann gibt es noch, neben einer Vielzahl von anonymen und apokryphen Schriften, das *Sefer-al-Jezirah* oder *Buch von der Weltformung*, das von der Urerschaffung der Welt durch die Kraft der 10 Zahlen und der 22 Buchstaben des hebräischen Alphabets kündet. Ein Hauch von pythagoräischer Zahlenmystik weht durch diese Schrift, die nach Meinung von Experten auf das 3. bis 6. Jahrhundert n. Chr. datiert werden kann, nach kabbalistischem Glauben jedoch direkt auf den Stammvater Abraham zurückgeht. Abraham stammte aus Ur in Chaldäa, und er war in die altbabylonische Sternenweisheit der Chaldäer eingeweiht, ähnlich wie später Moses in die Mysterien der Ägypter.

In solchen Weisheitslehren wie auch in vorderasiatischen Fruchtbarkeits- und Baumkulten liegen wohl die ältesten Ursprünge der Kabbalah, die allerdings bei ihrer Bearbeitung durch das Judentum in eine deutlich patriarchalische und intellektuell-rationale Form umgeprägt wurden. Der Adam Kadmon als männlicher Himmelsgott und Weltenstützer trat erst später an die Stelle des weiblich-gebärenden Lebens- und Weltenbaumes, der ein Kultbaum der Großen Mondgöttin war und von ihr auch bewohnt wurde. Diese Entthronung der Großen Muttergottheit war das Ergebnis einer patriarchalischen Kulturrevolution etwa zwischen 3000 und 2000 v.

Chr., die ihren literarischen Ausdruck im Gilga-mesch-Epos sowie in den Schriften des Alten Testaments gefunden hat. Doch scheint es, dass die verschüttete matriarchale Urreligion im System der Kabbalah eher Spuren hinterlassen hat als in den offiziellen Lehren des Judentums. Betont doch gerade die Kabbalah immer wieder, dass ein Weltgleichgewicht nur durch den rechten Ausgleich zwischen den männlichen und weiblichen Formkräften geschaffen werden kann.

Die germanischen Götter

Die Götter – wer oder was sind sie eigentlich? In den verschiedenen indogermanischen Sprachen sind sehr ähnliche Ausdrücke zu finden, die jenes Heilige und Numinose umschreiben, das wir mit dem Begriff Gott verbinden; immer wieder begegnen uns die Wortwurzeln *Dis*, *Deus*, *Theos*, germanisch *Tiuz*, indisch *Dyaus*, auch *Devas*, das heißt „die Leuchtenden". Götter sind also Lichtwesen, aber das Licht, das sie ausstrahlen, ist transzendentes Licht, mit dem sie unser Bewusstsein erleuchten, das heißt, uns selbst zum Leuchten bringen. Auch die moderne Quantentheorie sagt ja, dass im Grunde genommen Alles nur Energie ist: die Vorstellung von fester undurchdringlicher Materie erweist sich als Illusion, die durch den blitzschnellen Tanz der Elementarteilchen erzeugt wird. Es gibt aber nur eine Quelle allen Lichtes, und das ist jene oberste Gottheit, welche die Pythagoreer einst mit dem Begriff des Zentralfeuers bezeichneten.

Ist Gott der All-Eine, so sind die Götter das aus ihm hervorgegangene All-Viele. Man kann sich durchaus vorstellen, dass es eine Vielzahl von göttlichen Monaden gibt, die doch alle einer höheren Einheit angehören und dieser auch untergeordnet sind. Die Götter mögen sehr machtvolle Wesen sein, dem Menschen in vielerlei Hinsicht überlegen, aber die Götter sind nicht das Höchste im All. Die Götter des Hinduismus (die *Devas*) gelten als Himmelswesen, Bewohner einer der guten Existenzformen, die in den glücklichen Sphären des Himmels leben, aber wie alle anderen Wesen dem Kreislauf der Wiedergeburt unterliegen. Ihnen wurde ein langes und glückliches Leben beschieden als Lohn vergangener guter Taten (Karma!), aber gerade dieses Glück stellt das größte Hindernis auf ihrem Weg zur Erlösung dar. Den Göttern haftet keineswegs Vollkommenheit an, sie sind vielmehr selbst erlösungsbedürftige Wesen, die eine höhere Stufe in der Hierarchie des Universums erklimmen möchten.

In der Mythologie der antiken Völker, auch unserer Vorfahren, werden die Götter oft sehr menschlich dargestellt. Dies mag uns heute vielleicht etwas befremden. Aber der Zusammenhang von Menschenwelt und Götterwelt wurde in der Antike enger gesehen, als wir es uns heute vorstellen können. Die germanischen Götter treten uns wie Menschen entgegen, nur größer, vollkommener, mehr dem klassischen Schönheitsideal entsprechend: Thor ist eine blühende Mannesgestalt mit rotem Bart, Baldur ein strahlender, jugendschöner Held, Odin ein ehrfurchtgebietender Volkskönig. Die schöne lichte Farbe wird bei Heimdall und Idun hervorgehoben, und Thors Frau Sif wird wegen ihres herrlichen Goldhaars gerühmt.

Die Götter der Germanen sind nicht unsterblich, doch kommt ihnen ein deutlich längeres, höheres Leben zu als den Menschen; auch verfügen sie über Mittel, sich ein ewiges Leben zu erhalten. Idun verwahrt Äpfel, deren Genuss das Altern verhindert, und *Odrerir*, der Dichtertrank, war ursprünglich wohl ein Verjüngungstrank, der das Altern verhindert. Auch war es den Göttern möglich, Tote aus ihrem Schlaf zu wecken und sie um Rat zu fragen.

Die Asen und die Vanen

Zwei Klassen von germanischen Göttern gibt es – die *Asen* und die *Vanen*. Nach Jordanes führen die Goten ihren Adel, durch dessen Glück sie siegten, auf Halbgötter oder Asen zurück; *semideos id est ansis*. Der Plural im Altnordischen wird wohl *æsir* gelautet haben. Etymologisch wird das Wort Asen auf unsere heutigen Worte Balken oder Pfosten zurückgeführt, die Asen sind also gleichsam die Stützpfeiler der Welt, aber ob sie sich auf vorgeschichtliche Pfahlgötter zurückführen, das sind figürlich ausgestaltete Holzpfosten in Moorlandschaften, bleibt eher fraglich.

Die Vanen, altnordisch *vanir*, die Glänzenden oder Seegötter, stellen gegenüber den Asen das ältere Göttergeschlecht dar. Sie sind Fruchtbarkeits- und Vegetationsgötter, Götter der Erdentiefe, auch solche des Ackerbaus und des Herdfeuers. Es wird vermutet, dass die beiden Göttergeschlechter die wahrscheinlichen Vorgängerkulturen der Germanen, die Indogermanen einerseits und die Träger der Megalithkultur andererseits darstellen. Diese Ansicht geht auf Publikationen von Gustav Schwantes aus den 1930er Jahren zurück und wurde auch von dem Sprachwissenschaftler Hermann Güntert vertreten.

Ursprünglich, so erzählt es uns die Edda, lebten die Asen in einem Goldenen Zeitalter. Sie erbauten auf dem

Idafeld ihre Heiligtümer, pflegten das Brettspiel und besaßen viel Gold. Dann aber kam es zum Vanenkrieg, als Odin seinen Speer gegen Gullveig warf, eine Hüterin der Schätze und Seherin der Runenmagie. Im Krieg erwiesen sich die Vanen als überlegen, gaben sich als Sieger aber mit einem Vergleich zufrieden, und so wurden als Zeichen des Friedens Geiseln untereinander ausgetauscht, und die Geschlechter vermischten sich. Die Asen gaben als Geisel Odins Bruder *Hönir*, die Vanen den schönen, gütigen Meeres- und Wagengott *Njörd*, den Gemahl übrigens der Erdmutter Nerthus, und dessen beide Kinder *Freyr* und *Freya*. Die Yinglingsaga beschreibt die Vanen als ursprünglich aus dem nördlichen Schwarzmeergebiet stammende Geiseln aus der Region um die Mündung des Don.

Die Zahl der Götter wird mit zwölf angegeben, worin auch die drei Vanen-Götter Njörd, Freya und Freyr inbegriffen sind, die vollständig in die Asengemeinschaft integriert wurden. Die Zwölfzahl der Götter war in der antiken Welt durchaus geläufig. In Rom gab es die *Dii consentes*, eine Gruppe von 12 Göttern, die ganz ihren griechischen Vorbildern glichen (der Dichter Ennius erwähnt sie im 3. Jahrhundert v. Chr.). Die den Römern benachbarten Etrusker kannten einen Götterrat von 12 Mitgliedern, an deren Spitze Tinia stand, ein Donner- und Gewittergott ähnlich dem Zeus. Die Anzahl der 12 Asen wird von Snorri Sturluson in Yinglingsaga Kap. 2 und 7 sowie in Gylfaginning Kap. 20 postuliert, doch darf man nicht vergessen, dass diese Aufstellung aus einer Spätzeit des 12./13. Jahrhunderts n. Chr. stammt, also möglicherweise eine Nachahmung der griechischen Götter-Systematik sein kann. Zu den 12 Asen gehören:

1. **Odin / Wodan / Wotan** (Göttervater, höchster Gott)
2. **Thor / Donar** (Donnergott, Sohn von Odin und der Erdgöttin Jörd)
3. **Loki** (Luftgott, Gestaltenwandler)
4. **Frigg / Frigga / Frija** (Odins Frau und Schutzgöttin des Hausstandes, der Ehe und Familie)
5. **Frey / Freyr** (Fruchtbarkeitsgott, Wettergott)
6. **Freya / Freyja / Freia** (Liebesgöttin, Lehrerin des Zaubers, Freyrs Zwillingsschwester)
7. **Balder** (Lichtgott, Sohn von Odin und Frigg)
8. **Hel** (Herrscherin der Unterwelt Helheim, Tochter des Loki und der Riesin Angbroda)
9. **Heimdall** (Wächter des Regenbogens Bifröst und Gott der Stärke, Weisheit und Kommunikation)
10. **Tyr** (Kriegsgott, Siegesgott, Gott der Gerechtigkeit)
11. **Bragi** (Gott der Dichtkunst, Begrüßer der gefallenen Krieger in Walhalla)
12. **Idun / Iduna** (Göttin der Jugend und Unsterblichkeit)

Asgard, altnordisch *Ásgarðr* Heim der Asen, gilt sowohl nach der Lieder- als auch Prosa-Edda als Wohnort der Asen; es liegt im Gipfelgeäst der Weltenesche Yggdrasil und ist über die leuchtende Regenbogenbrücke Bifröst mit Midgard verbunden. Bewacht wird die Regenbogenbrücke von dem Gott Heimdall. Asgard ist ein phantastisches Wunderland, ein Fantasy-Szenario: von hohen Burgmauern umgeben, enthält es die 12 Götterburgen der Asen, die allesamt aus Gold und Edelsteinen bestehen; da ist das berühmte Idafeld, der Versammlungsort der Asen, und der Hochsitz Odins Hlids-

skialf, von dem aus er alle Welten überblicken kann,
und nicht zuletzt befindet sich dort Walhall, die Halle
Odins, die als Kriegerhimmel der in der Schlacht Gefallenen gilt. Walhall ist eine prächtige Halle mit 540
Toren, durch die je 800 Einherjer einziehen können –
Einherjer, das sind eben jene verdienstvollen Krieger,
denen die Ehre zukommt, in Walhall an Odins Trinkge-
lagen teilnehmen zu dürfen. Im Grímnismál werden die
folgenden 12 Götterburgen genannt:

1. **Bilskirnir**, der Palast Thors in Thrúdheim, der
   vielleicht nicht zu Asgard gehört
2. **Ydalir** (Eibental), der Palast Ullers
3. **Valaskjalf**, der Palast Walis
4. **Sökkwabeck** (gesunkene Bank, Schatzbank?),
   der Palast Sagas
5. **Gladsheim** (Froh- oder Glanzheim), der Palast
   Odins mit dem Saal der seligen Helden Walhall
6. **Thrymheim** (Donnerheim), der Palast Skadis
7. **Breidablik** (Breit- oder Weitglanz), der Palast
   Balders
8. **Himinbjörg** (Himmelsburg), der Palast Heimdalls
9. **Folkwang** (Volksfeld), der Palast Freyjas mit
   dem Saal Sessrumnir
10. **Glitnir** (der Glänzende), der Palast Forsetis
11. **Nóatún** (Schiffsstadt, Schiffsplatz), der Pa-
    last Njörðrs
12. **Landwidi** (Landweite), der Palast Vidars

Asgard liegt zwar in den höheren Himmelssphären,
und doch hat es immer wieder Versuche gegeben, Asgard auf der Erde zu suchen und es dort geographisch

zu verorten. Dabei mag es fast schon wie ein Wortspiel klingen, wenn man Asgard mit Asien gleichsetzen will oder es zumindest unter die Länder Asiens rechnet. In der Heimskringla lesen wir:

„Im Norden von den Gebirgen, welche das ganze bewohnte Land umgeben, fällt ein Strom durch Swithjod, der mit Recht Tanais heißt; er hieß vormals Tanaquisl oder Wanaquisl; er strömt aus in das schwarze Meer. Das Land zwischen den Armen des Wanaquisl hieß damals Wanaland oder Wanaheim; der Strom sondert die drei Erdtheile; der nach Osten heißt Asia, der nach Westen aber Europa. Das Land im Osten vom Tanaquisl in Asia hieß Asaland oder Asaheim; die Hauptburg aber, die im Lande war, nannten sie Asgard."[84]

Stammen die Asen also aus Asien? Kommt Odin aus dem Osten? Die These erscheint auf den ersten Blick absurd, aber sie ist gar nicht einmal so unwahrscheinlich, wenn man die Asen historisch als ein Volk der Megalithkultur deutet. In die Zeit von 3000 bis 2200 v. Chr. wird in Mitteleuropa die *Schnurkeramiker*-Kultur datiert. Benannt ist sie wegen ihrer Keramiken, die ein aufwendiges Rillenmuster aufweisen, das durch waagrecht in den Ton eingedrückte Schnüre verursacht wurde. Geläufig waren Einzelbestattungen in Hügelgräbern, wobei den bestatteten Männern oft Streitäxte beigegeben wurden. Diese Streitaxt-Leute, wie man die Schnurkeramiker früher nannte, sprachen eine Form des Proto-Germanischen und gelten allgemein als die Vorläufer der Indogermanen.

Und was nun das Entscheidende ist: Diese Streitaxt/Schnurkeramik-Leute waren nicht schon immer in

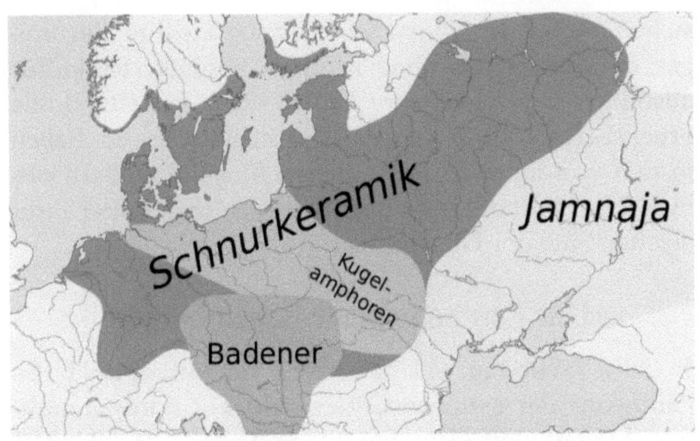

Mitteleuropa ansässig, sondern sie sind dorthin ein-
gewandert – zwar nicht aus Asien, aber zumindest doch
aus Osteuropa. Das heißt mit anderen Worten tatsächlich: *Die Indogermanen kamen aus dem Osten!* – Durch ge-
netische Studien ist das einwandfrei belegt. Die neuere
archäologische Forschung hat die *Jamnaja-Kultur* als die
Urheimat der proto-indogermanischen Megalithvölker
nachgewiesen. Die Jamnaja-Kultur war eine osteuropäi-
sche Kultur der späten Kupferzeit / frühen Bronzezeit
im Gebiet um die Flüsse Dnister, Bug und Ural in der
westeurasischen Steppe. Sie wird auf die Zeit von 3600
bis 2500 v. Chr. datiert, und sie bildete einen wichtigen
Teil der Kurgan-Kultur.

Die Indogermanen, und somit auch die späteren
Germanen, stammen aus der pontisch-kaspischen Steppe, aus dem Gebiet zwischen Schwarzem und Kaspi-
schem Meer! Und das gilt für die Vanen auch! Vermutlich sind sie schon früher nach Mitteleuropa ausgewan-
det, und die Asen kamen nach ihnen. Der Vanenkrieg
wäre demnach als der kriegerische Konflikt zwischen
zwei Einwanderungswellen aus Westeurasien zu ver-

stehen, wobei die Vanen schon früher als ihre Nachfolger in Mitteleuropa eine neolithische Ackerbaukultur ausbildeten, weshalb ihre Götter dann in erster Linie Fruchtbarkeits- und Vegetationsgötter waren. Sie haben in den von ihnen vorgefundenen Megalithgräbern oftmals Nachbestattungen durchgeführt, ungeachtet ihrer eigenen Sitte der Hügelgräber.

Das Pantheon der asischen Götter

1. Odin /Wuodan. – Unbestritten im Mittelpunkt des Pantheons der asischen Götter steht der nordgermanische Magier-Gott *Odin*, bei den Südgermanen *Wodan / Wuodan* genannt, der – wie Hermes mit dem Planeten Merkur in Verbindung gesetzt – dem Mittwoch als dem Merkurstag, *dies mercurii*, zugeordnet wurde. „Kein Gott bei den verwandten Indogermanen gleicht Wodan mehr als Hermes-Merkur, der auf ähnliche Art wie Wodan aus einem Windgott zu einem Gott des Geistes sich entwickelte" sagt W. Golther in seinem *Handbuch der germanischen Mythologie* (1908)[85]. Ähnlich Jakob Grimm in seiner *Deutschen Mythologie* (1835): „So gleicht also unser Wuotan dem Hermes und Mercur, allein er steht höher als beide; umgekehrt ist der deutsche Donar ein schwächerer Zeus oder Jupiter, was dem einen zugegeben war, musste dem andern genommen werden."[86]

Der griechische Gott *Hermes* zeigt sich als eine sehr komplexe, schillernde Gestalt – Wanderer, Magier, Kaufmann und Schelm zugleich. Neben den Einzelaufgaben, mit denen ihn die olympischen Götter betrauten – vor allem die Funktion des Götterboten –, führte Hermes als *Psychopompos* die Seelen der Verstorbenen ins Totenreich. In diesen Zusammenhang gehört es, dass man ihm am dritten Tag der Anthesterien, die als

Frühlings- und Totengedenkfest begangen wurde, Töpfe mit Speisen hinstellte: als Opfergabe und zugleich zum Gedächtnis an die Toten. Als Seelengeleiter der Gestorbenen verschmolz Hermes mit der Gestalt des *Charon*, jenes Fuhrmanns, der die Toten über die Unterweltsflüsse Styx, Acheron usw. setzte und sie zu den Gestaden des Hades brachte.

Im hellenistischen Ägypten wandelte sich Hermes zum allgewaltigen Hermes Trismegistos, dem Magier-Gott, Erfinder der Hieroglyphen und angeblichen Begründer der Alchemie. Im Dialog *Asclepius* erscheint er als ein echter Gottmensch, in dem sich menschliche und göttliche Natur untrennbar miteinander verschwistern. Eine bisher nie gekannte Steigerung seiner Gottnatur erfährt er in dem Nag-Hammadi-Text *Über die Achtheit*, wo Tat ihn als „göttliches Sein" und „Herrn des Universums" anspricht: *„Vater Trismegistos, lass' meine Seele nicht die große göttliche Vision entbehren. Denn für Dich als Herrn des Universums ist alles möglich."*

Wodan oder Odin ist gleichsam der Hermes Trismegistos des europäischen Nordens, ein Mystagoge auf dem Wege der Einweihung, ein Herr des Zauberwissens und Erfinder heiliger Schriftzeichen wie der ägyptische Thot, aber auch ein Kriegsgott, Schlachtengott („Walvater"), Totengott und Seelenführer der Gestorbenen im Jenseits. Doch gerade der Bezug zum Kriegswesen unterscheidet Odin von anderen merkurischen Göttern und verleiht ihm etwas besonders Schreckliches. Auch äußerlich gleicht Odin nicht den jünglinghaften Hermes-Gestalten der griechischen Mythologie: ein alter Schamane, einäugig und vollbärtig, mit breitem Hut auf dem Haupte und einem langen wehenden Mantel angetan: so wird er dargestellt, wie er in wilden Sturmnächten mit einer unheimlichen Heerschar von

Geistern durch die Lüfte braust. Brachte Thot den Menschen einst die Hieroglyphen, so gab ihnen Odin die Runen, beides magische Alphabete, in denen Zauberkraft beschlossen lag. In den eddischen Runenliedern wird geschildert, wie sich Odin selbst einem mühevollen Einweihungsweg unterziehen musste, um das Runenwissen zu erwerben; ein Weg des Selbstopfers war hierfür vorgesehen. Das Beispiel Odins zeigt indes, dass es eine dem Thot-Hermes entsprechende Gottheit auch bei den Germanen gab – und bei den Kelten, der gallische *Lugus* nämlich. Dieser taucht in der irischen Mythologie als *Lugh* auf. So scheint es, dass sich hinter Thot, Hermes, Lugh und Odin derselbe Archetypus des Magier-Gottes offenbart.

Odin besitzt den magischen Speer *Gungnir*, er wird stets begleitet von seinen beiden Raben *Hugin* und *Munin*, die ebenso merkurisch sind wie er selbst, und er hat zwei Wölfe, die er als Jagdhunde verwendet, *Geri* und *Freki*, all diese Begleiterwesen sind Attribute Odins und Ausdruck seiner Selbstmacht und göttlichen Persönlichkeit. Odin wird als langbärtig und einäugig beschrieben. Die Einäugigkeit Odins geht auf einen Opfermythos zurück, den man anhand der eddischen Quellen wie folgt wiedergeben könnte:

An einer der drei Wurzeln des Weltenbaums Yggdrasil steht *Mimirs Brunnen*, der als ein Urquell ewiger Weisheit gilt. Bewacht wird er von dem Riesen Mimir, der täglich aus jenem Brunnen trinkt und deshalb über unvergleichliche Weisheit verfügt. Odin verlangt es natürlich auch danach, aus Mimirs Brunnen zu trinken, denn der Erwerb von Wissen und Weisheit ist seine eigentliche wahre Natur. Der Trank aus dem Brunnen wird ihm auch gewährt, nur muss er dafür eines seiner beiden Augen opfern. Dieses liegt nun auf dem Grund des Brunnens und heißt seitdem *Walvaters Pfand* – weil er dieses Auge eben verpfänden musste, um die von ihm gewünschte Einweihung zu erhalten. Sicher hat diese Geschichte auch eine allegorische Bedeutung: das äußere Auge muss hingegeben werden, damit das Innere Auge geöffnet und damit die Fähigkeit der geistigen Hellsicht erweckt werden kann. Auch die Edda lässt uns wissen, dass Walvaters Pfand auf dem Grund von Mimirs Brunnen liegt:

> Ich weiß Odins Auge verborgen
> in Mimirs Quell, dem märchenreichen;
> Met trinkt Mimir allmorgentlich
> aus Walvaters Pfand – wisst ihr noch mehr?[87]

Es gibt auch Edda-Lieder, in denen Odin in eine Wissenswette eingeht; er geht jedoch stets als Sieger daraus hervor. Das Lehrgedicht *Wafthrudnismal* (Vafþrúðnismál) wäre ein Beispiel dafür. Das Lied gestaltet sich als ein Frage-und-Antwort-Spiel. Als erster fragt der Riese nach Dingen der mythischen Erd- und Himmelskunde; dann stellt Odin zwölf Fragen, zunächst die Vergangenheit betreffend, später auf die Zukunft hinzielend. Die letzte Frage, nämlich: wie Odins letzte Worte an den toten Baldur lauteten, kann der Riese nicht beantworten; und so unterliegt er.

Das *Grimnismál* bietet einen ähnlichen Wissensstoff, nur haben wir hier nicht einen Wechsel von Frage und Antwort, sondern hier kommt alle Belehrung aus Odins Mund, der sich dadurch als der höchste Wissens-Gott zu erkennen gibt. Der unerkannt auf Erden wandernde Odin kam an den Hof des Königs Geirröd und nannte sich dort Grimnir; der König setzte ihn neun Tage und Nächte lang gefangen; als er aber Odin an seinen Reden erkannte, stürzte er sich in sein eigenes Schwert. Hier tritt Odin als Erprober und Verderber irdischer Könige in Erscheinung.

In dem Edda-Lied *Baldurs Träume* (Baldrs draumar), auch als *Wegtamslied* bekannt, sehen wir Odin gar die schwarze Kunst der Nekromantie – der Totenbeschwörung – betreiben. Das Lied spielt vor dem Zeithorizont der Götterdämmerung. Aufgrund der furchtbaren Alpträume Baldurs, in denen er von seinem eigenen Tod träumt, begibt sich Odin als *Wegtam* getarnt (Wegtam heißt der Weggewohnte) in die unterste Höllenwelt Nifelhel und erweckt dort mit Hilfe seiner Zauberkräfte eine tote Seherin zum Leben, um von ihr die Bedeutung der Träume Baldurs zu erfahren. Dass gerade Tote die Zukunft künden können, war alter Volksglaube. Unter magischem Zwang erzählt die Seherin Odin vom Tode seines Sohnes Baldur, nennt dessen Mörder Hödur, sowie Baldurs Rächer Wali; am Schluss des Liedes erkennt sie, wer Wegtam in Wahrheit ist. Immer wieder wehrt sie sich gegen die Störung ihrer Totenruhe und gegen die ihr auferlegte Nötigung, zu weissagen: „Genötigt sprach ich; nun will ich schweigen."[88] Odin dagegen besteht darauf, die Befragung fortzusetzen: „Schweig nicht, Wölwa! Ich will dich fragen, bis alles ich weiß."[89]

An diesen Beispielen sieht man, dass Odin oft sehr skrupellos vorgeht und selbst vor schwarzer Magie nicht zurückschreckt, wenn sie nur der Erreichung seiner Ziele dient. Odin ist kein moralischer Gott, etwa im Sinne der christlichen Moral, sondern er weilt (wie der Übermensch Nietzsches) „jenseits von Gut und Böse", was ihm durchaus etwas Schreckliches und Unheimliches verleiht.

Durch eine Mischung aus List und Gewalt hat Odin einst den Dichtermet *Odrörir* erworben. Es handelt sich bei ihm um einen Rauschtrank, dem indischen Soma vergleichbar, und der skaldische Mythos beschreibt das Geschehene so: Nach dem Vanenkrieg, so berichten *Gylfaginning* und *Havamal* weitgehend übereinstimmend, als die Asen und Vanen miteinander Frieden schlossen, spien sie alle gemeinsam in einen Kessel, (in der Bronzezeit war bei verschiedenen Völkern die Speichelbeimengung von Friedensgetränken ein fester Bestandteil), und aus dem Speichel entstand ein gewisser *Kvasir*, der unter Göttern und Menschen als das weiseste aller Lebewesen galt. Ursprünglich ist Kvasir die Bezeichnung für den aus Beeren gewonnenen, gegorenen Saft. (aus dem norwegischen *kvase*, russisch *kvas*). Da kamen die beiden Schwarzalben Fjallar und Gjallar, lockten den Kvasir in einen Hinterhalt, töteten ihn und fingen sein Blut in einen großen Kessel auf; das Blut vermischten sie mit Honig und brauten einen Met daraus, der inspirative Kraft verlieh und jeden, der daraus trank, zum Dichter werden ließ.

Im weiteren Verlauf der Geschichte töteten die beiden Übeltäter den Riesen Gilling und dessen Frau, wurden aber vom Sohn des Riesen, Suttung, gefasst und konnten ihr Leben nur retten, indem sie ihm den Met anboten. Suttung nahm das Angebot an und bewahrte den Skaldenmet im Berg *Hnitbjörg* auf, indem ihn seine Tochter *Gunnlöð* bewachte. Der Name Hnitborg ist altnordisch und bedeutet Stoßfels. Der Name deutet eine Verbindung zu den sich öffnenden und schließenden Bergen einiger Märchen an. Auch an ein Tor zur Unterwelt könnte man denken. In den Märchen auch der Gebrüder Grimm lebt dieses Bild aus der nordischen Mythologie noch weiter.

Um an den Skaldenmet zu kommen, ging Odin zunächst zu Suttungs Bruder, Baugi, verrichtete für ihn die Arbeit eines Knechts und forderte als Lohn dafür einen Schluck aus dem magischen Met. Da Suttung dies aber verweigerte, brachte Odin seinen Brotherrn Baugi dazu, mit einem Bohrer ein Loch in den Berg Hnitborg zu bohren, durch das Odin in Schlangengestalt schlüpfte. Die Riesentochter *Gunnlöð* verführte er, und nachdem er drei Nächte mit ihr verbracht hatte, gab sie ihm zum Dank drei Schluck des Mets. Daraufhin verwandelte sich Odin in einen Adler und flog mit dem Met im Schnabel nach Asgard.

Die Verwandlung Odins in eine Schlange und einen Adler wird gern im Zusammenhang mit Schamanismus gesehen. Was aber den Dichtermet Odrörir betrifft – es gibt zahlreiche verwandte Sagen bei Indern und Griechen, die in dem Bild deutlich einen indogermanischen Urmythos erkennen lassen. Riesenmächte und Naturgewalten sind im Besitz des *Soma* und des Nektars. Als Falke verwandelt bringt Indra den Soma zu den Göttern, Zeus' Adler holt den Nektar herbei, um *Ambrosia* daraus zu gewinnen. *Haoma* ist in der altpersischen Religion eine magische Pflanze, aus der ein Rauschtrank gewonnen wird.

2. Thor / Donar. – Odin und Thor mögen wohl die beiden Hauptgötter des germanischen Pantheons sein, aber ein größerer Gegensatz als zwischen diesen beiden lässt sich kaum denken. Alles was bei Odin Witz, Intelligenz, Magie, List, Betrug, Täuschung ist (und in Odin haben wir fürwahr einen Trickster-Gott), das wird bei Thor durch die reine Körperkraft kompensiert. Thor ist ein reiner Draufschläger-Gott, und seine Aufgabe besteht einfach nur darin, Asgard und die Menschenwelt gegen Riesen und Ungeheuer zu verteidigen.

Odin und Thor stellen auch zwei verschiedene soziale Schichten dar. Odin repräsentiert den Adel, dessen

Funktionen er auch ausübt, nämlich einerseits den Priesterdienst (Odin als Schamane) und andererseits den Krieg. Thor dagegen repräsentiert die unteren, bäuerlichen Schichten der Gesellschaft. Das erkennt man auch daran, dass er nie zu Pferde reitet, sondern immer zu Fuß geht, wie die einfachen Leute auf dem Land; allerdings besitzt er auch einen vierrädrigen Wagen, wie er in ländlichen Gegenden üblich war. Mit einem Wort, Thor ist ein Bauern-Gott, und sein kraftvolles Wesen verhalf ihm bei der einfachen Bevölkerung zu großer Popularität. Dies bezeugt der in damaligen Zeiten weit verbreitete Thorskult. *„Thor weihe diese Runen"* lautet die Inschrift aus dem 10. Jahrhundert auf dem dänischen Runenstein von Glavendrup/Fünen. Der Thorberg in Angeln/Schleswig-Holstein um 200 n. Chr. war vermutlich das Hauptheiligtum für Donar, die südgermanische Entsprechung des nordischen Thor. Darstellungen des Thorshammers, auch als Amulett, waren sehr populär. Thor wurde der Hauptgott in Norwegen, die wichtigste Figur am Götterhimmel der alten Isländer, und die Normannen in der Bretagne hielten bis zuletzt an ihm als Gott fest (Ortsnamen wie „Turville").

Was die äußere Erscheinung des Thor betrifft, so ist er ein Kraftprotz mit wallendem rötlichen Bart; er fährt auf einem Wagen, der von zwei Böcken gezogen wird. Sie heißen *Tanngniost* und *Tanngnisir* (etwa: Zahnknisterer und Zahnknirscher). Er herrscht in *Thrudheim* (Welt der Stärke), und seine Burg trägt den Namen *Bilskirnir* (von *bil* = für einen Augenblick und *skirnir* = der Leuchtende, also der für einen Augenblick Leuchtende: der Blitz). Tatsächlich wurde Thor mit den Gewitterphänomenen, Blitz und Donner, schon immer assoziiert. Wenn sein Wagen laut rumpelnd über den Himmel dahinfährt, dann sind dies genau die Geräusche, die ein nahendes Gewitter ankündigen.

Dieselbe Symbolik zeigt sich auch bei dem wichtigsten Kleinod, das Tor zugesprochen wird, dem Wuchthammer *Mjölnir* (der Zermalmer). Laut *Skaldskaparmal* Kap. 3 wurde Mjölnir von dem kunstfertigen Zwerg Brokk geschmiedet. Man kann damit werfen, soweit man will, ohne je das Ziel zu verfehlen, und nach getaner Arbeit kehrt der Hammer von selbst in die Hand des Werfenden wieder zurück. Eine Wunderwaffe! Naturmythologisch gesehen ist sie nichts anderes als der Donnerkeil, von dem man sich vorstellte, dass sein Wurf das Donnergeräusch hervorruft. Die anderen Attribute, die man Thor zuspricht, sind der Kraftgürtel, mit dem er seine Kraft um das Doppelte vergrößern kann, und die eisernen Handschuhe, die ihm helfen, den Schaft des Hammers zu umfassen. Thors Hammer kann aber auch wiederbeleben. Als Thor mit Loki bei dem Bauern Egill einkehrte, da verspeisten sie alle zusammen dessen Böcke; aber Thor forderte sie auf, die abgenagten Knochen auf das Bocksfell zu legen. Am nächsten Morgen schwang Thor seinen Hammer über dem Bocksfell, und die Böcke standen allesamt lebendig wieder auf! Ein Beispiel auch für die Volksnähe des Thor und seine Sympathie für die Bauern.

Betrachtet man die Götter Germaniens naturmythologisch, dann wäre Thor der frühjahrszeitliche, regen- und gewitterbringende Wettergott, wie man ihn auch aus anderen indoeuropäischen Religionen kennt. Hier wäre etwa der baltische *Perkunas* zu nennen oder der bei den Slawen verehrte *Perun*: „Wie bei der Mehrheit der Indogermanen, so stand an der Spitze des slawischen Pantheons der Gott des Gewitters, Donners und Blitzes, unter dem Namen Perun bekannt"[90], so Zdeněk

Váňa in seinem Standardwerk über die slawische Mythologie. Bei den Kelten haben wir in ganz ähnlicher Gestalt *Taranis*, den Donnerer; selbst bei den Hethitern, dem ältesten indogermanischen Kulturvolk, ist diese Gottheit bezeugt: „Der König des Himmels und Herr des Hethiterlandes ist vielmehr der Wettergott, von dem wir auch nur den altertümlichen hattischen Namen Taru (…) kennen, aber nicht den hethitischen."[91]

Der Kultbaum dieses Gewittergottes ist die den Blitz anziehende *Eiche*. Ob im Süden oder im Norden, im Westen oder im Osten Europas – überall im Abendland und im Vorderen Orient wurde die Eiche als Symbol des Königtums verehrt; überall wurde sie auch demselben frühjahrszeitlichen Regen-, Donner- und Gewittergott zugeordnet, heiße er nun Zeus, Jupiter oder Thor.

Die in der Türkei vorkommende immergrüne Stein- oder Korkeiche galt bei den Hethitern, dem wohl ältesten indogermanischen Kulturvolk – mindestens seit 1600 v. Chr. in Zentralanatolien ansässig – als heiliger Baum; sie durfte daher nicht gefällt werden. Wenn der König Bauholz brauchte und zu diesem Zweck Bäume fällen wollte, musste zuvor der Wettergott um Erlaubnis gefragt werden. Im osteuropäischen Raum, besonders bei den Balten, gab es einen ausgeprägten Eichenkult. Die Eiche, dem zeusgleichen Donnergott *Perkunas* zugeschrieben, besaß ebenfalls weissagende Kraft, und kultische Feste wurden ihr zu Ehren aufgeführt. Bei den Südgermanen, die Thor unter dem Namen *Donar* verehrten, gab es in Geismar in Hessen (heute Fritzlar) eine *Donareiche*, die im Jahre 723 von dem christlichen Missionar Bonifatius gefällt wurde.

Da die Götter im Mythos immer ganz menschlich erscheinen, so haben sie auch verwandtschaftiche Verhältnisse – Eltern, Frau und Kinder. Thor wird als der Sohn

Odins genannt; seine Mutter ist *Jord* oder *Fjörgyn*, die uralte Erdgöttin, die im Eichenwald Verehrte (die Vorsilbe *fer-* ist verwandt mit dem lateinischen *quercus* für Eiche). Thors Frau ist *Sif*, deren schönes Goldhaar so gerühmt wird. Sif bedeutet soviel wie Sippe, nach nordischem Sprachgebrauch Blutsverwandtschaft und Verschwägerung. Als Schirmherr dieser Bande erscheint Thor, da er doch die Ehe mit dem Hammer weiht. So wurde die als persönlich gedachte Sippe ihm zur Frau gegeben. Gemeinsam haben sie eine Tochter namens *Thrud* und zwei Söhne, die *Modi* und *Magni* heißen. Die beiden Namen bedeuten Zorn und Kraft; in diesen beiden Söhnen sind Thors Eigenschaften persönlich geworden, ja sie sind eigentlich nur Personifizierungen Thors. Nach der Götterdämmerung, wenn die neue Welt entsteht und an die Stelle der alten tritt, werden Modi und Magni Thors Hammer Mjölnir führen. Thor selbst wird die neue Welt nicht mehr miterleben – er trat im Endkampf seiner Erzfeindin, der *Midgardschlange* entgegen, die er tötete (nachdem er sie vormals fast schon an der Angel hatte, siehe *Hymirlied*), aber an ihrem Gifthauch ging er dann selbst zugrunde.

3. Tyr / Ziu. – Schon der Name dieses Gottes lässt erkennen, dass er ursprünglich die Hauptgottheit war, der Urhimmelsgott der Germanen, der aber dann durch Odin entthront wurde und in der mittelalterlichen Edda als eine Figur von nur noch untergeordneter Bedeutung erscheint. Sein urgermanischer Name *Teiwaz, Tiwaz*, indogermanisch **deiwoz* bedeutet „göttlich/Gott" und entspricht dem lateinischen *divus*. Im Altnordischen begegnet uns die Pluralform *tivar*, die mit Götter übersetzt werden kann. Der Name und die Figur sind urverwandt mit dem indogermanischen Vater- und Himmelsgott, mit dem glänzenden, leuchtenden Lichthimmel. In der vedischen, altindischen Religion haben wir *dyaus pitar* als Bezeichnung für Gott-Vater.

Zur Zeit der Völkerwanderung kam zu der Bedeutung des Himmelherrschers noch eine andere hinzu, die des Schwertträgers und Kriegsgottes. So wurde er in der lateinischen Interpretation mit Mars gleichgesetzt. So schreibt denn Tacitus in seiner *Germania*, dass es bei den Germanen eigentlich nur drei Hauptgötter gegeben habe: „Unter den Göttern verehren sie am meisten Merkur (…). Herkules und Mars suchen sie durch erlaubte, das heißt Tieropfer, zu gewinnen" (Cap. 9). Merkur ist unstreitig Wodan, hinter Herkules könnte sich Thor verbergen, und Mars kann nur Tyr sein. Aber schon in Cap. 2 seines Werkes sprach Tacitus von einem Gott namens *Tiusko*, dessen Sohn *Mannus* der Urmensch und Stammvater der Germanen war. Ist Tiusko identisch mit Tiwaz? Vieles spricht dafür. Im südgermanischen Raum wird derselbe Gott als *Ziu* erwähnt; ihm ist der Dienstag geweiht, Zius-Tag, der Tag des Mars (engl. Tuesday, franz. Mardi), jedoch kommt Ziu in den althochdeutschen Quellen kaum vor. Eine Glosse zum sogenannten Wessobrunner Gebet allerdings nennt die Alemannen *Cyowari*, Verehrer des Cyo, was Ziu bedeuten könnte. In der Notitia Galliarum, einer spätantiken Städteliste, wird Augsburg der Name Ciesburg zugewiesen; also Augsburg als Ziusburg? Und noch eine andere Quelle können wir anführen. Das *sächsische Taufgelöbnis*, das in einer Fuldaer Handschrift des endenden 8. Jahrhunderts (772) überliefert ist, zählt vermutlich die Namen der wichtigsten von den Sachsen verehrten Götter auf. Der Ausschnitt lautet: „[…] end ec forsacho […] Thunaer ende Uuoden ende Saxnote ende allum them unholdum". Das heißt übersetzt: „[…] *und ich entsage* […] *[dem] Donar und Woden und Saxnot und allen Unholden.*"[92]

Hier tritt uns nochmals die germanische Götter-Trinität entgegen. Wodan, Donar – aber wer ist Saxnot? Mit dem Wort Sax bezeichnete man das Kurzschwert, und Saxnot heißt so viel wie Schwertgenosse. Und wer ist der Schwertgenosse von Wodan und Donar? Tiwaz! Und für Herkules kommt natürlich nur Thunaer in Frage, Donar, der Donnerer, Thor.

Der altgermanische Tiwaz hat auch etwas mit dem *Thing*, der waffentragenden Volks- und Gerichtsversammlung zu tun. Er wurde daher zuweilen auch als *Mars Thingsus* bezeichnet. Der Name ist belegt als Inschrift auf einem Steinaltar, der im Tempel 2 in Housesteads im nordenglischen County Northumberland an der schottischen Grenze gefunden wurde. Mehrere Altäre wurden dort im 3. Jahrhundert n. Chr. von friesischen Legionären errichtet, die als römische Hilfstruppen am Hadrianswall stationiert waren.

In der nordischen Edda-Dichtung tritt uns Tyr nur noch als schattenhafte Gestalt entgegen. In der Lieder-Edda wird er als Sohn des Frost- und Eisriesen *Hymir* genannt, in der Prosa-Edda jedoch als Sohn Odins. Das kommt nicht von ungefähr. Schon die Sachsen haben, nachdem sie den Wodanskult übernommen hatten, ihren Saxnot dem Wodan untergeordnet – ähnlich wie in der griechischen Mythologie Ares der Sohn des Zeus ist. Aber es scheint, dass im 6. Jahrhundert Tyr in Norwegen als der mächtigste aller Götter verehrt wurde. In der Zeit zwischen dem 9. und 11. Jahrhundert kam es zu einem völligen Umbau des germanischen Pantheons, derart, dass Wodan nun die Stelle des Höchstgottes einnahm, was sich dann in den hochmittelalterlichen Edda-Schriften wiederspiegelt (die wohl alle in den 1220er und 30er Jahren entstanden sind).

In der Edda taucht Tyr, freilich nur ganz am Rande, im Zusammenhang mit der Götterdämmerung auf. Sein Symbol ist immer noch das Schwert, mit dem er sich ins Schlachtgetümmel stürzt. Als der *Fenriswolf* durch die magische Fessel *Gleipnir* gebunden werden soll, sieht sich Tyr genötigt, dem Untier die eigene Hand als Pfand ins Maul zu halten. Als dieses jedoch merkt, dass die Götter ihn fesseln wollen, beißt er Tyr die Hand ab, sodass dieser von jetzt an nur noch linkshändig kämpfen kann. Hier gibt es eine Parallele zu dem irischen Hochgott *Nuada* („der mit der Silberhand"), der im Kampf eine Hand verliert und damit sein Königsamt nicht mehr ausüben kann. – Im Ragnarök tritt Tyr nochmals kurz in Erscheinung: er tötet den Höllenhund Garm, wodurch er aber selbst zu Tode kommt. –

4. Baldur / Balder. – In Baldur sehen wir recht deutlich die germanische Ausdrucksform des indoeuropäischen Licht- und Sonnengottes. Der Name Baldur bedeutet der Leuchtende; im Angelsächsischen heißt *Beal-Daeg* der hell leuchtende Tag. Verwandt mit der Wortwurzel Bal / Bael ist natürlich auch der Name des altkeltischen Lichtgottes *Bel*, dem das mit heiligen Feuerritualen verbundene Beltaine-Fest am Vorabend des 1. Mai geweiht war. Es handelt sich also bei Bal / Bael / Bel um einen urnordischen keltisch-germanischen, ja eigentlich hyperboreischen Lichtgott, um den göttlichen Sonnenheiland, wie er in den Mysterien des hohen Nordens in vorgeschichtlicher Zeit geschaut wurde. Baldur war unter anderem Namen auch bei den südgermanischen Völkern bekannt; man nannte ihn dort *Paltar*, und im 2. Merseburger Zauberspruch begegnet uns ein Gott *Phol*, der fraglos mit Baldur identisch ist. Erinnern wir uns an die Verse: *„Phol unde Uuodan vuorun zi holza. du uuart demo Balderes volon sin vuoz birenkit* – Phol und

Wodan ritten durch den Wald; da ward dem Fohlen Baldurs sein Fuß verrenkt". Offenbar bezeichnen Phol und Baldur dieselbe Person, wie schon J. Grimm bemerkt hat. Dann kamen alle möglichen Göttinnen herbei, unter ihnen die altgermanische Sonnengöttin *Sunna*, und bemühten sich um die Einrenkung des Fußes; bis zuletzt Wodan kam und mit dem rechten Zauberspruch das Tier zu heilen wusste.

Woher allerdings der Name Phol kommt, bleibt uns schleierhaft. Ihn in Verbindung mit dem griechischen Lichtgott Apollon zu bringen (A-Pol), ist gar nicht einmal so abwegig. Nach W. Golther bildete sich „eine römisch-deutsche Formel *Apollo-Balder* und wurde das Fremdwort im Volksmunde zu Pol (…). Allerdings sind Apollo und Balder wesensgleich und können daher einander gegenübergestellt worden sein."[93] Apollo ist wie Baldur eine Personifikation des Lichts und der Sonne. Er steht für alles Wahre, Gute und Schöne.

Die Asenburg, die Baldur bewohnt, heißt *Breidablick*, also Breitglanz, und dort herrscht nur Friede und Harmonie; Baldur besitzt ein berühmtes Pferd und sogar ein eigenes Schiff, jedoch keine Waffen. Von einem Schwert oder Schild in seinem Besitz ist nie die Rede. Baldur ist gut und sanftmütig, gabenspendend wie die Sonne, die Alles bescheint, und am Tage der Götterdämmerung wird er eher zum Opfer als zum Täter. Hinterrücks wird er ermordet, er stirbt und geht in die Unterwelt, aber am Jüngsten Tag nach Neuschöpfung der Welt kehrt er in großem Lichtglanz wieder zurück, um ein Reich des Friedens und des Glücks zu begründen. So wundert es nicht, dass Baldur eben auch deutlich Züge des Christus trägt, ja er ist geradezu das nordische Gegenstück zum biblischen Christus.

Baldur kann mit gutem Recht als Sohn Gottes bezeichnet werden, ebenso wie Christus, denn nach heidnischer Genealogie ist er der Sohn Odins und der Göttermutter Frigg; und das höchste Mysterium in der antiken Welt war das des „gemordeten Gottessohnes". Baldur war der beliebteste aller Götter. Um dem geliebten Gott Baldur alle drohende Gefahr abzuwenden, nahm Frigg Eide von Wasser, Feuer, Erde, Steinen, Gewächsen, Tieren, Vögeln, Gewürm, die alle als persönliche Wesen gedacht waren; ja selbst den als Personen gedachten Seuchen wurden Eide genommen, dass sie Baldur schonen sollten, nur einem einzigen Strauch wurde der Eidesschwur erlassen, der Mistel. Sie wird Baldur später den Tod bringen, indem der blinde Hönir mit einem Mistelzweig nach ihm zielt; und um den toten Baldur weinen hernach alle Geschöpfe, Menschen, Tiere, Pflanzen, Steine.

Hinter der Ermordung Baldurs steht eigentlich der finstere *Loki*, der den blinden Hönir zu seiner Tat anstiftete; dieser selbst wusste gar nicht, was er tat. Loki ist das Gegenbild zum biblischen Satan, wie Baldur das zu Christus. Hier haben wir ihn also wieder, den ewigen Widerstreit zwischen Licht und Finsternis, Gut und Böse, im Vegetationsmythos der zwischen der lichten und der dunklen Jahreshälfte. Der Jahrgott, der durch den Zyklus des Sonnenjahres hindurchgeht, und zwar im Geborenwerden, Leben, Sterben und Auferstehen, entstammt vermutlich der prähistorischen Megalithkultur. In ihm ist der Prototyp, das Urbild aller späteren Sonnengötter zu sehen.

Baldurs Begräbnis und Fahrt in die Unterwelt, in das Reich der Hel, wird folgendermaßen beschrieben. In der zwischen 980 und 990 verfassten *Hudrápa* des Skalden Ulf Uggason erfahren wir mehr über Baldurs Leichenbrand: wie dann Freyr auf seinem Eber, Heimdall auf seinem Hengst herangeritten kam, und wie Odin erschien mit all seinen Raben und Walküren, um dem traurigen Ereignis beizuwohnen. Die Riesin Hyrrokin kam, um das Schiff, auf dem Baldur lag, flott zu machen; dann legte man den gestorbenen Gott auf den Holzstoß und das Leichenfeuer wurde entzündet. Baldurs Frau Nanna ließ sich gleich mit verbrennen; aus Trauer wollte sie nicht mehr weiterleben (man denkt hier an die in Indien noch lange übliche Witwenverbrennung). Sodann wurde das brennende Schiff auf das offene Meer entlassen, und es entschwand in der Ferne. Aus dem Ende des 12. Jahrhunderts stammt eine Strophe des Bischofs Bjarni Kolbeinsson auf den Orkneys, worin er sagt, dass alle lebenden Wesen über den toten Baldur weinten.

Als das Begräbnis solcherart vorüber war, fragte Frigg, immerhin die Mutter Baldurs, wer von den Göttern denn in die Unterwelt hinabreiten würde, um den Gestorbenen durch Lösegeld freizukaufen. Hermod, ein Sohn Odins, erklärte sich hierzu bereit; auf dem Ross Sleipnir machte er sich auf den Weg. Im Reich Hels ist der Met für Baldur schon gebraut, die Bänke in den Sälen mit Ringen bedeckt, die Dielen mit Gold belegt. Hermod betritt den Saal und sieht dort Baldur auf seinem Hochsitz; auch Nanna ist dort anwesend. Hermod möchte beide zurück ins Reich der Lebenden mitnehmen. Aber Hel, die finstere Regentin des Totenreichs, wollte Baldur nur unter einer Bedingung freigeben, nämlich dass alle Wesen ihn beweinten; wollte auch nur eines ihn nicht beweinen, müsste er bis zur Erschaffung der neuen Welt in Hels Reich bleiben.

Die Asen forderten nun alle Welt auf, um Baldur zu weinen, und das taten sie auch, Menschen und Tiefe,

Bäume, Blumen und Pflanzen, die Erde und das Gestein, ja selbst das Holz und Metall, nur eine einzige Riesin gab es, die weigerte sich, um Baldur zu weinen, und so musste dieser in der Unterwelt bleiben; die Riesin mit Namen *Thokk* war niemand anderer als der verwandelte Loki.

Um den magischen Ring *Draupnir* rankt sich eine besondere Erzählung. Er ist der Zauberring Odins, von dem in jeder neunten Nacht acht gleich schwere Ringe abtropfen. Der Zwerg Sindri schuf ihn gemeinsam mit seinem Bruder Brokkr. Beim Begräbnis Baldurs legte Odin seinen Goldring Daupnir auf den Holzstoß, um ihn dem Gestorbenen mit auf den Weg ins Jenseits zu geben. Als Hermod dann den Baldur in der Unterwelt antraf, gab dieser ihm den Ring und sandte ihn so als Andenken wieder an Odin zurück.

Mit dem keltischen Lichtgott *Bel* steht Baldur in engem Zusammenhang. In der gallo-romanischen Welt war er unter dem Namen Belenus („der Scheinende, Helle, Glänzende") bekannt. Tertullian hebt ihn als den Hauptgott der Noriker hervor, und Herodian bemerkt, in Aquileia sei Belenus „als Apollo ausgegeben worden"[94]. Daher auch der oft vorkommende Doppelname *Apollo-Belenus*. Sein Kult lässt sich in Gallien, vor allem im Süden, in Norditalien, in den Ostalpen und spurenweise in Britannien nachweisen.

5. Heimdall. – Heimdall ist ein sehr rätselhafter Gott, denn die wenigen schriftlichen Quellen, die es über ihn gibt, lassen nur ein unvollständiges Bild von ihm entstehen. Es gab ein längeres Gedicht über ihn, *der Heimdallargal,* das jedoch verschollen ist; nur an manchen Stellen der Edda wird er noch erwähnt. Bei den Südgermanen schien er gänzlich unbekannt gewesen zu sein. Wer ist also nun Heimdall? Sein Name wird mit der Hellglänzende, Hellstrahlende übersetzt, sodass wir es bei ihm auf jeden Fall mit einem Lichtgott zu tun haben. Und sicherlich auch mit einem Himmelsgott. Seine Wohnstatt in Asgard heißt *Himinbjorg*, also der himmlische Berg, und dort hat er die Aufgabe, über die Regenbogenbrücke zu wachen, die das Menschenreich mit dem Land der Götter verbindet. Diese Regenbogenbrücke heißt *Bifröst*. Sie ist Grenze und Verbindungsglied zugleich. Asgard liegt sozusagen am anderen Ende des Regenbogens. Dort, wo niemand hingelangt. Und in Heimdall haben die Bewohner Asgards einen echten Hüter der Schwelle, der darüber wacht, dass niemand unbefugt dort eindringt. Wer ein solches Wächteramt ausüben will, muss natürlich ein Lichtgott sein; darum nennt ihn die Edda den „hellsten Gott". In der *Thrymskvida* (Þrymskviða), Vers 15 heißt es:

Da sprach Heimdall, der hellste Gott –
er wusste die Zukunft, den Wanen gleich …

Demnach besitzt er auch seherische Fähigkeiten. Ein besonderes Kennzeichen von ihm aber ist die Überschärfe seiner Sinne. Es heißt, er sieht bei Tag ebenso gut wie bei Nacht, über hundert Meilen weit, er das Gras auf der Erde und die Wolle auf den Schafen wachsen, wie überhaupt alles, was einen Laut von sich gibt. Er besitzt ein magisches Horn, das *Gjallarhorn* heißt, und in das er am Jüngsten Tag hineinbläst, wenn die gegnerischen Riesen Asgard stürmen; der gellende Ton von Gjallarhorn wird in allen Welten gehört. Im *Heimdallsgaldr* sagt indes der Gott:

Mädchen neun waren Mütter mir,
Ich lag neun Schwestern im Schoß.

Heimdall wurde also von neun Müttern geboren, und diese sind deutlich als Riesenmädchen zu erkennen; genannt werden sie mit Namen, die auf die Eigenschaften von Meereswogen hinzudeuten scheinen. In der *Kürzeren Seherinnenrede* (*Voluspá in skamma*, bei Simrock Teil des Hyndlalliedes) heißt es:

> 7. Einer erstand in Urtagen, allgewaltig,
> Aus Asenstamm; des Speers Gebieter
> Gebaren neun Riesentöchter
> Am Rand der Erde.
>
> 8. Gjalp gebar ihn, Greip gebar ihn,
> Eistlar gebar ihn und Eyrgjafa,
> Ulfrun gebar ihn und Angeyja,
> Imd und Atla und Jahrsaxa.

Die Namen der Wogenmädchen sind nun ganz naturmystisch zu deuten: Gjalp ist die Brausende, Greip die Umkrallende, Eistla die rasch Dahinstürmende, Eygrjafa die Sandspenderin, Ulfrun die Wölfische, Angeyja die Bedrängerin, Imd die Durstige, Atla die Furchtbare, Jarnsaxa die mit dem Eisenschwert, d. h. mit der schneidenden Kälte. Auch der alten Meergöttin Ran wurden neun Töchter zugesprochen. Heimdall ist also sowohl Himmelsgott als auch ein Meergeborener. Manche deuten ihn als das über dem Meerhorizont aufgehende Frühlicht des Tages.

Das ist das Schwierige an Heimdall, dass sich nur wenige verstreute Verse über ihn finden, die jedoch nie ein einheitliches Bild ergeben. In der *Völuspa* lesen wir: „Gehör heisch ich heilger Sippen / hoher und niedrer Heimdallssöhne" (Strophe 1). Die Menschen werden demnach als Söhne Heimdalls bezeichnet. Ist Heimdall also, wie einst der griechische Prometheus, ein Menschenschöpfer? Ein um 900 entstandenes norwegisches Gedicht erzählt von einem Gott namens *Rig*, der die Welt durchwanderte und bei drei Ehepaaren nacheinander nächtigte und so die drei Stände der Knechte, Bauern und Jarle erzeugte. Wenn Rig ein anderer Name für Heimdall ist, dann könnte dieser der Stammvater des Menschengeschlechts sein oder zumindest der Ordner der menschlichen Gesellschaftsordnung. Ein Rätsel bleibt Heimdall allemal.

6. Loki / Lodur. – Mit Loki steht ein Gott vor uns, der mit dem christlichen Luzifer und dem griechischen Prometheus mehr zu tun hat als mit irgendeinem altgermanischen Gott. Loki und Prometheus sind in jeder Hinsicht Parallel-Figuren. Beide Götter stehen in engem Bezug zu den chthonischen Mächten der Erdentiefe; beide sind aber auch Geister des Feuers, wobei Feuer hier ein Synonym ist für Geist. Loki hat dem Menschen bei der Weltschöpfung einen unsterblichen Geistfunken eingehaucht. Der Name Loki, zuweilen auch *Lodur*, kommt von *Lohe*: Loki ist also die persönlich gedachte Feuer-Lohe, ein rebellischer Feuer-Geist, der das Fackellicht der Geist-Erkenntnis in die Menschheitsgeschichte hineinwirft, ein Lichtbringer wie Prometheus! Im Bündnis mit den Elementargewalten des Feuers, mit dem Feuer-Riesen *Surtur*, wird er dereinst den großen Weltbrand entfachen, in dem die Asenordnung ächzend zusammenbrechen wird!

Als Feuer-Geist ist Loki auch Lichtbringer; deshalb meint W. Golther (*Handbuch der germanischen Mythologie*, 1906), dass Loki-Lodur „in der Hauptsache nichts anderes ist, als der in die nordische Göttersage und Weltlehre übersetzte Lucifer"[95]. Nun heißt *Lucifer* ja nichts anderes als Lichtträger: Prometheus, Loki und Lucifer sind ein und dieselbe Wesenheit. Dass die Gestalt des Lucifer, ein Titan, Lichtbringer, ewiger Rebell gegen die Götterordnung, einer Unterwerfungs-Religion wie dem Christentum zutiefst fremd und zuwider bleiben musste, ist offensichtlich. Darum wurde diese Gestalt zum Teufel gemacht, der auch als ein Beherrscher unterirdischer Feuerkräfte gilt. Der Teufel wird im Christlichen als böse, verschlagen und hinterlistig dargestellt; die Gestalt eines rebellierenden Gottes, der den Menschheits-Fortschritt fördert, ist nicht mehr erkennbar.

War der antike Prometheus noch ein redlicher Rebell gegen ungerechte Herrschaft, so finden wir den nordischen Loki erheblich negativer als ewigen Lügengeist dargestellt. Unter zweifellos christlichem Einfluss wurde Loki, der Empörergeist und Erwecker menschlicher Ich-Kräfte, dämonisiert und moralisch abgewertet. Alles was dazu verhilft, das Göttliche im Menschen freizusetzen, muss in christlicher Sicht als ein Aufstand des Geschöpfs gegen den Schöpfer gewertet werden. Demut und Gehorsam gelten in einer solchen Religion als die höchsten Tugenden; dagegen werden Eigensinn und Eigenwille, als Ausdruck des luciferischen Ich-Prinzips, gebrandmarkt. Es ist jedoch deutlich genug erkennbar, dass diese Unterdrückung der Ich-Kräfte dem Sinn der Menschheits-Entwicklung entgegensteht. Prometheus, Lucifer und Loki, dämonisiert zwar von den jeweils Herrschenden, erfüllen eine durchaus positive und segensreiche Funktion im Entwicklungsgang der Menschheit als Erwecker des menschlichen Ich-Bewusstseins und Fackelträger der Freiheit.

Loki ist sicherlich ein sehr zwiespältiger Charakter, aber es spricht vieles dafür, dass er ursprünglich sogar eine gute, mächtige Gottheit war, ein alter Himmelsgott vielleicht, der erst später zu einem bösen Dämonen herabgewürdigt wurde. Sein Abfall vom Guten zum Bösen lässt ich gut nachvollziehen, und erreicht seinen Höhepunkt am Weltende der Götterschlacht, als Loki eindeutig die Partei der anti-göttlichen Mächte ergreift. Ursprünglich war er sogar an der Erschaffung des Menschen beteiligt. Es wird erzählt, *Odin, Hönir und Loki* gingen einst gemeinsam am Strand wandern; da fanden sie dort die beiden Urmenschen *Ask* und *Embla* angetrieben und hauchten ihnen Leben ein. Im Prophezeiungsgedicht der Edda lesen wir:

> Bis drei Asen aus dieser Schar,
> Stark und gnädig, zum Strand kamen:
> Sie fanden am Land, ledig der Kraft,
> Ask und Embla, ohne Schicksal.
>
> Nicht hatten sie Seele, nicht hatten sie Sinn,
> Nicht Lebenswärme noch lichte Farbe;
> Seele gab Odin, Sinn gab Hönir,
> Leben gab Lodur und lichte Farbe.[96]

Loki wird hier mit seinem älteren Namen noch als Lodur bezeichnet; aber viel später wird Snorri die Namen in *Odin, Wili und We* ändern. Doch muss Loki immerhin in alter Zeit der hauptsächlichen Götter-Trinität des Heidentums angehört haben. Einen Hinweis darauf finden wir auch in der *Lokasenna* (Lokis Zankreden), wo er Odin daran erinnert, dass sie beide doch einmal Blutsbrüder gewesen sind:

> Gedenke, Odin, dass wir in alten Tagen
> Beide das Blut mischten!
> Bier genießen wolltest du nimmermehr,
> Wär's nicht uns beiden gebracht.[97]

Odin und Loki sind allerdings nicht leibliche Brüder, denn die Eltern Lokis sind der Riese *Farbauti* und die ebenfalls aus dem Riesengeschlecht stammende *Laufey*. Dabei mag die riesische Herkunft Lokis auch ein Grund dafür sein, dass er am Ende zu den Göttergegnern überwechselt. Mit der Riesin Angrboda zeugt er drei Unholde, die in der Götterdämmerung noch eine entscheidende Rolle spielen werden: den Fenriswolf, die erdumgürtende Midgardschlange und die Unterweltsgöttin Hel. Dabei werden die beiden zuerst Genannten ganz direkt in das Schlachtgeschehen eingreifen: der Fenriswolf verschlingt Odin, der aber von seinem Sohn Widar gerächt wird; Thor und die Midgardschlange töten sich gegenseitig, und zuletzt treten Heimdall und der von seinen Fesseln inzwischen wieder freigekommene Loki einander gegenüber, und auch sie töten sich gegenseitig. Das ist der Moment, wo die Welt aus ihren Fugen bricht und im Chaos untergeht.

So hat Loki weitgehend eine apokalyptische Funktion. Sein Name wird manchmal mit Endiger übersetzt, da er derjenige ist, der alles Weltgeschehen einem kataklysmischen Ende entgegenführt. Die Fesselung Lokis durch die Asen geht eindeutig auf ein biblisches Vorbild zurück. Nachdem Loki die Tötung Baldurs verschuldete, wohl die schlimmste seiner Übeltaten, warf man ihn in eine Höhle, wo man ihn festband; das biblische Gegenstück dazu ist *Offenbarung* 20/1-2, wo es heißt: „Und ich sah einen Engel vom Himmel herabfahren, der hatte den Schlüssel zum Abgrund und eine große Kette in seiner Hand. Und er ergriff den Drachen, die alte Schlange, das ist der Teufel und der Satan, und fesselte ihn für tausend Jahre und warf ihn in den Abgrund und verschloss ihn und setzte ein Siegel oben darauf, damit er die Völker nicht mehr verführen sollte, bis vollendet würden die tausend Jahre." Der Satan also wird in den feurigen Pfuhl" geworfen, und Loki erleidet ein ähnliches Schicksal, da er in der nordischen Mythologie nun einmal die Rolle des Satans zu spielen hat. Bei der Fesselung Lokis denkt man an ein ganz ähnliches Bild: die Fesselung des *Prometheus* auf den Gipfelkämmen des Kaukasus.

Aber der Satan kommt laut Bibel nach 1000 Jahren wieder frei, und so Loki: Wenn am Weltende die Mächte des Verderbens gegen die Götter zur Weltvernichtung heranrücken, kommt auch Loki aus seinen Banden und vollbringt, was er erstrebt. Er selbst steuert jenes Schiff, das mit den Leuten Muspills besetzt ist, die sich für die Endschlacht rüsten:

> Der Kiel fährt von Osten: Es kommen
> Muspills Leute zum Land; Loki steuert.
> Mit dem Wolfe zieht die wilde Schar.
> Byleipts Bruder bringen sie mit.[98]

7. Forseti, Ullr, Bragi. – Es sollen nun einige germanische Gottheiten erwähnt werden, die eigentlich nur Nebenrollen spielen, der Vollständigkeit halber jedoch nicht unerwähnt bleiben mögen. *Forseti*, wörtlich der Vorsitzer (oder auch Vorsitzender), gilt als ein Sohn des Baldur und der Nanna. Ihm ist die richterliche Obergewalt zugeteilt; er ist also der Vorsitzende bei Gericht. Als Sohn Baldurs wäre er im weitetesten Sinne als ein Licht- und Sonnengott zu betrachten. Seine Himmelsburg heißt *Glitnir*, die Glänzende, und man sagt, dass sie die beste Gerichtsstätte ist, von der Götter und Menschen wissen. Ob Forseti jemals außerhalb Islands bekannt war, bleibt fraglich. Allerdings soll die Insel Helgoland in heidnischen Zeiten Fositeland geheißen haben. Forseti wäre demnach der Hauptgott der Friesen gewesen. Die Insel war sein geheiligtes Areal. Es sprudelte dort ein Quell, und es gab eine Herde, die man nicht anrühren durfte. Hier denkt man gleich an die Rinderherde des Helios auf der Insel Trinakria, von der Homers *Odyssee* berichtet.

Ullr ist ein schlittschuhlaufender, mit den Winterkräften verbundener Gott, außerdem ein trefflicher Bogenschütze. Die von ihm bewohnte Himmelsburg heißt *Ydalir*, Eibental, denn aus dem Holz der Eibe sind seine Bögen gefertigt. Gegenüber den anderen Göttern steht Ullr doch sehr im Hintergrund. Allenfalls mag er im nördlichen Skandinavien bekannt gewesen sein; seine Art erinnert auch an die der Lappen. In Norwegen gibt es einige Orte, die seinen Namen tragen, sodass man auf eine lokale Ullr-Verehrung schließen kann. In *Bragi* begegnen wir einem Dichtergott; seine Gemahlin ist Idun, und er wirkt als der Hofbarde Asgards. Bragi geht vielleicht auf eine historische Person zurück, nämlich auf Bragi Boddason, der um 800 n. Chr. lebte und an der Spitze einer langen Reihe norwegischer und isländischer Barden gestanden hat.

Die germanischen Göttinnen

Spricht man über germanische Göttinnen, muss man sich bewusst sein, welche gesellschaftliche Stellung die Frau in der germanischen Stammesgesellschaft innehatte. Zwar kann man nicht von einem Matriarchat sprechen, aber anders als in den Kulturen des Mittelmeerraums kam der Frau eine hohe Wertschätzung zu. Man erinnert sich hier an das Wort des Tacitus: „Ja, die Germanen meinen sogar, den Frauen sei eine gewisse Heiligkeit und eine seherische Gabe eigen, und so verschmähen sie weder ihren Rat, noch verachten sie den erteilten Bescheid. *Wir haben unter dem göttlichen Vespasian die Veleda gesehen, die lange Zeit bei nicht wenigen Germanen als göttliches Wesen anerkannt war;* aber auch schon in alter Zeit haben sie die Albruna und mehrere andere verehrt, nicht in kriecherischer Unterwürfigkeit und nicht in der Meinung, sie machten sie erst zu Göttinnen."(*Germania*, Cap. VIII) Am bekanntesten wurde die Seherin Veleda aus dem Stamme der Brukterer, die zwischen der Ems und den Quellen der Lippe siedelten, also in der Nähe der Externsteine.

Beim Aufstand der Bataver gegen Rom der Jahre 69-70 habe die Veleda von einem Turm aus nach den Brandzeichen des Krieges Ausschau gehalten und dabei auf die geheimnisvolle Stimme in ihrem Inneren gelauscht. Ihre Weissagungen schienen den Römern so gefährlich, dass sie die Priesterin gefangen setzten; es heißt, sie soll von Vespasian im Triumphzug durch die Straßen Roms geführt worden sein. Den Rest ihres Lebens soll sie in einem Tempel südlich von Rom zugebracht haben. Die grauhaarigen, barfüßigen Wahrsagerinnen der Kimbern bei Strabo, mit linnenem Wams angetan und mit ehernen Spangen gegürtet, die gefangene Krieger schlachteten und aus dem Blut im Opferkessel weissagten, erscheinen wie grauenhafte Hexen gegenüber der brukterischen Jungfrau, die neben der Divination ihr priesterliches Amt ausübte.

Welche übermenschliche Verehrung Veleda genoss, geht aus einer anderen Stelle bei Tacitus hervor. Er berichtet dort, dass die Tenkterer, die sich dem Aufstand der Bataver gegen Rom anschließen wollten, Gesandte zu ihr schicken wollten: „Vor Veleda selbst aber zu erscheinen und sie anzureden, wurde ihnen nicht erlaubt. Man verehrte ihren Anblick.... Einer ihrer Verwandten, der zu diesem Dienst ausersehen war, überbrachte die Fragen und Antworten, als wäre er Mittelsperson gegenüber einer Gottheit" (*Historien* 4.65). Es wäre möglich, dass ein ganzes Priesterkollegium im Umfeld der Veleda existierte, ähnlich wie beim Orakel von Delphi eine Gruppe von Priestern den Ausspruch der Pythia zu übermitteln und zu deuten hatte. Es wäre auch denkbar, dass den Externsteinen als Orakelstätte mit ständig dort wohnender Priesterschaft eine ähnlich überregionale Bedeutung zukam wie sie die Kultstätte von Delphi in Griechenland innehatte.

Wenn gesagt wird, dass die Veleda in einem Turm wohne und ihr Ort als in der Nähe der Lippequellen angegeben wird, so liegt es nahe, sich das Sacellum im Turmfelsen der Externsteine als ihr Domizil zu denken. Es heißt auch, dass die im Aufstand siegreichen Germanen ihr ein auf der Lippe erbeutetes römisches Schiff als Geschenk darbrachten; so käme ebenfalls als Wirkungsstätte der Priesterin nur der Teutoburger Wald in Frage. Überdies ist Veleda nicht als eine Einzelperson zu sehen, sondern eher als eine Bezeichnung für ein Amt, das mehrere Frauen hintereinander ausgeübt haben; Tacitus erwähnt ja auch, dass schon in alter Zeit die Albruna und mehrere andere von den Germanen als weise Frauen verehrt worden seien. Der Name *Albruna* bezeichnet eine Frau, deren Wissen dem der elbischen Geister (der *Alben*) gleichkommt.

1. Freya / Frigga. – Es handelt sich hier tatsächlich um zwei verschiedene Göttinnen, obgleich sie schon oft miteinander verwechselt wurden, möglicherweise auch beide auf einen gemeinsamen Prototyp zurückgehen. Was *Frigga* (Frī(j)a, langobardisch: Frea) betrifft – sie ist die Gemahlin Odins und daher eine Asin, Schutzgöttin der Ehe, des Lebens und der Mutterschaft, Himmelskönigin und Hochgöttin der Asen, Hüterin des Herdfeuers und des Haushaltes. *Freya* dagegen – ihr wird eine ganz andere Herkunft zugeschrieben: sie gehört dem archaischen Göttergeschlecht der Vanen an, ist die Schwester des Fruchtbarkeitsgottes Freyr und damit Tochter des alten Meergottes Njörd und der Riesin Skadi. Freya gilt als die „berühmteste von den Göttinnen" (*Gylfaginning* Kap. 23), als die Göttin der Fruchtbarkeit und des Frühlings, des Glücks und der Liebe sowie als Lehrerin des Zaubers (seiðr). Ihrem Profil nach kann man sie am ehesten mit der römischen Venus und mit der griechischen Aphrodite gleichsetzen.

Einige äußerliche Kennzeichen werden ihr zugeschrieben, die sie unverwechselbar machen. Sie besaß ein von Zwergen geschmiedetes Halsband, *Brisingamen*, war oft mit einem von Katzen gezogenen Wagen unterwegs und hatte ein Falkengewand, mit dem man wie ein Falke durch die Lüfte fliegen konnte. Gelegentlich ritt sie auf einem goldborstigen Eber namens *Hildiswini*, der dem ihres Bruders mit Namen *Gullinborsti* ähnlich sieht. Es ist ganz natürlich, dass solche chthonischen Götter wie die Vanen zu einem so erdhaften Tier wie dem Eber in Bezug stehen. Die Götterburg der Freya heißt Folkwang. Dort befindet sich der Saal Sessrumnir, der neben Walhall einen der beiden großen Säle bildet, in welche die gefallenen Helden nach ihrem Tod Einzug halten. Es spricht für die herausragende Stellung Freyas in der germanischen Götterwelt, dass die Zahl der gefallenen Krieger ja zur Hälfte an sie und an Odin geht. Im *Grímnismál* Kap. 12 lesen wir:

> Folkwang heißt der neunte, doch Freyja waltet
> Dort der Sitze im Saal;
> Tag für Tag kiest sie der Toten Hälfte,
> doch die andre fällt Odin zu.

Als Gastgeberin der gefallenen Krieger im Himmel ist Freya auch das Oberhaupt der Walküren – also jener geisterhaften Schlachtjungfrauen, denen die Aufgabe zukommt, die Gestorbenen auf dem Weg zum Himmel zu begleiten. Davon abgesehen trägt Freya aber doch durchwegs Venus-Züge. Sie wurde darum auch als die *venus vulvivaga* gesehen, obwohl der Freitag als der *dies veneris* nicht von ihr herrührt, sondern von Frija, also der späteren Frigg. Doch mochte es eine Zeit gegeben haben, da Freya und Frija noch eine einzige Göttin waren. Noch Saxo Grammaticus, der große dänische Geschichtsschreiber, hat beide Göttinnen zusammengeworfen. Freya jedenfalls gilt als ebenso mannstoll wie Venus. In seinen berühmten Zankreden, die er in der Halle Ägirs gehalten hat, wirft Loki ihr vor, es schon mit allen Anwesenden im Saal getrieben zu haben (*Lokasenna* 30):

> Schweig doch, Freya! Zuviel von dir weiß ich,
> kein Fehl ist dir fremd: mit den Asen und Alben
> hast du allen gebuhlt, die im Saal hier sind.

Freya trägt den Halsschmuck Brisingamen, mit dem es folgendes auf sich hat: Vier kunstreiche Zwerge haben diesen kostbaren Goldschmuck hergestellt; sie heißen Alfrigg, Berlingr, Dvalinn und Grerr. Freya verlagte nach dem Besitz des Halsschmucks und bot den Zwergen jede Menge Gold und Silber dafür an. Diese sagten, dass sie solcher Dinge nicht bedürften, da sie davon mehr als genug hätten – dass sie ihr aber das Halsband geben würden, wenn jeder von ihnen eine Nacht ihr beiwohnen dürfe. Sie stimmte zu, und in den folgenden vier Nächten bekam jeder der vier Zwerge den ausbedungenen Lohn. Ganz anderen Sinnes ist Freya aber, als der Riese Thrym sie als Gattin verlangt gegen Herausgabe des Hammers. Niemals wäre sie bereit gewesen, sich mit dem Unhold einzulassen. Zu Loki sagt sie:

Die Männertollste müsste ich heißen,
Reiste ich mit dir ins Riesenland.
Thrymlied (Þrymskviða) 13

2. Nerthus. – Wir kennen den wirklichen Namen dieser Göttin nicht, doch sie ist ganz einwandfrei die germanische Erdgöttin. „Die Verehrung der mütterlichen Erde ist auch unter den Germanen nachweisbar. Himmel und Erde scheinen überhaupt das älteste Götterpaar aller Mythologien zu sein."[99] – So schreibt W. Golther in seinem *Handbuch der germanischen Mythologie* (1908). Im Norden hieß die Erde einfach *Jord*; als ihr Gemahl wurde in späterer Zeit Odin angesehen, der Sohn der Jord war Thor. Wir kennen jedoch noch eine andere bei den Germanen gebräuchliche Bezeichnung für die göttliche Erdenmutter, nämlich *Fjörgyn*. Jord und Fjörgyn sind eins. Zuweilen wird Thor auch als der Sohn der Fjörgyn bezeichnet. Und wie in der Theogonie Hesiods geht aus der Heiligen Ehe zwischen dem Himmelsvater und der Erdenmutter – dem Urgötterpaar im eigentlichen Sinne – der Stammbaum aller Weltwesen einschließlich des Menschen hervor.

Dass die Germanen einen regelrechten Kult der Mutter Erde versahen, der dem griechischen Demeter-Kult vergleichbar wäre, auch dies berichtet uns Tacitus. Als er sich über einige nordgermanische Völker auslässt, bemerkt er: (*Germania*, Cap. 40): „Bei den einzelnen Stämmen ist nichts Besonderes zu vermerken, außer dass sie gemeinsam die Nerthus – das ist die Mutter Erde – verehren und glauben, sie nehme am Leben der Menschen teil und komme zu den Stämmen gefahren."[100]

Nerthus ist eine weitere Bezeichnung für die germanische Erdgöttin, wobei unklar bleibt, wie dieser Name sich herleitet. Ist sie etwa die Gattin des urnordischen Fruchtbarkeitsgottes *Njörd*? Oder ist sie vielleicht identisch mit Hertha oder Irtha? Tacitus jedenfalls identifiziert die rätselhafte nordische Gottheit mit der – auch den Römern wohlbekannten – altitalischen *Terra Mater* (oder *Tellus Mater*), der Mutter Erde. Der Nerthus-Kult bei den Nordgermanen muss ein geheimer Ritus gewesen sein, dessen Ausübung nur Priestern und Eingeweihten vorbehalten blieb. Wenn es gelingen sollte, Ähnlichkeiten zum kleinasiatischen Kybele-Kult sowie zu den Mysterien von Eleusis aufzudecken, so wäre der Nachweis einer kulturübergreifenden Erdverehrungs-Religion der antiken Völker erbracht.

Tacitus beschreibt den Nerthus-Kult unserer Vorfahren folgendermaßen: „Auf einer Insel im Ozean steht ein heiliger Hain, und in ihm befindet sich, mit einem Tuche zugedeckt, ein geweihter Wagen; nur der Priester darf ihn berühren. Er merkt es, wenn sich die Göttin in dem Heiligtum eingefunden hat, und geleitet sie unter vielen Ehrenbezeugungen, wenn sie – von Kühen gezogen – durch das Land fährt. Dann gibt es Freudentage, und festlich geschmückt sind alle Stätten, die die Göttin ihres Besuches und ihres Aufenthaltes würdigt. Man zieht dann nicht in den Krieg, ergreift die Waffen nicht, sicher verwahrt liegt alles Eisen. Frieden und Ruhe kennt und liebt man freilich nur dann und nur so lange, bis derselbe Priester die Göttin, die ihres Umgangs mit den Sterblichen müde geworden ist, ihrem heiligen Bezirk wieder zurückgibt. Dann werden Wagen und Decke und, wenn man dem Glauben schenken will, die Göttin selbst in einem versteckt gelegenen See abgewaschen. Hilfsdienste leisten dabei Sklaven, die alsbald derselbe See verschlingt. Ein geheimer Schauder umgibt daher den Brauch und eine heilige Scheu, zu erkunden, was das wohl sein mag, was nur Todgeweihte zu Gesicht bekommen."[101]

Wahrscheinlich handelte es sich um eine feierliche Frühjahrsprozession der Gottheit über Land, wodurch – wie man glaubte – die Natur sich wieder belebt; die phrygische Göttin Kybele hatte einen ähnlichen alljährlichen Umzug mit anschließender ritueller Waschung. Von Bedeutung ist weiterhin auch, dass während der Zeit des Umzugs die Waffen schweigen müssen: die Erdgöttin ist immer zugleich die Friedensgöttin, und ihr Kult ist die Verehrung allen Lebens überhaupt. Auch die Orphischen Hymnen sagten von Demeter, sie sei „erfreut von den Werken des Friedens".

Grausam und archaisch mutet jedoch Tacitus' Anspielung auf die Sitte des Menschenopfers an: dass die Sklaven nach der Waschung des Götterstandbildes in dem verborgenen See ertränkt wurden. Dies lässt erahnen, wie undurchdringlich dicht die Mauern der Geheimhaltung gewesen sein müssen, die den Kult um die heilige Erdgöttin Nerthus umgaben und von allen Außenstehenden abgeschirmt haben.

Wo mag der heilige Hain der Nerthus sich befunden haben? Wir wissen es nicht. Die „Insel im Ozean", von der Tacitus spricht, mag in der Nordsee oder genauso gut in der Ostsee gelegen haben. Man hatte zeitweilig Rügen oder Seeland vermutet, doch einerlei: auf alle Fälle muss sich dort ein nordisches Mysterienzentrum befunden haben, das wohl eine ähnlich überregionale Bedeutung hatte wie in Griechenland das Zeus-Orakel von Olympia oder die Kultstätten von Eleusis und Samothrake.

Dass der Mutter-Erde-Kult der Germanen noch lange Zeit währte, beweist der folgende angelsächsische Flursegen; obgleich schon aus christlicher Zeit stammend, trägt er noch ganz den alten heidnisch-germanischen Geist in sich. Beim Beginn des Pflügens wurden Himmel und Erde als Gottheiten angerufen; der Ackerbau unterstand dem Schutz höherer Mächte und galt gleichsam als sakrale Handlung. Eindrucksvoll steht am Beginn die dreifache Anrufung *Erke, Erke, Erke* – offensichtlich ein Synonym für die Mutter Erde:

> Die Erde bitt ich und den Oberhimmel:
> Erke, Erke, Erke, der Erde Mutter!
> Es gönne dir der Allwaltende
> Äcker, wachsend und aufsprießend,
> Voll schwellend und kräftig treibend
> Und der breiten Gerste Früchte
> Und des weißen Weizens Früchte
> Und aller Erden Früchte!
> Heil sei dir, Erdmutter, der Irdischen Mutter!
> Sei du grünend in des Gottes Umarmung
> Mit Frucht gefüllt, den Irdischen zu Frommen![102]

3. Eostre / Ostara. – Als alljährlich wiederkehrendes Frühjahrs- und Fruchtbarkeitsfest steht Ostern in Verbindung mit den naturhaft-kosmischen Rhythmen des Jahreslaufes. Ostern, Fassnacht und der als Walpurgisnacht bekannte Vorabend des 1. Mai waren einstmals heilige Jahresfeste, mit denen die Völker Europas das Kommen des lang ersehnten Frühlings begingen: die Auferstehung der Natur nach Monaten des Winterschlafes und der Kälte, das Hervorbrechen neuen fruchtbringenden Lebens aus den Erdentiefen!

Aber seit fast 2000 Jahren gilt Ostern als ein christliches Fest! Mehr noch als Weihnachten oder Pfingsten steht es im Mittelpunkt des kirchlichen Kultes. Die Auferstehung im Naturhaft-Kosmischen wurde allerdings nur noch als Sinnbild genommen für das – an sich von aller Natur losgelöste – Auferstehungsereignis der christlichen Heilslehre. Ostern ist in der Tat das älteste und ursprünglich das einzige Kultfest des Christentums. Schon in apostolischer Zeit beging die Kirche während des jüdischen Passah das zeitlich damit zusammenhängende Gedächtnis des Leidens, Sterbens und der Auferstehung Christi. Daraus haben sich die Trauerfeier der Karwoche und die Freudenfeier des Ostertages entwickelt. In der Osternacht, der Nacht vom Karsamstag auf den Ostersonntag, wurde im Urchristentum auch die einzige große Tauffeier des Jahres abgehalten, das die Auferstehung des Täuflings zu neuem Leben symbolisieren sollte.

Seit der ausgehenden Antike feiert man Ostern am Sonntag nach dem Vollmond, der auf die Frühjahrs-Tagundnachtgleiche folgt. Der Vollmond nach Frühjahrsbeginn deckt sich mit dem jüdischen Passah-Termin des 14. Nisan, an dem nach kultischem Brauch ein Lamm – das spätere Osterlamm – oder eine junge Ziege geopfert und am Abend im Familienkreise zusammen mit ungesäuerten Broten und bitteren Kräutern verzehrt wurde. Einen frühjahrszeitlichen Vegetationskult zu Ehren der auferstandenen Natur können wir im jüdischen Passah-Fest allerdings nicht sehen. Das Wort *passah*, hebräisch *pesach*, bedeutet nach 2. Mose 12/13 so viel wie „schonendes Vorübergehen". Als Gegenstand des Festes betrachtet die jüdische Überlieferung die Geschehnisse beim Auszug Israels aus Ägypten, wo Jahwe alle Erstgeburt der Ägypter schlägt, aber an den Häusern der Israeliten „schonend vorübergeht", weil deren Türpfosten mit dem Blut der geschlachteten Opfertiere bestrichen sind (2. Mose 12). Im Jahre 622 v. Chr. wurde der Ritus des Passah-Festes, bis dahin nur in Familien üblich, erstmals öffentlich im Jerusalemer Tempel vollzogen.

In der frühen Kirche des Urchristentums war freilich der Ostertermin lange Zeit nicht einheitlich geregelt. Da gab es einerseits den größeren Teil der Christenheit, der unter Führung Roms die Auferstehung Christi stets am Sonntag feierte, während man andererseits in Kleinasien das Osterfest immer am 3. Tage nach dem Frühlingsvollmond beging, einerlei ob dieser nun ein Sonntag war oder nicht. Der darüber im 2. Jahrhundert zwischen Rom und Kleinasien entbrannte Osterfeststreit verlief ergebnislos; erst das Konzil von Nizäa im Jahre 325 n. Chr. brachte die heutige Regel als einheitliche Vorschrift für die ganze Christenheit. Die terminliche Bestimmung des Osterfestes wurde damit endgültig von der jüdischen Passah-Berechnung gelöst und der Kirche von Alexandria übertragen.

Die Bischöfe von Alexandria pflegten schon seit dem 3. Jahrhundert diesen Termin durch sogenannte Osterfestbriefe bekannt zu geben. Als Grundlage der Berechnung diente ihnen ein 19-jähriger Zyklus, nach dessen Ablauf die Daten der Ostersonntage sich wiederholen, da sich die Sonnen- und die Mondbahn alle 19 Jahre schneiden. Nach der alexandrinischen Berechnung, die heute noch gilt, muss sich das Osterfest immer zwischen dem 22. 3. als dem frühestmöglichen Termin (zuletzt 1818) und dem 25. 4. als dem spätesten Termin (zuletzt 1943) bewegen.

Von großer Bedeutung ist nicht nur der Termin, sondern auch der Name des Osterfestes. Das kirchenlateinische *pascha* [*paska*] knüpft direkt an das hebräische *pesach* an, also an das jüdische Passah-Fest, und alle europäischen Hochsprachen – mit Ausnahme des Englischen und des Deutschen – halten sich an dieses Vorbild: etwa das französische *Paques*, das italienische und spanische *Pascua*, das niederländische *Pasen*, das dänische *Paaske* und das schwedische *Pask*. Selbst Ulfilas, der erste gotische Bibelübersetzer, setzt für Ostern *paska*; allein im Deutschen finden wir die Wortbildung Ostern vor, die dem englischen Eastern ähnelt. Den April benennen wir noch heute Ostermonat, und schon im Althochdeutschen findet sich die Bezeichnung *ostarmanoth* für den Monat, in dem das wichtigste und hauptsächliche Fest der Christen stattfindet.

In den frühesten althochdeutschen Sprachdenkmälern begegnen wir dem Namen *ostara*, meistenteils in dieser Pluralform, weil zwei Ostertage gefeiert wurden (*ostartaga, aostartaga*). „Dieses Ostara", schreibt Jakob Grimm in seiner *Deutschen Mythologie* (1838), „muss gleich dem angelsächsischen Eastre ein höheres Wesen des Heidenthums bezeichnet haben, dessen Dienst so feste Wurzeln geschlagen hatte, dass die Bekehrer den Namen duldeten und auf eins der höchsten christlichen Jahresfeste anwandten."[103] Den einzigen Hinweis auf die Existenz einer Frühjahrs- und Fruchtbarkeitsgöttin namens *Ostara* verdanken wir dem angelsächsischen Mönch Beda Venerabilis (672–735). Dieser weist in seiner Schrift *De temporum ratione* (Cap. 13) darauf hin, dass der Name des Monats April – *Eosturmonath* – sich auf eine von den Heiden verehrte Göttin namens *Eostra* herleite: *Antiqui Anglorum populi – gens mea – apud eos Aprilis Esturmonath, qui nunc paschalis mensis interpretatur, quondam a dea illorum, quae Eostra vocabatur, et cui in illo festa celebrantur, nomen habuit.*[104]

Diese von Beda Venerabilis erwähnte angelsächsische Göttin *Eostra* mag auch im germanischen Kulturraum Mitteleuropas eine Entsprechung gehabt haben; bei den Nordgermanen allerdings konnte ein Kult der Ostara nie nachgewiesen werden, und die isländische Edda-Sammlung erwähnt ihren Namen an keiner Stelle.

Auf Grund der vergleichenden Sprachwissenschaft steht jedenfalls fest, dass das althochdeutsche *ostar* mit dem altindischen *usra* gleichermaßen urverwandt ist wie mit dem griechischen *eos* und dem lateinischen *aurora*, das sowohl die Himmelsrichtung Osten als auch die Morgenröte bezeichnet. Deshalb fügt Jakob Grimm der Bedeutung der Göttin Ostara noch einen weiteren Inhalt hinzu: „Ostara, Eastre mag also Gottheit des strahlenden Morgens, des aufsteigenden Lichts gewesen sein, eine freudige, heilbringende Erscheinung, deren Begriff für das Auferstehungsfest des christlichen Gottes verwandt werden konnte."[105]

Auch die Sitte, am Abend des Karsamstag oder des Ostersonntag auf freier Feldflur Osterfeuer anzuzünden, verweist auf Ostara als Lichtbringerin. Das Licht aber kommt von Osten, denn dort geht die Sonne auf.

Die ursprüngliche Göttin des Sonnenaufgangs und der Morgenröte, die Lichtbringerin Aurora, bei den

Griechen Eos genannt, mag vielleicht das unmittelbare Vorbild der Frühjahrsgöttin Ostara dargestellt haben. Vor allem die angelsächsische Göttin *Eostra* gemahnt allein schon dem Wortklang nach sehr an die griechische *Eos*, die von Homer an vielen Stellen seines Werkes gepriesen wird („als nun Eos mit rosigen Fingern am Morgen emporstieg" ist bei Homer ein häufiges Gleichnis für das Frührot des anbrechenden Tages). Es besteht ein Wort- und Sinnzusammenhang zwischen Ostara, Ostern und Osten wie auch zwischen Eostra, Eos, Aurora und *Ushas*, der altindischen Göttin der Morgenröte, der im Rigveda folgender Hymnus dargebracht wird:

In Majestät aufstrahlt die Morgenröte,
Weißglänzend wie der Wasser Silberwogen.
Sie macht die Pfade schön und leicht zu wandeln
Und ist so mild und gut und reich an Gaben.

Ja, du bist gut, du leuchtest weit, zum Himmel
Sind deines Lichtes Strahlen aufgeflogen.
Du schmückst dich und prangst mit deinem Busen
Und strahlst voll Hoheit, Göttin der Morgenröte.

Es führt dich ein Gespann von roten Kühen,
Du Sel'ge, die du weit und breit dich ausdehnst.
Sie scheucht die Feinde, wie ein Held mit Schleudern,
Und schlägt das Dunkel wie ein Wagenkämpfer.

Bequeme Pfade hast du selbst auf Bergen
Und schreitest, selbsterleuchtend, durch die Wolken.
So bring uns, Hohe, denn auf breiten Bahnen
Gedeihn und Reichtum, Göttin Morgenröte.

Ja, bring' uns doch, die du mit deinen Rindern
Das Beste führest, Reichtum nach Gefallen!
Ja, Himmelstochter, die du dich als Göttin

Beim Morgensegen noch so mild gezeigt hast.

Die Vögel haben sich bereits erhoben,
Und auch die Männer, die beim Frühlicht speisen.
Doch bringst du auch den Sterblichen viel Schönes,
Der dich daheim ehrt, Göttin Morgenröte! [106]

Aus Ortsnamen und aus neuerem deutschen Volksbrauchtum hat man den Kult der Göttin Ostara nach-
träglich wiederzugewinnen versucht. Nach Angaben
des *Handwörterbuch des Deutschen Aberglaubens* Bd. 6
(Stichwort Ostara) soll sich dieser Kult über ganz Nie-
dersachsen, Westfalen und Niederhessen, wahrscheinlich aber auch über Friesland, Jütland und Seeland erstreckt haben. In Westfalen wurden ihr Schweineopfer
dargebracht; in Niederdeutschland wurden ihr angeblich Maibäume errichtet und Maiblumen geopfert. Die
Sitte in Hessen, am 2. Ostersonntag Blumensträuße in
eine Höhle zu tragen und dann kühles Wasser zu
schöpfen, gilt als ein Rest des Ostara-Kultes. Die Birke
wird als der heilige Baum der Ostara genannt, der Hase
als ihr geheiligtes Tier; und die Opferbrote, die ihr mit
anderen unblutigen Opfern – vor allem Blumenkränzen
– dargebracht wurden, fanden ihre Fortsetzung in der
späteren Sitte der Osterbrote und des Ostergebäcks.
Äußerlich wird Ostara beschrieben als ein sich leicht
fortbewegendes, in ein goldschimmerndes Gewand
gehülltes Wesen, vielleicht aus dem Meere aufsteigend,
mit gelben Schuhen angetan; jeden Morgen weckt sie
alle lebenden Wesen aus ihrem Schlummer und naht
sich den Häusern der Sterblichen mit ihren schimmern-
den Schätzen. Zarte Keime brechen aus ihren Spuren
hervor, wenn sie über die Erde dahinwandelt. Schwal-
ben umfliegen jauchzend die über Land gehende Göt-

tin, die – ein Veilchenkranz auf dem Haupt – mit beiden Händen die Blumen des Frühlings ausstreut: Schlüsselblumen, Dotterblumen, Narzissen, Krokus und Windröschen. Als Herrin der blühenden Vegetation ähnelt Ostara der römischen Blumengöttin *Flora*, aber auch anderen in Rom verehrten Göttinnen wie *Fauna*, *Ceres* und *Tellus Mater*, die – allesamt Erscheinungsformen der indoeuropäischen Erdgöttin – mit der grünenden Feldflur im Frühjahr verbunden wurden.

In der mythologischen Forschung blieb die Göttin Ostara bis heute umstritten; die überskeptische Gelehrsamkeit des 19. Jahrhunderts wollte in ihr nur eine Konstruktion Jakob Grimms sehen, die jeder realen historischen Grundlage entbehre. Mit Sicherheit war Ostara keine gemeingermanische Göttin, sondern eine Lokalgottheit, deren Kult sich auf die Germanen Nord- und Mitteldeutschlands und auf die Angelsachsen Englands beschränkte; im Norden Europas blieb sie indes eine Unbekannte. Daher kommt es auch, dass selbst die skandinavischen Sprachen, wie eigentlich alle Sprachen Europas, Ostern nach dem jüdischen Passah-Fest benennen. Allein in dem deutschen Wort Ostern hat sich – wie im englischen Eastern – das Andenken an jene altdeutsche Frühjahrsgöttin bewahrt, der zu Ehren man in den Tagen nach der Frühjahrstagundnachtgleiche überall im Land heilige Freudenfeuer anzündete. Der Kult allerdings, der sich um den Osterhasen und seine bemalten Eier rankt, lässt sich in Deutschland frühestens für das 17. Jahrhundert nachweisen.

4. Berchta, Perchta / Frau Holle. – Es hat sich schon lange die Erkenntnis durchgesetzt, dass in den deutschen Volksmärchen germanische Gottheiten enthalten sind, die dort anonym und unerkannt bis in die Neuzeit hinein weiterlebten. Sie haben dabei ihren Namen gewechselt und sich mit dem Volksbrauchtum verbunden. Ein Beispiel hierfür ist das Märchen *Frau Holle*, die Nr. 24 in der Sammlung der Gebrüder Grimm.

Die Handlung des Märchens ist schnell erzählt: Eine Witwe hatte zwei Töchter, die eine schön und fleißig, die andere hässlich und faul. Da die Hässliche aber die leibliche Tochter der alleinerziehenden Mutter war, wurde sie mehr geliebt; die andere spielte eher eine Aschenputtel-Rolle. Die Schöne saß an einem Brunnen und spann; da verletzte sie sich an der Spindel, dass es blutete, und die Spindel fiel in den Brunnen. Sie ging nach Hause zurück, aber die Stiefmutter gebot ihr, die Spindel wieder aus dem Brunnen heraus zu holen. „Da ging das Mädchen zu dem Brunnen zurück und wusste nicht, was es anfangen sollte: und in seiner Herzensangst sprang es in den Brunnen hinein, um die Spule zu holen. Es verlor die Besinnung, und als es wieder erwachte und wieder zu sich selber kam, war es auf einer schönen Wiese, wo die Sonne schien und viel tausend Blumen standen."[107]

Das Mädchen ist also durch sein Hineinspringen in den Brunnen in ein Parallel-Universum gelangt, in eine Märchenwelt, eine Art astrales Jenseits. Dort geschehen allerlei magische Dinge: Da ist ein Backofen voller Brote, und dieser fordert das Mädchen auf, die Brote herauszuziehen, da sie schon gut ausgebacken sind. Dann kommt sie zu einem Apfelbaum voller reifer Äpfel, der sie auffordert, die Äpfel zu ernten, da sie schon längst reif geworden snd. Die Märchenheldin erweist sich als kooperativ; sie holt die Brote heraus und erntet die Äpfel. Dann kommt sie zu einem Haus, das von einer alten Frau bewohnt ist; erst fürchtete sie sich vor der Alten, die sie jedoch freundlich anredete und zu ihr sagte: „… bleib bei mir, wenn du alle Arbeit im Hause ordentlich tun willst, soll dirs gut gehen. Du musst nur acht geben, dass du mein Bett gut machst und es fleißig ausschüttelst, dass die Federn fliegen, dann schneit es in der Welt; ich bin die Frau Holle."[108]

In einer Fußnote weist Jakob Grimm darauf hin, dass es in Hessen ein Sprichtwort gibt, das lautet: wenn es schneit, dann schüttelt Frau Holle ihr Bett aus. Das weist deutlich darauf hin, dass Frau Holle nur eine Himmelsgöttin sein kann; ihr Reich ist das Götterland Asgard, und ihr Name *Holda* oder *Hulda* nur ein Beiname der Muttergöttin Frigga, der Gemahlin Odins. In Mitteldeuschland ist Frau Holle oder Hulda weithin bekannt: das Gebiet der Volkssagen, die sie nennen, reicht im Norden bis zum Harz, im Osten bis in die Gegend von Halle und Leipzig, von dort aus südwestlich bis ins Maintal und nach Unterfranken, vereinzelt auch nach Österreich und Siebenbürgen.

In Oberdeutschland und teilweise auch in Mitteldeutschland treffen wir auf *Frau Perchta*, auch *Berchta*, eine der Frau Holle ähnliche Sagengestalt, die aber im Gegensatz zu jener eher die unheimlichen und schrecklichen Aspekte in den Vordergrund stellt. Ihr Gegenbild in Italien ist die *Befana*, eine durch die Luft fliegende Hexenfrau, die besonders in der Nacht vom 5. auf den 6. Januar umgeht. Auch von Perchta wird gesagt, dass sie in den Raunächten, der Zeit zwischen Weihnachten und Neujahr, auftritt und ein wildes Gespensterheer anführt – eine *wilde Jagd*, gleich der des Wodan. Die Gestalt der Perchta ist zweifellos dem Volksaberglauben entsprungen, und dabei trägt sie so dämonische Züge, dass eine ehedem germanische Göttin wie Freya oder Frigga nur schwer in ihr zu erkennen ist.

Das europäische Hexentum

Unser heutiges Bild von einer Hexe stammt aus Schilderungen in Märchen und Sagen oder aus volkstümlichen Berichten über die Hexenverfolgungen im Mittelalter, die dem sehr komplexen und vielschichtigen Phänomen des europäischen Hexentums kaum gerecht werden. Die populäre Schilderung eines Hexensabbats geht auf ein erst 1599 erschienenes Werk des Jesuitenpaters Martin del Rio zurück, und Heinrich Krämers *Hexenhammer*, auch genannt *Malleus Maleficiarum*, ging 1487 in Druck. Es sind also spätmittelalterliche, stark von Aberglaube und christlicher Ideologie geprägte Vorstellungen, die unser Bild vom Hexentum bestimmt haben. Die historische Realität des europäischen Hexentums sieht jedoch ganz anders aus. Einige Beispiele: viele Hexen waren jung und gutaussehend; es gab auch viele Männer darunter; viele kamen vor Gericht und wurden freigesprochen. Sie wurden nicht allgemein verfolgt, und der Zeitraum, in dem sie am meisten gefährdet waren, betrug weniger als 100 Jahre.

Die gängige Vorstellung von einem Hexensabbat entspringt reiner Phantasie und beruht auf einer christlichen Dämonologie und Teufelslehre, die einer Spätzeit entstammt und nichts mit den Ursprüngen des europäischen Hexentums zu tun hat. Beim Hexenwesen handelt es sich um eine europäische Urreligion, die auf keltische, germanische und schamanische Ursprünge zurückgeht und bis ins späte Mittelalter hinein noch im Untergrund überleben konnte. Ob diese europäische Urreligion des Hexentums matriarchalisch war, mag dahingestellt bleiben; immerhin gab es unter den historischen Hexen ebensoviele Männer wie Frauen. Allerdings kennt die europäische Geschichte magietreibende

Frauenbünde – die griechischen *Mänaden*, die römischen *Sibyllen* –, die den späteren Hexen auf mitteleuropäischem Boden entsprechen.

Es gibt eine ganze Reihe antiker Bezeichnungen für das Wort Hexe, die das große Spektrum dieses geheimen Frauenkultes offenbaren, etwa *Incantatrix, Lamia, Saga, Malefica, Sortilega, Strix, Venefica* – alles Bezeichnungen für magische Handlungen, die von diesen weisen Frauen ausgeübt wurden. Die Incantatrix intoniert Zaubergesänge, die Sortilega wirft Losorakel und sagt die Zukunft voraus; die Venefica betätigt sich als Giftmischerin, die Malefica ist schlichtweg eine Übeltäterin. Wie alt diese Traditionen wirklich sind, sieht man daran, dass schon im Alten Rom in den Jahren 184-83 und 180-79 v. Chr. eine größere Anzahl von Personen – angeblich bis gegen 3000 – unter der Anklage hingerichtet wurde, Veneficia zu betreiben, also eine Art der Magie, die geeignet war, anderen Menschen Schaden zuzufügen. Außerdem gab es in Rom seit 81 v. Chr. das *Lex Cornelia*, das sich allgemein gegen Giftmischer richtete.

Die Hexe konnte auch als *Lamia*, als nächtliches Schreckgespenst, in Erscheinung treten; besonders interessant ist jedoch das Wort *Strix* für Hexe. In Italien war eine Hexe eine *Strega*. Unter *Strix* verstand man sowohl eine blutsaugende Nachteule als auch Frauen, die sich in ebensolche verwandeln konnten. Der römische Dichter Ovid beschreibt die im Plural als *striges* bezeichneten Wesen folgendermaßen: „Sie haben einen sehr dicken Kopf, Glotzaugen und Schnäbel, die gut zum Zerreißen sind. Ihre Schwingen sind grau, die Farbe der Haare alter Leute, und ihre Nägel enden in einem Haken. Sie fliegen des Nachts umher und halten nach kleinen Kindern Ausschau, die keine Amme haben. Diese reißen sie gewaltsam aus der Wiege und fügen ihnen

Belästigungen zu. (...) Sie werden *striges* genannt, weil sie in der Nacht in einer Weise kreischen, die die Nackenhaare aufstehen lässt. Sie mögen als Vögel geboren sein, sie mögen aber auch durch Zauberei Vögel geworden sein, alte Frauen, deren Gestalt durch Anrufung des Mars in die eines Vogels verwandelt wurde."[109]

Da haben wir es also, das magische Prinzip der Metamorphose, der Umwandlung. Hierher gehört auch das nordische *Berserkertum* so wie die Sage von den *Werwölfen* – Menschen, die sich in reißende Wölfe verwandeln. In der Antike war die Vorstellung, dass es magiekundige Frauen gebe, die sich in Eulen verwandeln können, weitverbreitet. Ein Beleg hierfür ist der Roman *Der Goldene Esel* des Lucius Apuleius aus dem 2. Jahrhundert n. Chr., wo das Treiben der thessalischen Zauberinnen anschaulich geschildert wird. Thessalien, diese unwirtliche Gegend im Norden Griechenlands, galt als der Urhort der Magie schlechthin. Von der Zauberin *Pamphile* wird gesagt, sie hole sich „ ... eine Salbe, die sie lange zwischen beiden Händen reibt, alsdann beschmiert sie sich damit von der Ferse bis zum Scheitel. (...) Darauf schüttelt und rüttelt sie alle ihre Glieder. Diese sind kaum in wallender Bewegung, als daraus schon weicher Flaum hervortreibt. In einem Augenblick sind auch schon starke Schwungfedern gewachsen, hornig und krumm ist die Nase; die Füße sind in Krallen zusammengezogen. Da steht Pamphile als Uhu! Sie erhebt ein grässliches Geheul und hüpft zum Versuche am Boden hin. Endlich hebt sie sich auf ihren Flügeln in die Höhe und in vollem Fluge hinaus zum Erker! Also ward Pamphile vorsätzlicherweise durch ihre magische Wissenschaft verwandelt."[110]

Es gibt noch einige andere Bezeichnungen für Hexe, die ein Licht auf dieses vielschichtige Phänomen werfen. Das englische Wort *witch* leitet sich ab aus dem altenglischen *wicche*, angelsächsisch *wicca*, was von *witega* für Seher, Wahrsager herkommt. Dem liegt, wie auch das Wort *wizard* für Zauberer, das angelsächsische *witan* für Sehen, Wissen zugrunde. Eine Hexe wäre nach dieser Etymologie einfach eine Wissende. Das deutsche Wort *Hexe* hat Wurzeln, die sich nur im westgermanischen Sprachraum finden: *hecse* kommt vom althochdeutschen *hagzissa* oder *hagazussa*, worin *hag* enthalten ist – der Zaun, die Hecke, das Gehege, der Hain. Im zweiten Teil des Wortes steckt *dise* oder *idise*, sodass sich Hexe also herleitet von *hagedise*. Unter den *Disen* oder *Idisen* wurden bei den Germanen weibliche Fruchtbarkeitsdämonen verstanden, vergleichbar den englischen Feen. W. Golther deutet sie als „Schicksalsfrauen" und meint, dass das althochdeutsche *idisi* eigentlich nur „weise Frauen" bedeute[111]. Die Hexe wäre demnach, wörtlich übersetzt, die *„weise Frau aus dem Hain"*.

Dies weist nochmals darauf hin, dass dem Hexentum ein heidnischer Kult zugrundeliegen muss, der im Untergrund bis in die Zeit des Hoch- und Spätmittelalters überlebt hat. Die heiligen Haine waren ja die Weiheorte der Germanen und Kelten, insbesondere ihrer magiekundigen Priester, der Druiden. Liegt dem Hexenkult ein verborgenes Druidentum zugrunde? Tatsächlich hat es auch weibliche Druiden gegeben. Die erste Druidin, von der die Geschichte berichtet, ist diejenige, die im 3. Jahrhundert n. Chr. dem Diocletian prophezeite, dass er Kaiser werde, nachdem er einen Eber getötet habe. Dies stimmte auch, denn Diocletian kam im Jahr 284 zur Macht, als er den Gerichtspräfekten Aper („Wildschwein") umgebracht hatte. Von ähnlicher Natur ist eine Anekdote, die von Lampridus überliefert wird, wonach eine Druidin im Jahre 235 den nahen Tod des Kaisers Alexander Severus vorhersagte: „Eine Druidin auf seinem Wege rief ihm auf gallisch zu: geh nur, doch hoffe nicht auf Sieg und vertraue deinen Soldaten nicht."[112] Die *„weise Frau aus dem Hain"* sollte mit ihrer Prophetie recht behalten: Alexander Severus wurde bei Mainz von seinen eigenen Truppen ermordet.

Im Mittelalter genossen die Hexen als Wahrsagerinnen und Heilerinnen größtes Ansehen; auch vom Gesetz war die Hexerei zugelassen, erst seit dem 14. Jahrhundert wurde sie zur Ketzerei. Die Ansicht, dass im Mittelalter durchgehend Hexen von Kirche und Obrigkeit verfolgt worden seien, entspricht nicht der historischen Realität. Das gerade Gegenteil trifft zu: Im Jahre 500 erkannte das Salische Gesetz des Frankenreiches das Recht der Hexen auf Ausübung ihrer Heilkunst ausdrücklich an. Es gewährte Rechtsschutz denjenigen, die auf Grund falscher Verdachtsmomente diskriminiert werden sollten: „Wenn jemand eine freie Frau ‚Stryge' oder ‚Dirne' schilt, ohne Beweis seines Schimpfs, soll er zweitausendfünfhundert Denare oder zweiundsechzig und einen halben Sous büßen."[113]

Im Jahre 643 erklärte ein Erlaß Hexenverbrennungen für ungesetzlich, und 785 ließ die Synode von Paderborn verlauten, dass jeder, der eine Hexe verbrenne, zum Tode verurteilt werden solle. In Frankreich fand das erste Gerichtsverfahren, in dem jemand der Hexerei angeklagt wurde, erst im Jahre 1390 statt. Auch das englische Recht stand bis zur Regierungszeit Jakobs I. der Hexerei tolerant gegenüber. Erst 1371 wurde in Southwark ein Hexer verhaftet, weil er magische Gegenstände besaß, jedoch bald wieder freigelassen. Der letzte englische Hexenprozess wurde 1712 durchgeführt, der letzte in Schottland im Jahre 1727. Es scheint, dass die

Hexenverfolgung wohl eher ein Kennzeichen der frühen Neuzeit gewesen war als eines des Mittelalters.

Dämonen und unheimliche Mächte

1. Schwanenjungfrauen. – Die Luftgeister, die zarten Elementarwesen der Luft, kommen in vielen Sagen, Märchen und Mythen vor. In der germanischen Mythologie begegnen sie uns als *Schwanenjungfrauen*. Die Schwanenmädchen waren ursprünglich Wolkengeister; die Wolken nahmen in der hellsichtigen Schau der Germanen die Gestalt von Schwanenscharen an, die mit mächtigem Flügelschlag den Himmel durcheilen. Die aus dem Wasser aufsteigende Wolke, der sich dem Weiher entwindende Nebel, der vom nächtlichen Wald hochsteigende Dunst verband sich mit der Himmels-Wolke, und beide zusammen formten das Bild einer mächtigen luziden Wesenheit. Als Gestaltung des weißen Nebels von See, Fluss oder Wald in Verbindung mit den Wolken des Himmels bildete sich das Bild der Schwanenjungfrau. Sie kann auch ihr Schwanengefieder abstreifen, um im einsamen Waldsee zu baden, und zwar in Gestalt einer Jungfrau, wird dann aber wieder in ihr himmlisches Gewand schlüpfen, um ungehindert über Wald und See zu brausen. Aber einige dieser lieblichen, leichtbeschwingten Schwanengeister traten als *Walküren*, sturmbewegte Schlachtengeister, in das streitbare Heer Odins. Im Wielandslied (auch Wölundslied) der älteren Edda gewinnen Wieland und seine Brüder drei Schwanjungfrauen zur Ehe; sie hießen: *Ölrun*, *Schwanweiß* und *Alvit*. Sie lebten eine Zeitlang mit Wieland und seinen beiden Brüdern zusammen; dann aber brachen sie auf, um neue Schlachtfelder zu suchen, und kamen nicht wieder.

2. Werwölfe und Berserker. – Im nordischen Heidentum war der Gedanke weit verbreitet, dass es Menschen oder übersinnliche Wesen gäbe, die in der Lage wären, beliebig ihre Gestalt zu ändern. Auch von den Göttern wird dies gesagt. So besaß Freya ein Federgewand, das sie zum Fliegen befähigte, Odin ein Adlergewand, die Walküren haben Schwanengewänder, und dann gibt es noch die Wolfsgewänder, durch deren Anlegen man in einen Wolf verwandelt wird. Ein uraltes schamanisches Erbe offenbart sich hier. Auch die Schamanen trugen Tiergewänder. Und sie konnten sich offenbar im Zustand tiefster Trance in das Seelenhafte eines Tieres hinein versetzen.

Unter einem Werwolf versteht man einen „Wolfsmenschen", und ein Berserker ist ein „Bärengewandiger", ein Mensch in Bärengestalt. Das Wort *berserkr* jedenfalls kommt von *berr* für Bär und *serkr* für Gewand. Aber nicht nur das Äußere, sondern auch das Seelenhafte eines Bären hat ein solcher Mensch angenommen. Im Norden verstand man unter einem Berserker Jemanden, der in plötzliche Wutanfälle geriet, der vor Wut in sinnlose Raserei verfiel; im Zusammenhang damit steht der schon in der Antike bezeugte *furor teutonicus*.

Eine Volkssage lässt erkennen, was es mit der okkulten Seite des nordischen Berserkertums auf sich hat: „Hrolf wird von seinen Feinden überfallen. Mutig tritt er mit seinen Helden in den Kampf gegen Hjorward ein; alle seine Recken mit Ausnahme des Bodwar Bjarki begleiten den König Hrolf. In diesem Kampfe sahen Hjorward und seine Mannen, dass ein großer und starker Bär dicht vor König Hrolf herging. Hieb- und Schusswaffen glitten ohne Wirkung an ihm ab; er stürzte Männer und Rosse nieder und zermalmte die Leute mit Klauen und Zähnen, sodass sich klägliches Geheul in

Hjorwards Heer erhob. Hjalti, ein Recke Hrolfs und
Freund Bodwars, sah sich um und vermisste immer
noch seinen Freund Bodwar. Da lief er zurück zur Kö-
nigshalle, und hier sah er Bodwar ganz müßig sitzen.
Hjalti schalt den Bodwar; dass er ruhig in der Halle
bleibe, währnd der König Hrolf in Not sei, und bedroh-
te ihn. Da erhub sich Bodwar seufzend und ging mit
hinaus zum Kampfe. Alsbald verschwand der Bär. Der
Kampf aber endigte mit Hrolfs und seiner Recken Fall.
*In dieser Sage kämpft also die Seele (...) eines tapferen Hel-
den in Bärengestalt, während sein Leib in der Halle zurück-
bleibt.* Die Geschichte mag als Grundtypus der Berser-
kersagen gelten, sie erwächst aber unmittelbar aus dem
Seelenglauben."[114]

Das Bild vom Menschen

Das germanische Menschenbild entspringt den Urgründen des Mythos; geistiges Schauen liegt ihm zugrunde. So sahen die Germanen im Menschen ein von den Göttern geschaffenes Wesen, dabei den Schicksalsgesetzen ebenso unterworfen wie die Götter selbst. Ein Wesen, das in die Menschenwelt *Midgard* hineingestellt ist, um sich dort zu bewähren, Riesenmächten und Elementargewalten zu trotzen, stets auf die Hilfe der Götter hoffend. Aber nirgends zeigt sich eine anthropozentrische Sonderstellung des Menschen; im Gegenteil: der Mensch ist, wie die Elben, Riesen, Zwerge und sonstigen Wesen nur *eine* Lebensform im großen Welten-Kosmos, dem Universum mit der alles überschattenden Weltenesche *Yggdrasil*.

Überhaupt kommen die Menschen im mythischen Kosmos der Edda nur am Rande vor, nur gelegentlich besucht von den ihnen durchaus freundlich gesinnten Göttern. Es scheint überhaupt, dass die Menschen sich daran gewöhnt haben, in den Göttern ihre höhere Schutzmacht zu sehen. Der Mensch weiß sich behütet von Himmelsmächten, und er steht im Weltganzen darinnen, in der Mitte der Welt (Midgard ist Mittelerde), ohne dabei eine Sonderstellung zu genießen, die ihn über den Rest der Schöpfung ungebührlich hinausheben würde. Hier sieht man einen unüberbrückbaren Gegensatz zwischen germanischem und christlichem Weltbild: ein „*Machet Euch die Erde untertan*" gibt es bei den Germanen nicht.

Über den Mythos der Menschenschöpfung berichteten wir bereits. Es wird erzählt, *Odin, Hönir* und *Loki* gingen einst gemeinsam am Strand wandern; da fanden sie dort die beiden Urmenschen *Ask* und *Embla* angetrieben und hauchten ihnen Leben ein. Im Prophezeiungsgedicht der Edda lesen wir:

> Bis drei Asen aus dieser Schar,
> Stark und gnädig, zum Strand kamen:
> Sie fanden am Land, ledig der Kraft,
> Ask und Embla, ohne Schicksal.
>
> Nicht hatten sie Seele, nicht hatten sie Sinn,
> Nicht Lebenswärme noch lichte Farbe;
> Seele gab Odin, Sinn gab Hönir,
> Leben gab Lodur und lichte Farbe.[115]

Loki wird hier mit seinem älteren Namen noch als Lodur bezeichnet; aber viel später wird Snorri die Namen in *Odin, Wili* und *We* ändern. Es gibt einen anderen Schöpfungsmythos, der uns von Tacitus berichtet wird. Demzufolge gab es einen obersten Gott namens *Tiusko*, und der hatte einen Sohn *Mannus*, den Ur- und Allmenschen, Stammvater des Menschengeschlechts; er entspricht dem *Adam Kadmon* der Kabbalah.

Nach dem eddischen Mythos sind die Eigenschaften, welche die noch ganz rudimentäten Menschen von den Göttern empfingen, *Seele, Sinn* und *Leben*. Mit Seele ist die Gefühls- und Empfindungsseele gemeint, mit Sinn das gesamte Potenzial der Wahrnehmungs- und Denkfähigkeit, mit lichter Farbe schließlich die Lebensfähigkeit selbst, der von Loki/Lodur gegebene Gluthauch des Lebens. Wollte man diese eddischen Bezeichnungen in moderne theosophische Begriffe übersetzen, so könnte man sagen: Seele ist der *Astralkörper*, Sinn der *Mentalkörper*, die Fähigkeit des Denkens, und lichte Farbe der *Ätherkörper*, also der allem Lebendigem innewohnende Lebensgeist.

Von den am Strande angetriebenen Urmenschen Ask und Embla hieß es, sie seien „ohne Schicksal" gewesen. Aber nach ihrer Erweckung durch die Götter sind sie nunmehr einem Schicksalsgesetz unterworfen, dem unerbittlichen Nornengesetz, dem die große überpersönliche Schicksalsmacht *Wyrd* übergeordnet ist. Das Wyrd ist ein fein gesponnenes Netz, das Vergangenheit, Gegenwart und Zukunft zusammenwebt. Das Wyrd-Netz bedeutet, dass die Handlungen, die wir jetzt vornehmen, unsere Zukunft verändern können, so wie die Handlungen der Vergangenheit unser gegenwärtiges Leben beeinflusst haben. Dies entspricht in der indischen Philosophie dem *Karma*-Gedanken. Karma sind Taten der Vergangenheit, die sich auf unser gegenwärtiges Leben auswirken. Wyrd ist auch ein Netzwerk der Allverbundenheit. Der Mensch steht nicht isoliert im Gesamtzusammenhang des Lebens da, sondern er ist mit allen anderen Weltwesen, Pflanzen, Tieren und Menschen, schicksalhaft verbunden.

Die Vergangenheit umfasst nicht nur *ein* Leben, sondern eine *ganze Kette von Erdenleben*, von Inkarnationen und Reinkarnationen, die in ihrer Gesamtheit einen Entwicklungsprozess darstellen. Mit anderen Worten, den Germanen war der Gedanke der wiederholten Erdenleben ganz und gar geläufig. Belege gibt es dafür viele: So berichtet Asinius Pollio, die Germanen des Ariovist seien deshalb solche Todesverächter gewesen, weil sie glaubten, wiedergeboren zu werden. Am Ende des Liedes von *Helgi Hjorwardsson* heißt es, Helgi und Svava, beide in Liebe einander verbunden, seien wiedergeboren worden: „Die Sage kündet nicht, ob Hedin die Rachetat gelang [ob es ihm gelang, den Tod Helgis zu rächen] oder ob er dabei unterging. Sie berichtet auch sonst nichts von den weiteren Schicksalen Hedins und Svavas. Wohl aber erzählt sie uns, dass Helgi und Svava wiedergeboren wurden und dass ihnen ein neues Leben auf dieser Erde gegönnt war."[116]

Im Lied von Helgi dem Hundingstöter begegnen wir den beiden Liebenden nochmals, beide wiedergeboren; Helgi trägt noch seinen alten Namen, Svava heißt nun Sigrun. Sie erkennen sich wieder und werden erneut ein Paar. Aber Helgi ist auch in diesem Leben ein früher Tod beschieden. „Sigrun überlebte Helgi nicht lange; Schmerz und Leid brachten ihr bald den Tod. Aber so, wie man von ihr gesagt hat, sie sei in einem früheren Leben jene Svava gewesen, die in Liebe mit Helgi, dem Sohne Hjörwards, verbunden gewesen, ging nun von Helgi und Sigrun die Rede, beide seien noch einmal auf dieser Welt wiedergeboren worden, als Helgi der Haddingenkämpfer und als die Walküre Kara. Und auch dieses Paar war einander schicksalhaft in Liebe verbunden gewesen. Damals galt nämlich der Glaube, den spätere Zeiten freilich verworfen haben, dass Menschen nach Erfüllung ihres Erdendaseins wiedergeboren werden können."[117]

Wiederkehr der Götter

Es gibt im Leben des Einzelnen wie auch ganzer Völker immer wieder Phasen, in denen man alte verschüttete Identitätsschichten wachrufen und zu den heiligen Ursprüngen zurückkehren will. Europa hat seit dem *Zeitalter der Renaissance* (um 1450 n. Chr. in Italien Hochrenaissance) eine solche Phase der Rückbesinnung durchgemacht; mit der Kenntnis des Griechischen, anstelle des im Mittelalter allein üblichen Latein, kam auch die ganze griechische Literatur wieder neu ans Licht, die Philosophie Platons, der Neuplatonismus mit seinem mystischen Elan, die epische Dichtung mit ihren Göttern und Göttinnen. In Deutschland war es Johann Heinrich Voß (1751–1826), der Homers *Ilias und Odyssee* im Versmaß des Hexameters ins Deutsche übersetzte; und Gustav Schwabs *Sagen des klassischen Altertums*, von 1838 bis 1840 in drei Bänden herausgegeben, trugen dazu bei, die antiken Götter bei einem größeren Publikum populär zu machen.

Was die germanischen Götter betrifft: Jakob Grimm hat mit seiner *Deutschen Mythologie* (1835, in drei Bänden) versucht, die Religion unserer Altvorderen wiederherzustellen, wenn auch nicht ganz ohne Willkür. Von Jakob Grimm führt eine direkte Linie zu Richard Wagner und seinem in Opern inszenierten Neugermanentum, auch dieses zweifellos ein wenig künstlich, aber doch ein Versuch, an die Ursprünge der eigenen Identität anzuknüpfen. Von Jakob Grimm und Richard Wagner führt eine weitere Linie zur modernen Fantasy-Literatur, zu J. R. R. Tolkien und seinem faszinierenden *Mittelerde*-Kosmos, wobei der Autor in seinem Werk *Silmarillion* sogar ein eigenes Götter-Pantheon geschaffen hat. All diese Beispiele sind Belege dafür, dass die alten Götter heute noch weiterleben.

Dies wirft die Frage auf, was an den Göttern überzeitlich ist, ob nicht doch irgendetwas Reales hinter ihnen steht oder in ihnen zum Ausdruck kommt, das über die Zeiten hinweg fortdauert. Hilfreich ist hier der von dem Schweizer Psychiater *Carl Gustav Jung* (1875–1961) begründete *tiefenpsychologische* Ansatz. C. G. Jung hat sich zu der Erkenntnis durchgerungen, dass der Gottesbegriff (einerlei ob monotheistisch oder polytheistisch) eine notwendige Funktion der menschlichen Psyche zum Ausdruck bringt: „Der Gottesbegriff ist nämlich eine schlechthin notwendige psychologische Funktion irrationaler Natur, die mit der Frage nach der *Existenz* Gottes überhaupt nichts zu tun hat. Denn diese letztere Frage kann der menschliche Intellekt nicht beantworten; noch weniger kann es irgendeinen Gottesbeweis geben. Überdies ist ein solcher auch überflüssig; die Idee eines übermächtigen, göttlichen Wesens ist überall vorhanden, wenn nicht bewusst, so doch unbewusst, denn sie ist ein Archetypus. Irgend etwas in unserer Seele ist von superiorer Gewalt (…). Die Gottesexistenz ist ein für allemal eine unbeantwortbare Frage. Aber der *consensus gentium* (Übereinstimmung der Völker) spricht von Göttern seit Äonen und wird noch in Generationen davon sprechen."[118]

Es scheint demnach eine *mythenbildende Kraft* in der Seele des Menschen zu geben; und die scheint in der Lage zu sein, Götter zu erschaffen – oder zumindest *Bilder von Göttern*, denn was Götter wirklich sind, wird wohl immer ein Geheimnis bleiben. Und wer ist dem Geheimnis der Götter wohl besser auf die Spur gekommen als die Dichter? Ihre Welt war schon immer eine durchgötterte Welt, eine von geheimnisvollen Kräften durchwobene, mit einem Wort, eine Zauberwelt.

Dichter wie Goethe, Schiller, Hölderlin und – in England – John Keats griffen sehr nachhaltig auf das Erbe der klassischen Antike zurück, und sie verstanden es, die Sagengestalten der Antike so zu verlebendigen, als stünden sie leibhaftig uns gegenüber. Seit Winckelmanns Schriften und Lessings *Laokoon* war das klassische Griechentum in Deutschland eingeführt worden, und mit den Homer-Übersetzungen von Voss wurde es greifbar und lebendig.

Im Werk Goethes finden sich immer wieder Hinweise auf höhere Geistwesenheiten – Götter, Dämonen und Heroen –, die den Menschen auf seiner Reise durch den Zyklus der Inkarnationen begleiten, um helfend und fördernd in den Lauf der Menschheits-Entwicklung einzugreifen. Goethe hatte den Geist des klassischen Griechentums, den Geist der heidnischen Antike, tief in sich aufgenommen; er lebte ganz aus dem Quellborn antiker Weltfrömmigkeit. Von Geburt zwar Deutscher, dem Herzen nach aber Grieche und immerzu *„das Land der Griechen mit der Seele suchend"* (Iphigenie), war ihm der Gedanke an wirkende Göttermächte, die – hoch über dem Menschen stehend – tätig in die Weltentwicklung eingreifen, sehr geläufig. Bei all seiner Griechenland-

Schwärmerei hat sich Goethe auch einen Sinn für das Germanisch-Keltische bewahrt. Auch er begeisterte sich für McPhersons *Ossian*-Gesänge, und im Mai 1799 verfasste er eine Ballade mit dem Titel *Die erste Walpurgisnacht*, die 1833 von Felix Mendelssohn-Bartholdi in Form einer Kantate für Soli, Chor und Orchester vertont wurde. Sie wurde am 10. Januar 1833 in der Sing-Akademie uraufgeführt.

In einem Brief an Zelter vom 3. Dezember 1812 hat Goethe den Inhalt seiner Ballade so zusammengefasst: „So hat nun auch einer der deutschen Altertumsforscher die Hexen- und Teufelsfahrt des Brockengebirges, mit der man sich in Deutschland seit undenklichen Zeiten trägt, durch einen historischen Ursprung retten und begründen wollen. Dass nämlich die deutschen Heidenpriester und Altväter, nachdem man sie aus ihren heiligen Hainen vertrieben und das Christentum dem Volke aufgedrungen, sich mit ihren treuen Anhängern auf die wüsten unzugänglichen Gebirge des Harzes im Frühlingsanfang begeben, um dort, nach alter Weise, Gebet und Flamme zu dem gestaltlosen Gott des Himmels und der Erde zu richten. Um nun gegen die aufspürenden bewaffneten Bekehrer sicher zu sein, hätten sie für gut befunden, eine Anzahl der ihrigen zu vermummen, und hierdurch ihre abergläubischen Widersacher entfernt zu halten und, beschützt von Teufelsfratzen, den reinsten Gottesdienst zu vollenden."[119] Demzufolge spielt die Handlung der Ballade auf den Bergesgipfeln des Harzgebirges. Ein Chor von Druiden singt:

> Die Flamme lodre durch den Rauch!
> Begeht den alten heilgen Brauch,
> Allvater dort zu loben!
> Hinauf! Hinauf nach oben! [120]

Doch nun lässt sich Volkesstimme vernehmen. Einer aus dem Volke warnt die feiernden Druiden, dass sie von den neuen christlichen Machthabern verfolgt werden könnten:

> Könnt ihr so verwegen handeln?
> Wollt ihr denn zum Tode wandeln?
> Kennet ihr nicht die Gesetze
> Unsrer harten Überwinder?
> Rings gestellt sind ihre Netze
> Auf die Heiden, auf die Sünder,
> Ach, sie schlachten auf dem Walle
> Unsre Weiber, unsre Kinder.
> Und wir alle
> Nahen uns gewissem Falle.

Aber der Oberdruide gebietet, Wachen aufzustellen, dass man ungestört und in Sicherheit das heidnische Feuerritual begehen kann. Einer der Wächter kommt auf die Idee, sich beim Ritual doch als Hexenvolk und Teufelsanbeter zu verkleiden, um die Christen damit zu erschrecken; vielleicht würden sie dann aus Furcht vor den dämonischen Mächten von weiterer Verfolgung Abstand nehmen. Und der Druide spricht:

> Die Flamme reinigt sich vom Rauch:
> So reinige unsern Glauben!
> Und raubt man uns den alten Brauch,
> Dein Licht, wer will es rauben?

Dazu passt es, dass Goethe sich gegenüber Jacobi (in einem Brief vom 11. Juni 1808) als einen „alten Heiden" bezeichnet hat, aber Goethe war auch Freimaurer, Illuminat und eingeweihter Rosenkreuzer; er stand in der hermetisch-alchemistischen Tradition, wovon in erster Linie sein *Faust* Zeugnis ablegt. Die alten Götter hatten für ihn wohl eher poetische Bedeutung.

Im *Neuheidentum* jedoch haben die germanischen Götter erst ihre eigentliche Auferstehung gefeiert. Die neuheidnischen Strömungen sind um das Jahr 1900 entstanden; schon die Romantiker interessierten sich für das Sagenerbe unserer Vorfahren, und Jakob Grimm hat hier Vorarbeit geleistet – allein neuheidnische Theoretiker wie Guido von List (1848–1919) und Lanz von Liebenfels (1874–1954) haben dann eine Religion daraus gemacht. Und dies ist ein Ding der Unmöglichkeit, da es ja keine historischen Quellen gibt, die über die ursprüngliche Religion der Germanen Auskunft geben. So bleibt das Neuheidentum eine reine Kunstreligion, ein Gemisch aus pseudo-mythischer Spekulation und Versatzstücken missverstandener Theosophie; die Götter kommen nur noch als Schablonen darin vor, und sie sind nicht authentischer als die handelnden Figuren eines Fantasy-Romans.

Es ist indes ein schier nicht ausrottbares Vorurteil, dass der Nationalsozialismus das germanische Neuheidentum als seine offizielle Ideologie vertreten habe. Nichts ist weiter von der Wahrheit entfernt. In der Zeit des Nationalsozialismus wurde die *Ariosophie* des Guido von List als „staatsfeindliche Sekte" beobachtet und ab 1937 verboten. Adolf Hitler hatte bereits in *Mein Kampf* (1925/26) die Ariosophen als einen Haufen von Wirrköpfen bezeichnet. Germanenschwärmerei hat es bei den Nationalsozialisten nie gegeben; die okkulten Neigungen einzelner NS-Politiker wie Heß und Himmler blieben deren Privatsache, und sie haben das öffentliche Erscheinungsbild des Nationalsozialismus nie in irgendeiner Weise bestimmt.

Zitatnachweis

1 Brian Bates, *Wyrd, Der Weg eines angelsächsischen Zauberers*, München 1986, S. 43-44.

2 Theodor Storm, *Der Schimmelreiter*, München 2006-22, S. 6-7.

3 Wolfgang Golther, *Handbuch der germanischen Mythologie*, Wiesbaden 2013, S. 359.

4 *Klopstocks Oden*, Leipzig o. J., S. 23.

5 *Goethes Werke in sechs Bänden*, Fünfter Band: Dichtung und Wahrheit, Frankfurt 1960, S. 474.

6 *Hölderlin Werke*, Erster Band, München-Wiesbaden o. J., S. 322,23.

7 Gaius Julius Cäsar, De *Bello Gallico* 6,21f.

8 Tacitus, *Germania* Cap. 9. Tacitus Germania zweisprachig. Übertragen und erläutert von Arno Mauersberger, Lizenzausgabe VMA-Verlag Wiesbaden.

9 Tacitus, *Germania*, Cap.1.

10 Tacitus, *Germania* Cap.2.

11 Tacitus, *Germania* Cap.2.

12 Tacitus, *Germania* Cap.4.

13 J. v. Buttlar, *Zeitriss*, Augsburg 2002, S. 213.

14 Zt. nach Viktor Wendt, *Das Geheimnis der Hyperboreer*, Basel 1984, S. 30.

15 Zt. nach Dieter Vollmer, *Sonnenspiegel*, Rotenburg / Wümme 1983, S. 393.

16 Zt. nach Jean Markale, *Die Druiden*, S. 61.

17 B. Verhagen, ebd. S. 133.

18 Ebenda.

19 Ebenda, S. 134.

20 Ebenda, S. 131.

21 Ebenda, S. 218/19.

22 Zt. nach F. Le Roux / Ch. Guyonvarc'h, *Die Druiden*, Engerda 1996, S. 388.

23 Ebenda, S. 390

24 Hesiod, *Sämtliche Werke*, Leipzig 1965, S. 58.

25 Zt. nach D. J. van Bemmelen, *Zarathustra*, Stuttgart 1975, S. 24.

26 Ebenda, S. 34 / 35

27 W. Hauer, *Urkunden und Gestalten der Germanisch-Deutschen Glaubensgeschichte*, Stuttgart 1940, S. 334.

28 Britta Verhagen, *Götter Kulte und Bräuche der Nordgermanen*, Tübingen 1993, S. 220.

29 Hesiod, *Theogonie*.

30 Zt. nach Fernand Niel, *Auf den Spuren der Großen Steine*, Herrsching 1989, S. 50.

31 Rudolf Steiner, *Die Mission einzelner Volksseelen*, Dornach 1982, S. 136.

32 Helmuth von Glasenapp, *Die fünf Weltreligionen*, Düsseldorf / Köln o. J. S. 8.

[33] Völuspa 3. Die von mir verwendete Übersetzung ist: *Die Edda. Götterdichtung, Spruchweisheit und Heldengesänge der Germanen*. Vollständige Ausgabe in der Übertragung von Felix Genzmer, 4. Aufl. Köln 1983.

[34] Zt. nach Lis Jacobi, *Schöpfungs- und Entstehungsmythen*, Schaffhausen 1981, S. 41.

[35] Kürzere Seherinnenrede 7.

[36] Zt. nach Frederik Hetmann, *Baum und Zauber*, München 1988, S. 60.

[37] Rigveda X 90,2. Ich lege folgende Übersetzung zugrunde: Karl Friedrich Geldner, *Der Rigveda*, Göttingen und Leipzig 1923, Neuauflage Wiesbaden 2008.

[38] Rigveda X 90, 13-14.

[39] Wafthrudnismal 21.

[40] Grimnismal 41.

[41] W. Golther, *Germanische Mythologie*, S. 621.

[42] Völuspa 9-10.

[43] *Deutsche Heldensagen*, Erlangen 1994, S. 175-76.

[44] Johann Karl August Musäus, *Volksmärchen der Deutschen*, Frankfurt 1988, S. 21-22.

[45] Skirnismal 8.

[46] Thomas C. Crocker, *Irische Elfenmärchen*, Berlin 1989, S.5 (Vorwort).

[47] Ebenda, S. 13.

[48] Zt. nach S. Lechner-Knecht, *Die Hüter der Elemente*, Berlin 1989, S. 112.

[49] Orpheus, *Altgriechische Mysterien*, Köln 1982, S. 90.

[50] *Homerische Götterhymnen*, dt. v. Thassilo von Scheffer, Basel 1987, S. 103-104.

[51] Völuspa 41.

[52] Völuspa 25-26.

[53] Völuspa 37.

[54] Völuspa 49.

[55] Völuspa 54.

[56] Zt. nach Bernhard Reiß, *Runenkunde*, Leipzig o. J. S. 12.

[57] Tacitus, *Germania* Cap. 10.

[58] Odins Runenlied (Verse 139-142 des Havamal).

[59] Platon, *Timaios* 40 C.

[60] Aus dem Havamal.

[61] Die Zauberlieder, Strophe 12.

[62] Zt. nach Emil Nack, *Germanien*, Wien-Heidelberg 1963, S. 127.

[63] Ebenda, S. 127-28.

[64] *Kalevala*. Das finnische Epos, Übersetzung von Hans Fromm, Stuttgart 1985, S. 20.

[65] Karl Spiesberger, *Runenpraxis der Eingeweihten*, 6. Aufl. Berlin 1982, S. V (Vorwort).

[66] Aus dem Havamal.

[67] Völuspa 13.

[68] Völuspa 2.

[69] Wafthrudnismal 42-43.

[70] Grimnismal 28.

[71] Völuspa 39.

[72] Zt. nach J. W. Hauer, *Urkunden und Gestalten der Germanisch-Deutschen Glaubensgeschichte*, Stuttgart 1940, S. 334.

[73] Tacitus, *Germania* Cap. 39.

[74] Brüder Grimm, *Kinder- und Hausmärchen*, 14. Aufl. München 1991, S. 270.

[75] B. Verhagen, *Götter Kulte und Bräuche der Nordgermanen*, Tübingen 1993, S. 77.

[76] Ebenda, S. 84-85.

[77] In: Helmut Brackert, *Das große deutsche Märchenbuch*, Königstein 1979, S. 314-315.

[78] B. Verhagen, S. 31.

[79] H. Kallweit, *Traumzeit und innerer Raum*, München 1984, S. 213-16.

[80] G. Scholem, *Das Buch Bahir*, Leipzig 1923, S. 17.

[81] Erich Bischof, *Die Elemente der Kabbala*, Wiesbaden 1990, S. 41.

[82] Ebenda, S. 86.

[83] *Der Sohar*, Köln / Düsseldorf 1982, S. 67.

[84] Snorri Sturluson, *Heimskringla: Sagen der Könige Norwegens.*, Stralsund 1837, S. 9

[85] Wolfgang Golther, *Handbuch der germanischen Mythologie*, Wiesbaden 2013, S. 359.

[86] Jakob Grimm, *Deutsche Mythologie*, Band 1, Wiesbaden 1992, S. 137.

[87] Völuspa 23.

[88] Balders Träume, 7, 9,11.

[89] Balders Träume 8,10,12.

[90] Zdeněk Váňa, *Mythologie und Götterwelt der slawischen Völker*, Stuttgart 1992, S. 71.

[91] Johannes Lehmann, *Die Hetither – Volk der tausend Götter*, München / Gütersloh / Wien o. J., S. 274.

[92] Quellentext: Georg Heinrich Pertz: *Capitularia regum Francorum.* MGH, Leges Bd. 1 / 1835, S. 19–20.

[93] W. Golther, Germanische Mythologie, S. 463.

[94] Sylvia und Paul F. Botheroyd, *Lexikon der keltischen Mythologie*, 4. Aufl. München 1992, S. 38.

[95] W. Golther, ebenda, S.494.

[96] Völuspa 11/12.

[97] Lokasenna 9.

[98] Völuspa 43.

[99] Walter Golther, *Handbuch der germanischen Mythologie*, (1908), Neudr. Stuttgart o. J., S. 454.

[100] Tacitus, *Germania*, Wiesbaden o. J., S. 43

[101] Tacitus, *Germania*, S. 105.

[102] J. W. Hauer, *Urkunden und Gestalten der Germanisch-*

Deutschen Glaubensgeschichte, Bd.1, Stuttgart 1940, S. 34.

[103] Jakob Grimm, *Deutsche Mythologie,* Wiesbaden 1992, S. 241.

[104] Ebenda, S. 240.

[105] Ebenda S. 241.

[106] H. von Glasenapp, *Indische Geisteswelt,* Hanau 1986, S. 17.

[107] Brüder Grimm, *Kinder- und Hausmärchen,* 14. Aufl. München 1991, S. 169.

[108] Ebenda, S. 170.

[109] Zt. nach P. G. Maxwell-Stuart, *Hexen – Wahn und Wirklichkeit von der Antike bis heute,* S. 31.

[110] Apuleius, *Der Goldene Esel,* S. 71.

[111] W. Golther, *Germanische Mythologie,* S. 104.

[112] nach Le Roux / Guyonvar'ch, *Die Druiden,* S. 47.

[113] Eliphas Levi, *Geschichte der Magie,* S. 247.

[114] W. Golther, *Germanische Mythologie,* S. 139.

[115] Völuspa 11/12.

[116] *Die Sagen der Germanen,* hg. von Edmund Mudrak, Reutlingen 1961, S. 193.

[117] Ebenda, S. 201.

[118] Zt. nach: *C. G. Jung im Leben und Denken unserer Zeit,* hg. von Heinrich Zollinger, Olten 1975, S. 32-33.

[119] Goethe, Brief an Zelter vom 3. Dezember 1812.

[120] *Goethes Gedichte in zeitlicher Folge,* 2. Aufl. Frankfurt 1982, S. 503–506.

Bildnachweis

Cover: © Manfred Ehmer.
S. 31: © Manfred Ehmer.
S. 50: *Lexikon der Alten Welt,* Bd. 2, Sp. 1497.
S. 107: Edred Thorsson, *Handbuch der Runen-Magie,* Neuhausen 1998, S. 17.
S. 116: Tony Willis, *Die Kraft der Runen,* Züich 1986, S. 14.
S. 121-22: © Manfred Ehmer.
S. 136: Ogham. Wikimedia Commons. Autor: Alqamar.
S. 173: Jamnaja: Von File: Map Corded Ware culture-en.svg: User:Sir Henryabgeleitetes Werk: User: Duschgeldrache2 - File: Map Corded Ware culture-en.svg, CC BY-SA 3.0, https:// commons.wikimedia.org/w/index.php?curid=50203366.

Dr. Manfred Ehmer

Dr. Manfred Ehmer hat sich als wissenschaftlicher Sachbuchautor darum bemüht, die großen kulturgeschichtlichen Zusammenhänge aufzuzeigen und die archaischen Weisheitslehren für unsere Zeit neu zu entdecken. Mit Werken wie *Die Weisheit des Westens, Gaia* und *Heilige Bäume* hat sich der Autor als gründlicher Kenner der westlichen Mysterientradition erwiesen, mit *Das Corpus Hermeticum* einen Grundtext der spirituellen Philosophie vorgelegt. Die von ihm übersetzten *Chaldäischen Orakel* sind als ein wichtiges Dokument abendländischer Magie zu werten. Daneben steht eigene Dichtung, in dem Band *Sphärenharfe*, sowie lyrische Nachdichtungen etwa des berühmten *Hyperion* von John Keats oder des vedischen *Hymnus an die Mutter Erde*. Besuchen Sie den Autor auf seiner Internetseite:

https://www.manfred-ehmer.net

Was ist Theophanie?

Der Begriff *Theophanie* bedeutet die Erscheinung eines Gottes – seine Manifestation in der Natur und in der Menschenwelt. Die Religionsgeschichte ist voll von Theophanien; wenn Jahwe dem Moses einst im brennenden Dornbusch erscheint, wenn Christus als der Auferstandene sich seinen Jüngern zeigt, wenn Krishna dem Arjuna in seiner wahren Gestalt entgegentritt – dann sind dies Glieder in einer endlosen Kette von Theophanien, die seit Anbeginn die Menschheit in ihrer Entwicklung begleitet haben. Im Laufe der Kulturentwicklung sieht man immer wieder, in welch vielfältigen Erscheinungsformen die Götter sich den Menschen kundgetan haben. Und letzten Endes ist die ganze Welt doch eine einzige große Theophanie, eine Manifestation Gottes.

Der Theophania Verlag stellt sich vor

Theophania bedeutet „die Erscheinung Gottes" (von altgriechisch theós/θεός = Gott + phainein/φαίνειν = erscheinen/ans Licht bringen/offenbaren).

Der Theophania Verlag möchte in seinen Publikationen aufzeigen, in welchen Erscheinungsformen sich Gott oder die Götter in der Menschheits-Geschichte offenbart haben. Die thematischen Schwerpunkte des Verlages sind Hermetik, Neuplatonismus, die westliche Mysterientradition, Theurgie und Theosophie.

Daneben gibt es die Schwerpunkte spirituelle Ökologie, Geomantie, Kultplätze, Traditionen der Naturreligion und der Mutter-Erde-Verehrung in Europa. Einen weiteren Unterschwerpunkt stellen Übersetzungen und lyrische Nachdichtungen dar.

Unsere Buchreihe *edition theophanie* ist in erster Linie der hermetisch-neuplatonischen Tradition geweiht. Sie versucht, dieses gewaltige Erbe des Abendlandes aufzuarbeiten und in die Geisteskultur der Gegenwart einfließen zu lassen.

Dank einer Kooperation mit einem sehr effizienten Dienstleister sind wir in der Lage, den Buchmarkt flächendeckend zu bedienen. Ob im nächsten Buchladen, bei den großen Filialisten oder in Online-Shops, die Bücher aus unserer Produktion sind überall zu finden. Sie sind in den wichtigsten Volltextsuchen und im Verzeichnis lieferbarer Bücher (VLB) angezeigt. Alle Bücher aus unserem Verlagsprogramm sind in den drei Formaten Softcover, Hardcover und E-Book verfügbar.

Wir sind allerdings kein Autorenverlag. Angehende Autoren wollen wir bitten, uns nicht Manuskripte zur Veröffentlichung zuzusenden.